여성이 만난 하나님

여성이 만난 하나님

지은이 강호숙
펴낸이 임상진
펴낸곳 (주)넥서스

초판 1쇄 인쇄 2016년 10월 1일
초판 1쇄 발행 2016년 10월 5일

출판신고 1992년 4월 3일 제311-2002-2호
10880 경기도 파주시 지목로 5 (신촌동)
Tel (02)330-5500 Fax (02)330-5555

ISBN 979-11-5752-950-6 03230

가격은 뒤표지에 있습니다.
잘못 만들어진 책은 구입처에서 바꾸어드립니다.

www.nexusbook.com
넥서스CROSS는 넥서스의 기독 브랜드입니다.

여성이 만난 하나님

한국교회에서 여성의 하나님을 말하다 ― 강호숙 지음

넥서스CROSS

내가 신앙적으로 가장 깊이 좌절한 때는 "하나님이 남성 편"이라고 느꼈을 때였다. 교회에만 가면 왠지 여자라서 미안하고 '불편한 존재'인 것처럼 주눅 들어 많이 낙심했고 방황했다. 한국교회에서 여성으로 산다는 건 참 아프고 서러운 일이었다. 그러던 중 여성의 편이기도 한 하나님을 만났고, 여성의 하나님을 드러내는 일이야말로 존엄한 인격체로서 나 자신을 지키는 방식이요 행복하게 사는 길이라는 확신을 갖게 되었다.

이러한 고민과 도전 속에서 나의 40여 년의 신앙과 인생 이야기, 그리고 기독교 신앙과 신학의 영역에 여성의 소리를 내고자 노력했던 나의 여성신학 연구를 담아 세상에 내놓게 되었다. 나의 부끄러운 어린 시절 이야기, 인정과 보호를 받지 못한 데서 생긴 핸디캡, 남성 중심의 교회에서 느꼈던 성차별과 갈등… 그럼에도 교회 여성과 한국교회 미래를 생각하는 나의 바람을 담았다. 나는 이 책이 '진정한 여성됨'과 기독교 신앙의 양극단에서 길을 잃은 교회 여성들에게 성경적 정체성과 성윤리, 더 나아가 한국교회의 여성 리더로서 '다리 역할'(bridge role)을 하기 바란다. 또한 남성 중심의 교회에서 감히 말하지 못했던 여성의 실존적인 필요나 신앙적 질문들을 함께 고민하고 나누는 '공감과 위로의 장'이 되기를 바란다. 아울러 인간관계의 좌절과 상처로 위로받지 못하는 여성들, 교회에서 소외되고 내쳐져 지금 이 시간에도 홀로 남겨졌을지 모를 여성들에게 "하나님은 여성의 편"이라는 희망의 편지가 되었으면 한다.

이 책이 나올 수 있었던 데에는 넥서스크로스의 이한민 주간의 열려 있고 진취적인 마인드 덕분이다. 합동교단에서 '여성 리더십'을 외치는 나를 귀히 보고 한국교회를 위해 출판을 권유하는 분을 만나기란 여간 쉽지 않기 때문이다. 게다가 '첫 번째 독자'를 자처하면서 내 둔탁한 글을 예리한 지적과 섬세한 문체로 다듬을 때는 저자인 내가 깜짝 놀랄 정도로 편집에 탁월함을 지닌 분이다. 아울러 문맥의 흐름과 디자인, 학자 이름과 책 제목, 성경구절 확인에 이르기까지 꼼꼼하고 친절하게 살펴준 편집부에도 감사를 드린다. 마지막으로 보수교단의 여성 신학자로서 험난한 산을 넘어야 하는 저항과 도전의 길에 늘 용기를 북돋아주고 든든한 지지자가 되어준 남편 정혜열 장로에게 고마움을 전하고 싶다.

　하나님 앞에서 여성 한 사람 한 사람은 천하보다 귀한 존재다. 여성은 '남녀질서'라는 교회의 가부장적 교리에 함부로 짓밟히는 '잡초'와 같은 존재가 아니라, 마치 '모자이크의 한 조각'처럼 '하나'라도 빠지면 하나님의 창조 그림이 완성되지 않는 소중하고도 독특한 존재다. 교회에서 가르친 남성의 하나님을 뛰어넘어 여성 스스로가 찾고 구하고 두드려 만난 여성의 하나님을 당당히 드러내며 자랑하는 날이 올 때, 비로소 교회는 평화와 행복을 맛볼 수 있으리라 믿는다.

2016년 9월
강호숙

1부

여성이
기독교 신앙을
말하다

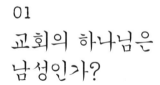

01
교회의 하나님은
남성인가?

몇 해 전, 여성학 수업시간에서 한 여학생이 자신이 경험한 하나님에 대해 고백했다. 그 학생은 무려 30년 동안이나 하나님을 '아버지'라고 부르지 않았다고 했다. 아버지가 어머니와 자신을 때리는 사람이었기에, 하나님을 '아버지'라고 부르면 친아버지의 두려운 이미지가 연상되어 끔찍했기 때문이라고 했다.

그 말을 듣는 순간, 나 역시 아버지에게서 받은 상처로 힘들었던 시절이 떠올랐다. 그 여학생이 30년 동안 하나님 이미지에 쉴 새 없이 투영됐을 폭군적인 아버지의 모습을 떼놓기 위해 얼마나 많이 신앙적으로 몸부림치고 절규했을지 이해되고 남았다.

교회가 보여준 하나님 이미지

한국교회가 내게 가르치고 보여준 하나님의 이미지는 남성적이다. 마치 과정은 살펴보지도 않고 결과만 중요시하는, 전근대적이고 권위적인 아버지처럼 말이다. 잘못하면 혼을 내고, 남성의 권위에 도전하면 큰 벌을 내릴 것 같은 무서운 아버지 같다. 남성 중심인 현 교회의 풍토는 여성이 남성보다 학력이 더 높거나, 신앙이 더 깊거나, 은사체험이 많거나, 능력이 많은 걸 원치 않는 모습이다.

나는 후배 사역자에게조차 "나대는 여자는 딱 질색"이라는 말을 듣곤 했다. 나만 유독 가부장 의식에 찌든 남성 사역자를 많이 접한 것인지는 잘 모르겠다.

하지만 내게는 지금도 잊을 수 없는 사건이 있다. 오래전 한 교회에서 초등부 사역을 하고 있을 때였다. 부흥강사로 제법 유명한 목사가 교역자실에 들어왔다. 모두 인사를 하는 분위기라 나도 가볍게 목례를 한 다음 하던 일을 계속하였다. 그런데 잠시 후 그 목사가 다가오더니 과도를 내 얼굴에 들이대는 게 아닌가! 하도 기가 막혀 "왜 이러세요?"라고 대꾸하면서 그 목사를 똑바로 쳐다보았다. 그러자 그 목사는 아무 말 없이 뒷걸음치며 교역자실을 빠져나갔다. 아마도 다른 여교역자들이 반갑게 맞이하는 모습과 달리 자신에게 별 관심을 보이지 않았던 게 괘씸했던 모양이다. 칼을 들이대면서까지 자신을 과시하고 싶었던 것 같은데, 내가 두 눈 똑바로 뜨고 대응하자 당황한 듯 싶다. 아무리 그래도 그렇지, 어떻게 목사가 전도사 얼굴에 칼을 들이댈 수 있는가 말이다.

대한예수교장로회 합동교단 소속인 나는 총신대학교에서 교수 사역을 했다. 교단에서 만난 남성들은 대체로 권위적이며 여성을 함부로 대하고 깔보는 성향을 갖고 있었다. 물론 일반화하려는 건 아니다. 여성을 배려하고 존중하는 이들도 적지 않다. 그러나 남성은 잘 느낄 수 없는, 여성 입장에서는 예민하게 느껴지는 남성 중심의 교회 문화가 지배적인 것은 사실이다. 여성이 교회의 절반이 넘는 현실 속에서 여성의 지도력을 인정하지 않는 것은 오래된 관행처럼 굳어졌으며, 심지어 사역의 동반자(partnership)라는 상식조차 희박한 실정이다.

나는 남성 중심의 사고방식을 지닌 교회와 신학교의 정서에 실망한 나머지 교회와 신학교가 싫어지는 지경에 이르렀다. 교단 내 몇 안 되는 여성 신학자임을 자부하면서도, 하나님에 대한 신앙에 회의가 들 지경이었다. 이는 비단 나 하나만의 개인적 경험이나 문제로 치부할 일은 아닐 것이다. 부활하신 주님이 베드로에게 "네가 날 사랑하느냐 … 내 양을 먹이라"(요 21:17)라고 부탁하신 것은 남녀 모두 주님의 양으로 돌보라고 하신 것이다. 그런데 왜 한국교회는 교회의 과반수 이상을 차지하는 여성을 생각하려 하지 않을까?

본 책에서 구체적으로 다루려는 대상은 주로 교회 여성에 대한 것이다. 남성 중심의 사고방식이 지나쳐 마치 하나님이 남성의 하나님인 것처럼 경도되어온 한국교회에 여성 관점에서 하나님과 성경을 이야기하고 싶다. 그리하여 교회가 온전한 하나님을 보게 하고 영적인 균형감각을 세우기를 희망해본다.

🍃 남성의 하나님인 줄 알았다

나는 불신자이자 권위적인 아버지 아래서 중학생 때 홀로 신앙생활을 시작했다. 모진 핍박 속에서도 가까스로 하나님을 믿어왔다. 그런데 어느 날부터 하나님이 마치 남성의 하나님인 것 같아 끔찍하다는 생각이 들기 시작했다. 그래서 하나님께 따지듯 기도했다.

"주님이 나를 여자로 태어나게 하셨는데, 내가 뭘 잘못했다고 이렇게 억울한 일과 차별을 당해야 합니까? 왜 여자라서 늘 참아야 하고 남성에게 무시받으며 살아야 합니까? 하나님이 여성에게 이렇게 불친절한 분이라면 나는 더 이상 살고 싶지 않습니다. 저를 데려가주십시오."

교회에서 다른 여성들은 아무렇지 않은 것 같은데 나만 유독 예민한 건지는 모르겠다. 나는 설교말씀 중 툭툭 튀어나오는 남성 우월적 말투나 성 차별적 내용에 곧잘 상처를 받았다. 교회의 운영을 결정하는 방식이 일방적이거나, 어떤 신앙적 행동을 요구할 때 강요적이거나, 때로는 협박처럼 말하는 것도 거슬렸다.

총신대학원 실천신학 박사과정에서 남성 틈에 끼여 씩씩하게 신학을 했지만, 나를 생각해서 해준다는 남성들의 충고는 "고분고분하지 않으면 다친다"라는 협박에 가까운 말이었다. 내 영혼은 마치 헤어나올 수 없는 깊은 수렁으로 빠져드는 것만 같았다. 삶은 고달프고 지쳐갔으며, 하나님마저도 나의 이런 몸부림과 고뇌에 개의치 않으시는 듯했다. 빠른 박자의 찬송가, 승리나 확신을 주는 말씀 대신 "나는 무덤에 내려가는 자같이 인정되고 힘없는 용사와 같으며 죽은 자 중에 던져진 바 되었으며 죽임을 당하여 무덤에 누운 자 같으니이다 주께서 그들을 다시 기억하지 아니하시니 그들은 주의 손에서 끊어진 자니이다"(시 88:4-5)라는 말씀처럼 하나님께 절규하는 〈시편〉이 오히려 위안이 되었다. 장조의 찬송가보다는 느린 박자의 단조 찬송가에 마음이 안정되었다. 하루하루가 우울하고 힘겨웠다. 그 당시 남편은 지방으로 발령이 나서 주말부부로 지내야 했기에 이런 고민을 들어줄 만한 여유가 없었다. 두 딸은 엄마의 사랑과 보호가 필요했던 시기여서 내 고민을 털어놓을 대상이 아니었다. 또 남편이 다녔던 교회의 성도 대부분은 시모의 영향 때문인지 신학을 하는 나를 못마땅한 눈으로 바라보는 시기였다.

철야예배, 학교 앞 전도, 주일예배 등 감당해야 하는 전도사 사역이 많아 너무 힘이 들었지만, 누구 하나 나를 짓누르는 삶의 무게를 이해해주지 못했다. 주님을 믿으면 행복하다는 말은 많이 하건만, 그 무렵 나는 '남성의 교회에서 남성의 하나님만 강요하는' 듯한 폐쇄성과 획일성에 깊은 좌절과 절망에 빠져 있었다. 교회와 학교에서 접하는 남성적인 하나님이 마음에 와닿지 않아 마음속으로만 홀로 외롭게 저항하고 있었다. 그러던 어느 날 아침, 그냥 습관적으로 성경을 읽고 난 후 무릎 꿇고 기도하기 시작했다.

"하나님! 저를 불쌍히 여겨주세요. 중학교 때부터 혼자 주님 믿느라 매도 맞고 집에서 쫓겨나기도 하고, 등록금도 내지 못해 교무실로 불려가 아이들 보는 앞에서 혼도 나면서 고생 많이 한 거 아시잖아요. 지금 너무 힘들어요. 제게 하나님은 사랑의 하나님이 아니라 엄하고 냉담한 하나님으로만 느껴집니다. 이런 상태에서 교회 사역도 하고 박사공부도 해야 하는 건가요? 보장과 위로와 평안도 없이, 여자라서 무시와 냉대와 차별만 받는 이 길을 제가 가야 합니까? 저는 너무 지쳤어요. 어떻게 해야 할지 모르겠어요. 주님!"

이렇게 마음을 토로하며 기도했다. 그때 주님이 찾아오셨다. "내 딸아! 내가 너를 얼마나 사랑하는지 아느냐? 네가 힘들게 살아올 때 내가 너와 함께한 걸 모르겠니? 네가 나 때문에 중학교도 제대로 졸업하지 못할 뻔했던 거 알고 있단다. 그래서 너 박사공부까지 시켜주는 거잖니. 내가 너와 함께하는 걸 믿으렴."

그 자리에서 엉엉 울었다. 실컷 울고 나니 신기하게도 마음에 평안과 확신이 생겼다. 이후로 주님은 내 마음을 알아주시며 여성을 너무나 사랑하시는 분이라는 걸 확신하게 되었다. 그후 지금껏 힘겨웠던 사역과 가사(家事), 영어 강사 일과 박사공부도 거뜬히 감당할 수 있게 되었다. 그때를 떠올리기만 해도 울컥하는 건 아마도 주님이 나를 찾아와 위로해주셨던 그 감동이 여전히 내 마음 깊숙한 곳에 남아 있어서인가 보다.

그때 깨달았다. 내가 남성의 하나님을 강조하는 교회에 몸담으면서 남모르게 아파하면서 힘들게 저항했던 이유는, 주님께서 나에게 여성의 하나님을 알리라는 사명을 주셨다는 것을!

그 시간 이후 신앙과 사고가 단단해졌다. 교회나 학교에서 남자들이 홀대하거나 무시하더라도 예전처럼 기죽지 않았고 슬퍼하지도 않았으며 당당했다. 오히려 여성은 잠잠하라는 학교 분위기에 홀로 맞서듯, 학생들에게 힘주어 말했다.

"남성의 하나님이 전부가 아니다. 여성도 자신의 삶에 주인이 되어 여성의 하나님을 보여줘야 한다."

이따금씩 여학생 몇몇이 개별적으로 나를 찾아와, 강의를 듣고 난 후 여성에 대한 자존심과 여성의 하나님을 다시 생각하는 계기가 됐다고 말할 때면 참으로 보람되고 행복했다.

🍃 그럼에도 교회가 낯설고 불편해지다

교회는 건물이 아니다. 예수 그리스도를 구주로 고백하는 한 사람 한 사람이 모여 이루어진 공동체다. 교회는 남녀노소, 빈부격차, 장애유무와 상관없이 그리스도 안에서 존귀한 자들이 연합하여 하나가 되는 곳이다.

그런데 신앙생활을 하면 할수록 점점 당혹감에 빠졌다. 교회라는 동일한 공간에서 동시대를 살아가며 함께 부대끼면서 하나님을 믿어왔는데, 왜 신앙관은 남자와 여자가 서로 다른 것인지, 심지어 같은 여자끼리도 달라서 의아할 때가 한두 번이 아니었다.

내가 여태껏 인생과 신앙을 담아 학문을 쌓아왔던 곳이 언젠가 낯설고 불편하게 된 이유는 교회가 말하는 기독교 신앙이 지나치게 남성화되어서였다. 이런 문화는 하루이틀에 고착된 것이 아니다. 그도 그럴 것이, 2천여 년의 교회사를 보아도 그렇고 지금도 여전히 기독교 신앙을 대변하는 자는 거의 다 남성이지 않은가. 게다가 강단에서 설교하는 목사와 신학을 가르치는 교수가 모두 남성인 보수적 교단과 신학교일수록, 또 앞으로 시간이 지날수록 점점 더 남성화될 수밖에 없다는 생각을 지울 수가 없다.

왜 이렇게 됐을까? 그렇게 된 가장 큰 이유는 아마도 하나님을 어머니가 아닌 아버지로 불러왔기 때문일 것이다. 우리가 믿는 하나님은 남성도 여성도 아닌 성(性)을 초월하신 분임에도 불구하고, 호칭 때문에 교회가 하나님을 너무 남성적인 하나님인 것처럼 가르쳐온 것은 아닌가. 급기야 하나님을 남성이라고 생각하고, 그것이 지나쳐 마치 남성의 하나님인 것으로 오해하고 만 것 같다. 그 결과, 한국교회는 부정적인 아버지 때문에 상처를 입은 여성들이 하나님을 아버지로 부를 때 느끼는 신앙적 번뇌와 아픔에 대해 둔감해졌다.

여성 입장에서 볼 때, 남성 위주의 교단과 교회는 암암리에 남성만 성직(聖職)을 취해야 한다는 성경관과 왜곡된 여성관이 담긴 신학을 구축하려고 혈안이 되어 있는 것 같다. 하나님을 아버지로 부르게 된 본래 의미는 잊은 채 하나님을 남성으로 굳혀버리고, 예수님도 남성이고 열두 제자도 남성이었기에 목사도 당연히 남성이어야 한다는 단순한 논리로 가득 차게 된 듯하다. 그런 교회의 남녀관계 질서는 여성이 종속적이며 상명하복이 학습된다. 여성이 지도력과 결정권이 있는 자리에 감히 오르지 못하도록 교회법, 정치, 행정, 설교(강도권), 축도, 교육, 상담 등 교회 목회의 거의 모든 영역을 남성만의 리그로 만들어버렸다. 이렇게 남성 중심의 획일적 사고가 지배하는 신학이 강하다 보니, 오늘날 교회 현실에서는 여성의 관점으로 하나님에 대해 말하는 것마저 비성경적이라고 몰아가고 말았다.

5월이면 화려한 꽃들이 만발함에도 불구하고 나는 교회에서 맞이하는 5월을 그다지 좋아하지 않는다. '어린이 주일', '어버이 주일', '스승의 주일', '부부주일'이 모두 5월에 있는데, 이때 쏟아지는 설교는 하나같이 "부모에게 효도하라", "스승에게 잘 하라", "남편에게 순종하라"는 가부장적 내용으로 일관하기 때문이다. 남성 설교자는 여성이 삶에서 느끼는 고민과 아픔, 질문과 소원에 대해 답과 소망을 주려하기보다, 오히려 어떻게 하면 교회 일을 더 많이 시킬까만 궁리하는 것 같다. "전도하라", "헌신하라", "주의 말씀에 순종하라"고 연신 옳은 말을 외쳐대지만 그 속뜻은 결국 "교회 일 열심히 하는 여성이 신앙 좋은 여성"이라고 말하는 것이다.

주님의 복음은 모든 사람에게 복음이어야 하는데, 심지어 어떤 설교자는 왜 남성을 위해 여성과 약자가 존재하는 것처럼 설교하는지 모르겠다. 에베소서 5장과 6장을 보면 "남편들아/아내들아, 부모들아/자녀들아, 상전들아/종들아"라고 '양쪽'을 다 부르면서 모두에게 권면의 말씀을 주고 있다. 주님을 믿는 우리가 서로에게 복종하며 살아야 하는 게 진정한 복음이 아닌가? 바울은 "그리스도를 경외함으로 피차 복종하라"(엡 5:21)라고 명령했다.

🪶 여성의 하나님을 만나다

내가 아는 하나님은 성공을 보장하는 편에 계시는 하나님이 아니다. 억울함과 가난, 눌림과 억압 받는 자 편에 계시는 하나님이다. 내가 믿는 하나님은 교회 안에만 계시는 하나님이 아니다. 교회 밖 아니, 온 세상에 충만하신 하나님이다. 그분은 똑똑하며 힘세고 잘 나가는 강자나 권력자의 하나님이 아니다. 미련하고 약하고 천할지라도 하나님을 믿고 의지하는 자에게 지혜와 긍휼을 베푸시는 하나님이다.

내가 사랑하고 의지하는 하나님은 무조건 남성 목사나 남성 신학교수 편에 계시는 분이 아니다. 다른 이는 몰라줘도 약속하신 말씀에 헌신하며 살아가는 사람을 사랑하고 인정해주시는 하나님이다. 내가 믿고 따르는 하나님은 나의 갈등과 번민, 의심과 상처를 그냥 덮어버리고 아무 일 없는 척, 신앙 좋은 척 위선을 떠는 사람을 좋아하시는 하나님이 아니다. 정직하게 마음을 토로하는 자를 가까이하시는 하나님이다.

내가 믿는 하나님은 획일화되고 수동적인 신앙을 좋아하시는 하나님이 아니다. 자발적이고 적극적인 신앙을 좋아하시는 하나님이다. 내가 아는 하나님은 거짓을 멀리하고 진실을 사랑하며, 불의 대신 정의를 좇으며, 분열 대신 사랑과 화평을 도모하는 자의 하나님이다. 내가 믿는 하나님은 맹종과 추종의 신앙보다는 하나님께 끊임없이 질문하면서 하나님을 애타게 찾는 신앙을 더 기뻐하시는 하나님이다.

내가 믿는 하나님은 성공하든 실패하든, 크든 작든, 높든 낮든, 남성이든 여성이든 상관없이 주님을 사랑하고 이웃을 사랑하는 자를 기뻐하시는 하나님이다. 그런데도 교회에서는 남녀 모두의 믿음을 담아낼 하나됨의 방식이 불가능한 것일까?

02
여성과 남성의 믿음은
다른가?

여성의 믿음과 남성의 믿음이 다를 수는 없다. "주도 한 분이시요 믿음도 하나요 세례도 하나"이기 때문이다(엡 4:5). 하지만 현실은 성이 다르면 하나님을 믿는 믿음의 성격도 달라지는 것 같다. 또한 개교회에서 말하는 믿음의 성격은 그 교회에서 주로 누가 믿음에 대해 말해왔는지에 따라 달라질 수밖에 없다.

남자가 믿음을 말했는가, 아니면 여자가 말했는가? 강자가 말했는가, 아니면 약자가 말했는가? 그래서 이런 질문을 해볼 수 있겠다.

"당신의 교회에서 말하는 주님은 누구의 주님이신가?"

지금까지 당신의 교회에서 누가 어떻게 믿음을 정의해왔는지 묻고자 하는 것이다.

제각각 다르더라도

키에르케고르는 이렇게 말했다.

> 한 개인이 어떻게 신을 믿는가, 또는 한 개인이 어떻게 사랑으로 행동하는가에 대한 개념은 믿음의 도약에 대한 것이다. 한 개인이 갖는 믿음에서 경험과 결단은 중요하다. 신을 만나는 경험이 사람마다 다르기 때문이다.

"남성의 믿음과 여성의 믿음이 다른가?"라는 질문을 꺼내는 까닭은 어느 한쪽이 틀리기 때문이 아니다. 그동안 소외되어온 여성이 경험한 하나님에 대한 믿음을 표현하기 위해서다. 남성의 믿음과 여성의 믿음이 교회에 고르게 반영되어야 비로소 '주 안에서 하나의 믿음'이 된다는 것을 강조하고 싶은 것이다. '하나'가 된다는 말은 그동안 교회가 해온 방식처럼 남성의 관점만 택하여 '획일적인 하나'를 말함이 아니다. 너와 나, 남자와 여자가 다르지만 주님 안에서 함께 어울려 서로의 자유를 존중하고 협력함으로써 하나가 된다는 뜻이다.

믿음은 물론 하나이지만, 사람의 경험이 다른 만큼 주님을 믿는 사람들의 믿음에도 제각각 독특한 고유성이 담겨 있다. 결국 교회가 하나의 믿음을 말하려면 교인이 저마다 갖고 있는 주님에 대한 각각의 믿음을 모두 담아낼 하나됨의 방식이 있는지 스스로 묻는 게 중요하다. 그래서 나는 여성의 믿음을 말하기 전에 이런 질문을 해본다. "교회는 여성의 믿음에 대해 생각해본 적 있는가?"

교회에서 여성이 다수를 차지하고 있음에도 여성은 지도력을 발휘하기보다 그저 봉사, 인내, 침묵, 순종의 역할만 감당해왔다. 교회에서 여성 스스로 주체가 되지 못하고, 여성의 삶에 대한 결정권에 대해 소리 한 번 제대로 내본 적이 없었다. 하지만 이제는 여성이 하나님을 바로 알고 주체적으로 믿기 위해 남성이 해석하고 가르친 하나님에 대한 믿음을 그대로 답습해서는 안 될 것이다.

여성의 믿음이 남성의 믿음과 어떤 차이가 있느냐는 질문에 답하기 위해서라도 여성 스스로 성경 읽기를 통해 하나님에 대한 믿음을 말할 수 있어야 한다. 남성이 말해온, 남성 관점의 믿음에 대해 비판하고 토론할 수 있어야 하는 것이다. 여성의 눈으로 성경을 읽으면서 하나님을 새롭게 이해하고 여성이 삶에서 경험한 하나님에 대한 믿음을 가져야 하리라.

그렇기 때문에 기독 여성으로서 성경을 어떻게 읽는가 하는 것은 여성의 믿음과 관련하여 대단히 중요한 과제다. 어떤 율법교사가 예수님을 시험하려고 무엇을 하여야 영생을 얻을지 물었을 때 예수님은 "율법에 무엇이라 기록되었으며 네가 어떻게 읽느냐"(눅 10:26)라고 오히려 질문을 던지셨다. 이 말씀이 내게 엄청난 인식의 전환을 가져다주었다. 그동안 너무나 남성 중심의 관점으로 하나님과 성경을 이해해왔다는 자각이 들었기 때문이다.

이제는 여성 관점으로 본 하나님에 대한 믿음과 경험이 교회 안에 수용되도록 남녀 모두 노력해야 할 것이다. 그렇게 함으로써 하나님에 대한 교회의 신앙이 비로소 온전히 하나될 수 있을 것이라고 믿는다.

해로운 믿음

남성의 믿음에 치우쳐 온전한 하나됨을 경험하지 못한 교회는 성숙하지 못한 모습을 보여왔다. 남성 중심의 교회에서 성경을 읽어온 결과, '권위적이고 종교 중독적인 남성 지도자에 의한 해로운 믿음'과 '교회 지도자(목사, 장로, 권사, 집사)의 성인아이 신앙'이라는 문제가 그것이다. 그 결과 상대방의 입장을 이해하는 '역지사지'의 믿음조차 갖추지 못하고 말았다.

총신신대원에서 신학을 공부할 무렵 지금껏 믿어온 하나님과 하나님을 보는 관점에 대해 회의가 생겼다. 히브리어나 헬라어로 성경의 원래 뜻을 배우면서 그동안 알고 있던 의미와 달라 황당했기 때문이다. 대개의 신학생들이 신학 수업 과정에서 거치는 갈등이기도 했지만, 신학 지식을 많이 접할수록 순수했던 믿음과 사고가 메마르고 흔들렸다. 그 무렵 칼빈의 《기독교 강요》 중에서 믿음을 다루는 부분을 읽으며 믿음을 점검해보았다. 칼빈은 믿음을 이렇게 정리하였다.

① 믿음은 성령의 역사다. ② 믿음의 근거는 지식이다. ③ 바른 믿음도 항상 오류와 불신앙에 둘러싸인다. ④ 믿음의 근거는 하나님의 말씀이다. ⑤ 진정한 믿음과 거짓된 믿음이 있다. ⑥ 믿음이란 말의 성경적 함의는 그리스도를 소유하는 것이며 지식은 믿음의 확실성이다. ⑦ 약한 믿음도 참 믿음이다. ⑧ 하나님의 말씀은 믿음의 방패다. ⑨ 마음의 문제로서의 믿음도 중요하다. ⑩ 의심은 믿음을 질식시키지 못한다. ⑪ 믿음은 소망이며 사랑의 실천 곧 행함이다.

스티븐 아터번과 잭 펠톤은 《해로운 신앙》(그리심, 2013)에서 종교 지도자의 독선과 권위주의, 폐쇄성과 폭력성 등이 현대 교회 구성원의 믿음, 특히 여성의 믿음에 얼마나 해악을 끼쳤는지 지적한다. 또한 오늘날 기독교 신앙이 어떻게 종교에 중독된 지도자에 의해 '해로운 신앙'으로 변질되었는지를 밝혀낸다. 아터번과 펠톤은 해로운 신앙의 특징으로서 종교에 중독된 지도자의 아홉 가지 특징을 꼽는다.

첫째, 종교에 중독된 교회 지도자들은 신분, 특별한 능력 혹은 지식을 갖고 있다고 스스로 주장한다.

둘째, 그들은 독재적이고 권위적이다.

셋째, 그들은 자기 영역을 보호하고 자신이 타인과 비교할 수 없는 신실한 사람이라는 자리매김을 위해 타인과 전쟁을 벌이기도 한다.

넷째, 그들이 지정한 해로운 신앙체계의 특징은 본성상 처벌적이다.

다섯째, 그들은 과도한 봉사를 강요한다.

여섯째, 그들은 엄격한 종교적 배경에서 성장한 상처받은 추종자다.

일곱째, 그들은 위에서 아래로, 안에서 밖으로 폐쇄적 의사소통을 한다.

여덟째, 그들은 객관적 책임이 결여되어 있다.

아홉째, 그들은 자신을 반대하는 사람을 깎아내리기 위해 '믿음'이라는 용어를 사용한다.

이처럼 종교에 중독된 교회 지도자에 의한 해로운 신앙의 영향력은 엄청나다. 교인들은 지도자의 말이라고 무조건 맹종해서는 안 될 것이다. 분별력과 균형감각이 필요하다.

🌿 성인아이의 믿음

'성인아이'는 심리학 용어로, 어른이 되었어도 말이나 생각이 어린아이의 수준에 머문 상태인 사람을 가리킨다. 믿음도 마찬가지다. 신앙 연륜이 오래된 목사, 장로, 권사, 집사라 할지라도 말하는 것이나 생각하는 것이나 깨닫는 것이 어린아이처럼 유치한 수준에 머물러 있는 이들이 제법 많다.

성인아이는 흑백논리로 진리를 결정짓거나 부분적으로 깨달은 것으로 전체를 깨달은 것처럼 우쭐대기도 한다. 타인은 보지도 않고 아이처럼 자기만 보라고 징징대는 직분자가 교인에게 상처와 절망을 안기는 것을 자주 목격할 수 있다. 자기에게 먼저 인사하지 않는다고 야단치는 장로, 자신이 잘못했으면서도 억울하다고 소리 지르는 권사, 직분에 따라 사람을 다르게 상대하는 집사는 교회 내 성인아이다.

하나님의 온전하심을 믿을진대, 하나님의 인자하심을 믿을진대, 하나님의 크심을 믿을진대, 교회 직분자라면 좀 더 너그러워질 수 없을까? 어른스럽게 양보할 수 없을까? 더 나은 가치를 위해 현재의 불리함을 견뎌내는 성숙함은 불가능한 것일까? 하나님의 신비와 자비하심의 깊이와 넓이와 높이를 깨닫도록 자기 자신과 치열하게 싸울 줄 아는 지도자, 믿음에 장성한 어른이 그리운 시절이다. "내가 어렸을 때에는 말하는 것이 어린아이와 같고 깨닫는 것이 어린아이와 같고 생각하는 것이 어린아이와 같다가 장성한 사람이 되어서는 어린아이의 일을 버렸노라"(고전 13:11)라는 말씀대로 성숙한 믿음을 소유한 기독인이 많아진다면 얼마나 좋으랴!

알게 모르게 해로운 신앙과 성인아이 믿음이 교회 속에 스며든 원인 중 하나가 오랜 세월 교회에 누적된 남성 중심의 믿음과 문화 때문이라고 생각한다. 남성의 믿음은 무조건 미성숙하고 여성의 믿음은 성숙하다는 말이 아니다. 하나님에 대해 어느 한쪽으로 치우친 관점과 문화가 해로운 신앙과 성숙하지 못한 어린아이 수준이 되도록 영향을 준다는 말이다. 그러므로 이제는 남성의 믿음만이 아니라 여성의 믿음도 말할 때가 되었다. 여성이 경험한 하나님과 성경의 진리에 대한 믿음을 표현해야 하는 것이다. 그러나 그동안 한국교회는 여성을 어떻게 대해왔는가?

🍃 역지사지의 믿음

적어도 내가 보기에, 한국교회는 여성에게 헌신과 침묵을 강조하는 반면 남성에게는 권리를 누리도록 이끌었다. 상대방의 입장과 필요를 배려하지 않는 모습은 삶에서도 그대로 나타난다. 남성은 대체로 가정이나 교회에서 아내나 여성 교인이 챙겨주거나 대접해주기를 바라며 사는 데 익숙한 것 같다. 사실 한국교회의 문화는 실제 한국 가정의 가부장 전통과 밀접한 관련이 있다.

주일 헌금을 정리하느라 점심시간을 넘겨 교회식당에 온 남자 집사들이 식은 밥을 받게 되었다. 그러자 그중 한 집사가 농담처럼 볼멘소리를 했다. "헌금 계수하고 관리하느라 수고한 우리한테 어떻게 찬밥을 줄 수 있어요?"

그러자 식당봉사를 책임지는 여자 권사가 이렇게 대꾸했다고 한다.

"우린 이른 아침부터 당신들 점심차려 주느라 여태껏 찬밥도 못 먹었어요!"

예수님의 산상설교 마지막 구절이 생각나는 풍경이다.

> 그러므로 무엇이든지 남에게 대접을 받고자 하는 대로 너희도 남을 대접하라 이것이 율법이요 선지자니라 _마태복음7:12

'황금률'로 알려진 이 말씀은 역지사지(易地思之)의 믿음을 우리에게 가르쳐준다. 자기애(narcissism)가 인간의 본성이지만 성인이라면 타인의 입장에 설 수 있어야 한다. 왜냐하면 자기 자신만으로는 인간됨의 정체성이 온전하지 않기 때문이다. 예수님 당시에 대접을 받고자 했던 부류는 아마도 권력층, 남성, 부자 또는 랍비나 바리새인과 같은 종교학자와 어른이 아니었을까. 예나 지금이나 '을'에 속한 사람이나 여성이 '갑'이나 남성에게 대접받으려는 일은 무모하게 보인다. 그래서 황금률 말씀은 대접을 받으려는 남성, 권력자, 어른과 같은 부류에게 더 요구되는 믿음의 실천법칙이라고 말해도 무리가 없을 테다. 기독교는 예수님처럼 '강자가 약자를 섬기는 종교'이니 말이다.

역지사지 믿음은 약자가 강자의 잘못을 떠맡는 것이 아니다. 강자가 약자의 미숙함과 궁핍함을 감당하는 믿음이다. 부모는 자녀 입장에서, 권력층은 서민 입장에서, 어른은 젊은이 입장에서, 목사는 성도 입장에서, 교수는 학생 입장에서 그리고 남성은 여성 입장에서 먼저 생각해주면 우리 주님이 얼마나 기뻐하시겠는가?

🍃 이웃과 상대를 배려하는 이타적 신앙

　진정한 믿음은 머리뿐 아니라 마음으로 믿어 행동에 이르는 믿음이다. 그래서 내가 생각하는 해로운 신앙이란 삶 속에서 역지사지하지 않는 이기적 신앙이다. 자신이 힘들 때는 하나님께 기도해서 응답받았다고 자랑하는 사람이 이웃이 도움을 요청할 때 거절한다면 이는 잘못된 신앙이다. 억울한 일을 당하여 하나님께 신원해달라고 간구하던 자가 정작 자신 때문에 억울한 일을 당하거나 피해를 본 사람에게 깊이 반성하고 사과하지 않는 건 잘못이다.

　요즘 세상 사람들이 기독교를 '개독교'라고 하는 말을 흘려들어서는 안 된다. 하나님에 대한 믿음은 대단해보이는데 이웃의 아픔에는 아랑곳하지 않거나 연신 하나님, 예수님, 진리, 감사는 남발하면서 거짓과 차별, 폭력과 사회악에 대해서는 입을 다물고 대류(大流)와 주류(主流)에 붙어 힘을 과시하려는 기독인 때문에 붙여진 말이리라. 그러나 우리가 소망하는 천국이 기적은 많이 체험하면서도 이웃에게 함부로 하는 인간성 없는 사람이 득실거리는 곳은 아닐 것이다.

　주님은 "오직 의인은 믿음으로 말미암아 살리라"(롬 1:17)라고 말씀하셨다. 그런데 우리가 가진 믿음이 성취지향과 순간의 기적을 맛보는 것으로 가득하다면 그런 믿음은 온전한 믿음이 아닐 것이다. 기독교 신앙은 은혜, 평화, 사랑, 절제, 관용, 긍휼, 교제로 표현되는 각 개인의 인간성에서 나타난다. 그리고 이를 각자가 평범한 일상에서 녹여내고 풀어내며 친절한 맛을 내는 삶에 있다고 나는 믿는다. 획일적이거나 누군가를 소외시키는 것도 아니다.

엄밀히 말해서 주님의 복음은 남성만의 것도 여성만의 것도 아니다. 우리라는 공동체만을 위한 복음도 아니다. 그렇더라도 우선은 '나'를 위한 복음이라는 사실을 잊지 말아야 한다. 이는 남성이든 여성이든 어느 개인의 신앙이 교회 공동체를 위해 무시되거나 소외되어선 안 된다는 뜻이기도 하다.

믿음이라고 다 같지는 않겠지만, 내가 생각하는 참된 믿음이란 강요가 아닌 마음의 자유에서 우러나는 것이다. "진리를 알지니 진리가 너희를 자유롭게 하리라"(요 8:32)라는 말씀처럼 우리의 믿음은 강요나 억지가 아니라 자유로부터 피어올라야 한다.

참된 기독교 신앙이란 불의와 타협하지 않고 세상의 위협에도 겁먹지 않는 담대한 믿음이다. 하나님의 약속에 기대어 삶에서 경험하는 모든 슬픔과 아픔, 고독과 고난을 극복하는 믿음이다. 인간 모두를 존중하여 타인에게 열려 있는 겸손한 자세와 성찰이 구비된 믿음이다. 이웃과의 평화를 위해서라면 손해가 되더라도 기꺼이 감수하며 삶 속에서 주님이 주신 것으로 이웃을 섬기는 믿음이다. 아울러 하나님이 만드셨기에 작은 생명체 하나도 가치 있고 소중히 다룰 줄 알며, 슬픔과 비통에 처해 있는 자들을 향해 긍휼을 느낄 줄 아는 믿음이다. 기독교는 하나님이 예수 그리스도를 통하여 우리에게 사랑과 은혜를 베푸셨음을 믿고 이를 실천하는 것이 아닌가.

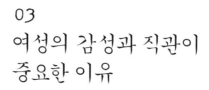

03
여성의 감성과 직관이
중요한 이유

한국교회가 여성을 통제하기 위해 만들어낸 이데올로기 중 가장 치명적인 것은 "신앙은 감성적인 것이 아니다"라는 말이다. 이 말에는 "여자는 감정에 치우쳐 있으므로 신앙생활에서 이성적인 남성의 통제를 받아야 한다"라는 남성의 의도가 깔려 있다.

십자가를 지러 골고다 언덕을 오르시는 예수님을 보고 슬피 울며 따라가는 수많은 여인을 향해 예수님은 이렇게 말씀하셨다. "예루살렘의 딸들아 나를 위하여 울지 말고 너희와 너희 자녀를 위하여 울라"(눅 23:28). 이 말씀을 종종 '예수님이 슬픈 감정에 사로잡힌 여성을 교정해주는 것'이라고 해석한다. 남성 설교자가 이렇게 해석한다면 여성을 감성적으로 보고 있다는 것을 금세 알 수 있다.

그런데 이 말씀이 과연 그런 뜻일까? 나는 주님을 고작 '여성들의 슬픈 감정을 교정해주시는 분'으로 보는 것이 오히려 감성적인 해석이라고 생각한다. 이 말씀에 대한 해석과 논의는 뒤에서 다시 다루겠다.

🍃 감정과 직관의 중요성

대체로 남성은 이성적인 존재라서 합리적·논리적·분석적인 사고를 하는 반면, 여성은 감성적인 존재여서 직관적·비합리·비논리·표현적 성향을 갖고 있다고 여겨왔다. 이성을 중심으로 한 합리주의 철학이 발달하고 근대 산업혁명 이후 절대 권력의 국가가 출현하는 과정에서 남성 엘리트가 공적 영역을 장악하면서 이런 생각에 상당한 영향을 미친 것으로 보인다. 이에 대해 폴 투르니에는 《여성, 그대의 사명은》(IVP, 2004)에서 일찍이 남성 중심의 사회가 초래한 비인간성의 한계를 감지하면서, 여성에게 남성과 함께 공적 영역에서 인격적 가치와 직관적 가치를 표출할 사명이 있음을 강조했다.

그런데 교회처럼 "감정적으로 접근하지 말라"는 말을 진리로 생각하는 집단도 없는 듯하다. 과연 기독교 신앙에서 감정을 배제해야 옳은 것일까? 어쩌다 교회에서 피해를 입어 화가 나서 감정을 드러낼 수 있다. 그러면 교회 안의 가해자들은 자신의 악행은 아랑곳하지 않고 도리어 피해자의 감정적인 언행을 정죄하곤 한다. 이른바 '무감정 프레임'의 잣대를 들이대 자신들을 합리화하거나 피해자를 묵살해버리는 경우다. 언제부턴가 교회에서 "감정적이지 말라"는 말과 '공분'(公憤)을 구분하는 모순을 발견하게 되었다. '공분'에는 '분노'라는 감정적 요소

03 | 여성의 감성과 직관이 중요한 이유

033

가 들어 있음에도 그것을 분리하여 '언어의 기제(機制)'를 교묘하게 작동시킨다.

예를 들면 내가 남자들 틈에 낀 여성으로서 억울한 일이 생겨 소리를 내려고 할 때 남성들이 나에게 하는 말은 "부드럽게 말하라"는 것이었다. 이는 가부장 문화의 기반 아래 여성의 의견을 받아들이겠다는 의미다. 기독교가 언어와 문화에서 얼마나 여성성을 함부로 폄하하며 비하하고 있는지를 체험하여 씁쓸했다. 하지만 나는 여성의 직관과 감정이 신앙을 형성하는 데 중요한 요소라고 생각한다.

신앙에서 감정의 중요성을 거론하다보니 신학대학원 시절의 한 강의가 떠오른다. 어느 조직신학 교수가 "신앙은 절대의존의 감정이다"라고 말한 슐라이어마흐를 자유주의자로 몰면서 상대조차 하지 말라는 식으로 말한 것이다. 보수적 신학교의 조직신학이 가르쳐온 단선적이고 교조적인 태도는 그 교단과 신학교의 성경신학, 역사신학, 실천신학에까지 영향을 미쳤을 것이다. 그에 따라 기독교 신앙은 점점 경직되고 교리적이며 위압적인 방향으로 흐르게 된 것 같다. 기독교는 사랑의 종교인데, 신앙에서 감정을 배제하자 사랑은 공중분해되었고, 교회조직과 교리체계에서 생명력 없고 무미건조한 종교가 되어버린 것이다. 그러나 인간은 지정의(知情意)를 두루 지닌 존재다. 기독교 신앙의 목적이 인간을 본래의 하나님 형상으로 회복하는 것이라고 한다면, 지정의의 세 영역은 인간됨을 이루는 데 더할 나위 없이 중요한 요소다.

심리학자들은 '감정'이란 신이 인간에게 베푼, 이성보다 앞선 본성이라고 말한다. '직관'은 감성적 지각처럼 대상의 전체를 직접적이며 통합적으로 빠르게 파악하는 능력을 말한다. 직관은 논리적이거나 합리적인 추론이 아니라 더 나은 결정을 하도록 이끌어주는 힘이다. 직관을 계발하기 위해서는 먼저 정신세계에 대한 통찰과 자연법칙에 대한 이해 그리고 자신의 내적인 성격을 계발하는 것이 전제되어야 한다. 여성은 대체로 남성에 비해 감정의 폭이 넓으며 직관적 능력을 많이 갖고 있는 편이다.

심리학자 초도로우(Nancy Chodorow)에 따르면 엄마의 자녀양육은 아들에게는 '독립지향성'을, 딸에게는 '관계지향성'을 부여한다고 한다. 엄마의 양육을 통해 여성은 감정의 1단계에서 10단계의 과정을 점차적으로 밟아가면서 감정의 폭과 깊이를 늘려가는 반면, 남성은 감정의 1단계에서 10단계로 바로 도약하는 이른바 '감정의 성기화(genitalizatia)'에만 머문다는 것이 초도로우 심리학 이론이다. '감정'과 '직관'은 그 자체로 좋고 나쁜 것이 아니다. 잘 가다듬고 성숙시키면 인간성을 강화시킬 수 있는 중요한 요소다. 남성은 여성과의 관계형성을 통해 여성이 지닌 감정과 직관력을 수용하고 발달시킬 필요가 있다.

국내 신학자가 신앙에서 감정의 중요성에 대해 연구한 논문이 있다. 차정식 교수는 〈예수의 감정에 나타난 신학적 인간학의 국면들〉*Some Aspects of Theological Anthropology in Jesus' Emotions*에서 "예수의 인간 감정의 전승은 한국 기독교 신앙의 실제적 문제를 해결할 한 척도가 될 수 있다"라고 하였다. 그러면서 지금까지 한국교회의 감정에 대한 반감이 오히려 신앙의 내적 성숙을 방해해왔다고 지적하였다. 예수가 나타낸 기쁨, 슬픔, 한탄, 두려움, 번뇌, 긍휼의 감정 분석을 통해 자기만족의 열심에서 역동적이며 자아성찰이라는 능력 에너지로 강화시킬 수 있다고 한 것이다. 또한 성령은 슬픔, 기쁨, 사랑, 평화 등의 감정을 솔직하게 표현하기를 원하시므로 한국 기독인에게 감정은 신앙 행동의 필수요소로 인정되어야 한다고 강조하였다. 나는 차 교수의 견해에 전적으로 동의하며, 감정은 신앙의 방해물이 아니라 오히려 건강한 신앙의 디딤돌이라고 말하고 싶다.

🌿 우울증과 신앙

신앙과 감정의 문제와 관련하여 말할 때 우울증을 빼놓을 수 없다. 우울증은 주로 너무 외로워서 생기는 병이다. 세상에서 나를 사랑하는 사람이 하나도 없다고 생각하는 사람에게서 주로 발생한다고 한다. 우울증은 마음에 생기는 병으로서 일종의 '감정 장애'라고 볼 수 있다. 그런데 기독 연예인들이 우울증으로 연이어 자살한 사건을 두고 "자살하면 지옥 간다", "자살은 신앙이 잘못된 것이다"라는 매우 잔인한 말을 기독인들이 곧바로 쏟아냈던 게 기억난다.

나도 한때 우울증으로 말할 수 없는 고통을 경험해본 터라, 인간에 대한 일말의 이해조차 없는 무정한 기독인을 만나면 마음이 몹시 아팠다. 내가 우울증에 걸렸을 때 나를 비난하는 그들에게서 섬뜩함을 느꼈다. 어떻게 전도사가 우울증에 걸릴 수 있느냐는 비난이었다. 열심히 기도하고 신앙이 매우 좋다는 사람일수록 이상하게 타인의 감정에 공감하거나 이해하는 수준이 현저히 떨어지는 경우가 종종 있었다. 그런 걸 목도하곤 기독교 신앙이 뭔가 잘못 되어가고 있음을 느꼈다.

성숙한 인간이라면 감정에 솔직하면서도 그 감정을 조절하고 절제할 수 있는 능력을 갖추고 있다. 하지만 우울증에 걸린 사람은 자신의 감정 속에 갇혀 꼼짝달싹 못하고 절망으로 치닫는다. "믿음은 바라는 것들의 실상이요 보이지 않는 것들의 증거니"(히 11:1)라는 말씀을 아무리 되뇌도 도무지 깨알 같은 희망이나 기대조차 생기지 않는 절망 속을 헤매는 '검은 개'라 불릴 정도로 몹쓸 병이 우울증이다.

우울증은 남성보다 여성이 많이 앓는 병이다. 인간관계의 단절과 상실, 상처와 고립으로 우울증이 발생하거나 자신의 감정을 솔직하게 표현 못하는 억압적인 환경에 처한 여성에게서 많이 나타난다고 한다. 그런데 교회가 여성의 우울증을 이해하지 못할 때가 많다. "주님이 기뻐하라고 했는데 왜 우울하냐?"라는 식으로 정죄하거나 "힘들면 기도해라"라는 상투적인 말로 고통당하는 여성에게 함부로 충고하는 경우가 많다. 그건 아픈 이를 두 번 죽이는 악한 행동이다.

내가 신학대학원에서 〈주부 우울증과 헤세드 관계 연구〉라는 졸업논문을 쓰게 된 이유도 여기에 있다. 우리의 신앙이 남의 형편과 처지를 헤아려주기보다 남을 정죄하며 판단하기에 너무 급급하지 않았는지 돌아보면 좋겠다. 우울증에 걸린 사람을 대하는 방식에서 가장 위험한 것은 성경말씀을 들어 "기도해라", "성경 봐라", "기뻐해라"는 식으로 곧바로 충고하는 행위다.

나는 졸업논문에서 단 한 사람이라도 자신의 말에 귀 기울여주거나 공감할 수 있는 헤세드(은혜, 친절, 사랑)를 보여준다면 우울증에서 회복될 것이라고 주장하였다. 헤세드는 기독교 신앙의 정수다. 헤세드를 실천하는 일은 교회 공동체를 살리는 일이요, 주님이 기뻐하시는 일이다. 이웃 사랑은 어려운 일이 아니다. 아픔과 슬픔을 당한 자의 심정을 공감하는 데서 출발한다. 따뜻한 눈빛과 미소, 다정한 말 한 마디나 위로의 포옹은 슬픔과 우울의 수렁에서 헤어나오지 못하는 이웃을 건져내는 동아줄인 것을 깨달았으면 좋겠다. 교회에 이성 못지않게 감성이 중요하다고 말하는 이유 중 하나는 현대 사회에 만연한 이 우울증과도 관련이 있다.

🍃 기독교 신앙은 연민과 사랑으로 나타난다

21세기는 포스트모더니즘의 영향으로 획일적인 것에서 탈피하여 상대화되어가고, 이성 중심에서 감성 중심으로 바뀌는 시대다. 강요보다는 눈높이의 설득을, 상대방을 무시하기보다는 존중을, 답을 주기보다는 함께 답을 찾기 원하는 시대다.

예수님은 애통하는 자와 긍휼히 여기는 자, 화평하게 하는 자가 복이 있다고 말씀하셨다(마 5:4, 7, 9). "어떻게 하면 영생을 얻을 수 있느냐"는 율법교사의 질문에 '선한 사마리아인의 비유'를 들어 강도 만난 자를 '불쌍히 여기는 마음'에서 발현되는 자비의 실천을 말씀하시지 않았던가(눅 10:25-37). 측은지심은 사랑에 불을 지피는 자비의 동력이다. 만일 하나님이 우리를 불쌍히 여기지 않으셨다면 우리는 어떻게 되었을까? 예수께서 바리새인이 두 눈 똑바로 뜨고 지켜보는 가운데서도 안식일에 병든 자를 고치셨던 건 그를 불쌍히 여기셨던 마음이 있었기 때문이다. 기독교 신앙은 교리나 조직이 아니라 인간, 이웃에 대한 연민과 사랑이다.

한국교회가 여성의 직관과 감정을 부정한 것으로 치부하는 사이에 기독교 신앙은 강자의 신앙이 되어 힘없고 무지한 교인, 특히 여성을 영적으로 누르거나 죄책감을 가중시키지는 않았는가. 강자가 보기에 여성의 눈물은 패자와 약자의 투정이요, 거추장스럽고 쓸모없는 감정놀음이라고 생각했을지 모른다. 그래서 인간성 표현 도구인 언어로 희로애락의 온갖 감정을 나타낼 수 있음에도, 유독 여성에게는 감정언어를 교정하라는 요구가 많았던 것 같다.

하지만 기독교 신앙의 정수인 사랑을 실천하는 일은 감정을 무시하거나 위장하는 것이 아니다. "즐거워하는 자들과 함께 즐거워하고 우는 자들과 함께 울" 수 있는 것이다(롬 12:15). 슬픔에 싸인 자의 감정을 쉽사리 정죄하거나 기뻐하라고 야단치는 게 아니라 그들의 아픔, 슬픔, 분노, 두려움, 기쁨과 한탄에 공감하며 위로하는 실천이 기독교 신앙의 기본이다.

아브라함 요수아 헤셸(Abraham Joshua Heschel)은 《예언자들》(삼인, 2004)에서 이렇게 말했다.

종교는 순수성을 지키려 악마적이 되어야 하거나, 특수하기 위해 이성에 반하거나, 하나님의 창조하신 것들과 아무것도 공유하지 못하도록 하는 게 아니다. 예언자의 정신에는 감정적인 동정의 종교가 복종의 종교보다 더 잘 맞는다. 인간은 온 마음과 온 영혼과 온 힘으로 자기의 하나님을 사랑해야 한다. 종교적 동정의 특징은 자기 극복이 아니라 자기헌신이다. 감정의 억압이 아니라 감정의 방향 수정이다. 동정은 대화적인 구조를 지닌다. 뉘우침, 부끄러워함, 회개에 희망이 있다. 하나님은 생명, 인간, 의에 대한 당신의 관심 속에서 살아계신다. 그분의 관심은 연민 바로 그것이다.

신앙은 머리에서 마음으로, 마음에서 행동으로 나아가야 한다. 각박한 요즘 세상에서 교인들의 마음마저 점점 메말라 약자와 억울한 일을 당한 자에 대한 공감능력이 없음을 목도하여 실로 안타깝다. 이는 그동안 한국교회가 여성이 갖고 있는 섬세함, 공감능력, 감정과 직관과 인격적 가치를 배제했기 때문이 아닐까? 이제라도 "여성은 감정적이다"라는 이데올로기의 족쇄를 풀어 여성이 보유한 감응력과 공감능력과 직관력을 발휘하도록 배려해야겠다. 그리하여 기독교 신앙에서 잃어버렸던 진실함과 사랑을 되찾을 수 있게 되기를 바란다.

어느 때나 하나님을 본 사람이 없으되 만일 우리가 서로 사랑하면 하나님이 우리 안에 거하시고 그의 사랑이 우리 안에 온전히 이루어지느니라 _ 요한일서 4:12

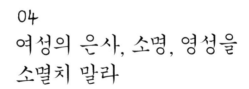

04
여성의 은사, 소명, 영성을 소멸치 말라

원래 기독교는 초기부터 남녀를 불문한 소명과 은사 공동체였다. 하지만 교회의 직제가 남성 중심으로 치우치면서 여성의 소명과 은사를 간과하는 바람에 여성의 은사와 소명은 거의 거세당하고 말았다.

제임스 패커(J. I. Packer)는 신학적으로 소명과 은사는 직분에 우선하는 것으로서 직분이 은사를 위해 존재하는 것이지 그 반대가 아니라고 하였다. 소명이란 하나님의 직접적인 부르심으로, 그분이 기뻐하는 선하신 뜻을 소원으로 품어 헌신된 삶으로 응답하는 것을 말한다.

성경은 노아, 아브라함, 요셉, 사무엘, 다윗, 다니엘, 이사야(사 6:1-13)나, 예레미야(렘 1:4-19), 바울처럼 하나님께로부터 소명을 받아 헌신한 인물을 소개한다.

그중에서 바울이 고백한 사도적 소명을 살펴보자.

사람들에게서 난 것도 아니요 사람으로 말미암은 것도 아니요 오직 예수 그리스도와 그를 죽은 자 가운데서 살리신 하나님 아버지로 말미암 아 사도 된 바울은 _ 갈라디아서 1 : 1

🍃 여성의 소명과 은사

교회는 예수 그리스도를 구주로 고백하는 모든 지체가 복음 사역을 위해 특별히 하나님의 소명을 받도록 양육해야 할 책임이 있다. 또한 하나님께로부터 부름받은 자들이 소명을 따라 사역할 수 있도록 언제든지 장을 마련해주어야 할 사명이 있다. 여기에 남자와 여자의 구분이 없어야 한다.

교회는 은사 공동체(Charismatic Community)로 불린다. 신약교회는 오순절에 성령 강림으로 탄생하였다. 그후 성령께서는 남성과 여성 모두에게 복음전파 사명을 위해 방언, 예언과 같은 은사를 나누어주셨으며, 이 은사를 통해 성령님은 교회를 세우시고 계속 교회 안에 거하셨다. 그래서 교회는 기계체(mechanism)가 아니다. 유기체(organism)다. 지체가 제 역할을 잘 발휘하도록 은사를 활용하게 함으로써 영적·정신적·물질적인 교제가 이루어지는 유기적인 은사 공동체인 것이다.

현대 신학자 한스 크라우스(Hans-Joachim Kraus)는 은사 공동체인 교회에 대해 "성직자들이 교회를 좌우하는 것이 아니라 성령의 능력 안에서 성령을 받은 사람들이 교회를 섬기는 것이므로 교회에서 계급적 지배체제는 완전히 배제되어야 한다"라고 말하였다. 〈고린도전서〉 12장을 보면 유기체로서의 교회란 성령께서 이끄시며 교회의 유익을 위해 같은 성령 안에서 남녀 각자에게 나누어주신 은사 공동체다. 어느 누구 하나 쓸데없다고 여겨지거나 누가 누구에게 종속된 것이 아니며, 모두 아름답고 존귀한 지체로 여김받아 자발적인 연합과 섬김이 이루어지는 공동체다.

기독교 교육학의 아버지로 불리는 코메니우스(Johann Amos Comenius)는 그의 책《범교육학》Pampaedia에서 인간과 세상이라는 유기체의 전체를 다루기에 충분한 세 가지 도구 즉 '창조세계'와 '인간의 정신과 감관', '성경계시'를 범지혜(pansophia)와 연결시켰다. 그의 범유기체론(panorgania)은 성령의 여러 은사가 인간의 마음속에서 흘러 넘쳐 다른 이에게로 공급되며, 그 배에서 생수의 강이 흘러나오는 것이라고 표현하였다(요 7:38).

코메니우스의 범유기체론에서 빼놓을 수 없는 중요한 통찰은 그가 하나님의 모든 은사를 중요하게 여길 뿐만 아니라, 나아가 은사들을 공통적으로 활용할 수 있는 범조화(凡調和) 작업까지 생각하였다는 데 있다. 그는 모든 하나님의 은사가 중요하지만, 은사를 활용할 때도 인간은 자긍심을 갖는 집합체로서 항상 하나님의 선함을 드러내는 일과 하나님을 기뻐하며 찬양하는 일에 조화를 이루어야 한다고 말한다. 그러니 그의 이론은 교회에서 남성과 여성의 은사가 조화를 이루어야 한다는 말로 이해할 수 있겠다.

그런데 오늘날 교회가 하나님께서 부여하신 여성의 은사와 소명을 인정하지 않고, 인정하더라도 남성으로만 구성된 담임목사와 당회의 결정에 국한시킴으로써 범조화와 범지혜를 놓치고 있어 안타깝기만 하다.

🍃 여성 신학박사가 되었지만

교회에서 사역을 하다 박사학위 논문을 쓰기 위해 잠시 쉬고 있을 때, 시부모가 몸담았던 교회에 새로 부임한 담임목사가 찾아온 적이 있다. 곧 있을 장로선거에서 남편이 후보가 되려면 아내인 내가 그 교회를 다녀야 한다고 장로들이 결정했기 때문이었다. 나는 그 말을 듣자마자 기분이 나빴다. '여자는 은사와 소명을 따라 신학공부를 해도 결국 남편이 장로 되도록 돕는 존재일 뿐이구나'라는 생각이 들었기 때문이다.

그런데 내 남편은 여기서도 빛이 났다. "나 혼자 장로 되겠다고 신학공부하느라 고생한 아내에게 무작정 교회 옮기라고 할 순 없어요"라고 말한 것이다. 그래서 다른 건 몰라도 내가 하나님의 사역자라는 정체성을 인정해준다면 남편과 함께 교회에 출석하겠노라고 했다. 그 요구에 확답을 받고선 그다음 주부터 남편이 다니는 교회에 출석하게 되었다.

처음에는 목사가 나를 인정하며 설교도 시키고 평생교육원에서 세미나도 열어주었다. 그러나 어찌된 일인지 독재적인 리더십이 강해지면서 교인들의 숨통을 조이기 시작했고, 이에 나는 교회 홈페이지에 "기독교 리더십은 독재 리더십이 아니라 섬김과 변화의 리더십이다"라는 글을 쓰게 되었다. 그랬더니 그 목사는 주일 설교에서 나를 '사탄'이라고 몰아붙이면서 자신의 화를 쏟아내었다.

이후 그 담임목사는 장로들과의 마찰로 결국 교회를 사임하게 되었다. 새로운 목사가 후임으로 온 뒤에 장로들과 교인들은 내게 그저 장로부인으로 만족하며 학교에서 강의나 하라는 식으로 냉대하기 시작했다. 그 뒤 2년간 남편과 함께 그 교회를 다녔지만, 마음 한구석에 '내가 지금 왜 이러고 있지?'라는 사역자로서의 물음과, 학교에서 '교회 여성 리더십'을 전공하여 학생들에게 여성의 소명과 은사를 일깨우고 있었던 터라 가르치는 자로서의 자기모순 때문에 괴로울 수밖에 없었다.

그러다 남편에게 말했다.

"도저히 안 되겠어. 당신과 함께 교회를 다니는 건 좋지만 하나님의 부르심을 받은 사역자로서 난 행복하지 않아."

남편은 고개를 끄덕이며 교적 옮기는 것에 동의했다. 그렇게 각자 따로 다른 교회 다니기를 3년쯤 했던 어느 날, 남편은 큰 결단과 용기를 내어 적어도 일 년에 두 번 정도는 나에게 설교를 시켜주라고 당회에 요청했다. 하지만 담임목사를 포함한 장로들은 "그냥 장로 부인으로 있어라"는 말로 일갈하였고, 이에 남편은 어려서부터 신앙생활을 하며 장로로 섬겼던 그 교회를 나올 수밖에 없었다. 교회가 얼마나 가부장적 체제로 굳어 있으며, 여성의 소명과 은사를 함부로 취급하는지 온몸으로 겪은 셈이었다. 나로서는 어처구니없고 슬프고 화가 치미는 일이었다.

하지만 지금 나는 더 이상 그런 무의미한 일에는 신경 쓰지 않고 있다. 가부장적 교회에 머물러 '못마땅한 존재'로서 신앙생활을 하느니 차라리 소명과 은사를 인정해주는 곳에서 남편과 함께 예배드리며 같은 마음과 믿음으로 살아가는 게 훨씬 더 행복하고 감사하다.

남편은 "한국교회와 이 나라에서 꼭 쓰임받는 딸이 되게 해주십시오"라고 기도해주었고 나는 "아멘"으로 화답하였다. "하나님의 은사와 부르심에는 후회하심이" 없기에(롬 11:29) 우리 부부의 믿음과 도전이 선하고 아름답게 쓰임받으리라 믿는다.

여성이 하나님께로부터 받은 소명과 은사를 교회가 환영하고 여성의 고유한 정신세계와 전문성과 공감능력과 돌봄의 리더십을 활용할 때 교회와 사회와 세계 속에서 하나님의 통치가 확장하게 될 것이라 믿는다. 아울러 여성 사역자들에게 사역의 기회를 넓혀주어 은사와 소명에 따라 전문식과 특수사역에서 리더십을 발휘하게 한다면 한국교회를 더 풍성하고 역동적인 공동체로 살리는 데 기여할 수 있을 것이다.

🍃 영성 회복을 위해

미래학자 이성희 목사는 《미래사회와 미래교회》(대한기독교서회, 2002)에서 "미래교회는 물질과 과학 그리고 기계적·조직적 사회구조로 인해 인간은 더욱 영성적인 삶을 추구하게 될 것"이라고 예견하였다. 이 시대에 영성이 부각되는 이유는 합리주의로는 하나님께로 나아갈 수 없기 때문이며, 전통 종교에 대한 불만과 영적 갈증으로 인한 것은 물론이다. 그뿐 아니라 정보시대, 외모지상주의, 물질만능주의로 인해 사람이 비인격화되었고 정치·경제·사회·문화 분야에서 느껴지는 위협과 불안 때문이라고 한다.

나는 개인적 이유로 교회에서 고통과 비극을 느끼는 동시에, 교회의 양적 성장에 따른 부작용으로 깊이 있는 기독교 영성을 체험할 기회가 부족해졌다. 그 결과 때때로 교회에서조차 하나님을 경험하지 못해 인간의 실존 문제와 신앙 문제를 고민하게 되었다.

17세기에 코메니우스가 쓴 《세상은 미로, 마음은 천국》(목양, 2011)은

프로테스탄트 영성의 진정한 고전이라고 할 만한 책이다. 이 책은 17세기 유럽시장을 둘러본 한 순례자의 여행기로서 종종 존 번연의《천로역정》과 비교된다. 이 책은 단순히 천국을 향해 나아가는 순례의 영성만 다루지 않는다. 예수 그리스도를 진실로 믿는 자는 마음의 평안을 얻은 후, 타락으로 미로가 된 세상에 다시 돌아가 개혁과 평화를 이루어야 한다는 실천적 영성을 강조하고 있다. 그런 점에서 오늘날 기독인에게 도전을 주는 책이다. 이 책을 번역하면서 신앙적 삶과 영성에 매우 큰 위로와 도전을 받았다.

이 책에서 받은 신앙적 도전은 첫째, 자연과 인간과 하나님과 관련된 모든 지혜를 통전적으로 깨닫게 됨으로써 삶의 변화를 가져오는 진정한 회개가 무엇인지를 배울 수 있다는 것이다. 둘째, 인간에 대한 이해와 연민을 통해 고통당하는 인간을 하나님의 형상으로 회복시키며 치유하는 돌봄의 지혜를 알게 되었다. 셋째, "그리스도를 따르는 일 없이 그리스도를 안다는 것이나 복음에 기초한 사랑의 율법을 지키지 않고 복음을 기뻐한다는 것은 단지 복음에 대한 남용에 지나지 않는다"라는 이 책의 말처럼, 교회로 하여금 진정한 복음을 따라 자신을 성찰하며 세상을 개혁시킬 사명과 책임이 있음을 촉구한 것이다.

오늘날 한국교회는 온갖 죄악으로 부패해버렸다. 기도하고 방언하며 성경 읽는 데는 열심인 듯 보이지만 이 열심은 개인의 종교체험과 교회생활에 국한되어 있다. 지도자의 교만, 권력 다툼과 분열 속에서 물질만능주의, 개교회주의, 성장주의에 몰입해버렸다. 소수의 권력자와 신학자가 진리를 점유한 상황에서 교회재정 횡령 및 거짓과 표절이 난무하고, 성적 추문부터 살인에까지 이르는 범죄로 심각한 영성 위기에 처했다. 이러한 영성 위기는 '세월호'와 '가습기 살균제 사건', '일본군 위안부 문제', '국정 교과서' 등 현 정부의 불의한 정책과 잘못된 국가운 영에 대해서도 침묵함으로써 '사회적 영성'마저 잃어버리는 지경에 이르렀다.

'너희는 세상의 소금이며 빛'(마 5:13-14)이라는 말씀은 참된 기독인에게 주신 복음적 사명이 아닌가. 나치에 저항했던 독일의 신학자 디트리히 본회퍼, 일제 식민통치에 맞섰던 유관순 열사처럼 복음을 외쳤던 이들의 발자취가 없었더라면 공의와 올바른 정치 질서, 인간 상호간의 자유와 평등 같은 하나님 나라의 가치들은 오래전에 질식당했을지도 모를 일이다.

그런데도 지금의 한국교회는 왜 강자의 횡포에 저항하지 않고 오히려 동조하며, 나아가 약자와 여성을 차별하는 곳이 되었을까? 남성 중심 사회가 비인격성을 초래하게 되었다고 지적한 폴 투르니에의 말처럼, 한국교회의 영성은 '남자의 영성', '강자의 영성'으로 치우쳐 결국 영성을 잃어버리게 된 건 아닐까?

🍃 남성 중심 영성의 위험성

몇 해 전 영화 〈노아〉(2014)를 보면서 나는 남성 지도자 중심의 영성이 매우 위험하다는 걸 간파하였다. 영화 〈노아〉가 상영되자 기독인 사이에 의견이 분분했다. 비성경적·반기독교적인 영화이므로 보면 안 된다는 입장과, 영화라는 장르적 특성을 이해하고 보아야 한다는 입장이었다.

그런데 나는 그런 입장과 달리 이 영화가 묘사한 노아의 영성이 위험하다고 보았다. 이 영화 속의 노아는 하나님을 향한 열심과 헌신으로 당시 인간 중에서 가장 탁월한 믿음의 사람이었지만 임신한 자부가 아들을 낳으면 살리고 딸을 낳으면 죽여야 한다는 '남성 중심의 영성'에 치우쳐 있었기 때문이다. 물론 영화상 여자를, 죄를 대물림할 인류를 잉태할 존재로 보고 죽이려 한 것이라는 해석도 있다. 여하튼 이로써 아내와 아들과 자부 간에 갈등이 초래되고 결국 관계가 단절된다. 영화의 마지막에 노아는 가족의 뜻을 받아들여 손녀딸을 살린다. 자부는 시부 노아에게 자신들의 믿음을 이끌어달라고 간청하면서, 아들과 딸이 하나되는 세상을 암시하며 영화는 끝을 맺는다.

성경을 보면 노아는 여호와께 은혜를 입은 자로서 하나님이 명하신 걸 다 준행한 사람이다(창 6:8-22). 물론 성경에는 남자아이가 태어나면 살리고 여자아이는 죽이려는 영화 속 노아의 이야기는 나오지 않는다. 하지만 기독 여성의 눈으로 볼 때 영화가 묘사한 노아의 모습은 현대 교회의 남성적 영성을 보여준 듯하다. 현대 교회 특히 보수교단에 남성 위주의 영성이 팽배하여 여성을 함부로 대우해도 아무런 양심의 가책이 없는 남성적 영성이 성경적 영성이라고 착각하는 위험에 빠져 있기 때문이다.

아무리 하나님에 대한 열정과 헌신으로 가득 찬 영성이라 할지라도 여성을 차별하고 여성에 대해 폭력적이며 심지어 여성을 죽이려는 영성이라면 과연 올바른 영성이라고 말할 수 있을까? 기독교 영성이 지나치게 남성 위주로 획일화, 극단화, 계급화되어 여성, 사회적 약자, 가난한 자를 포용하지 못한다면 그야말로 상식도 인간성도 없는 위험한 영성이 아니겠는가? 따라서 기독교 영성(spirituality)은 반드시 성(sexuality)과 연결되어야 한다.

마이클 다우니(Michael Downey)는 "하나님은 누구인가?"라는 핵심적인 신학 질문에 여성들이 영성적인 시각으로 신선하고 설득력 있게 대답하고 있다면서, 현대 영성의 전반적인 경향으로 여성의 영성이 나타날 것이라고 말한 바 있다.

지금까지 기독교 역사를 보면 교회에서 주로 남성이 활동하면서 여성에 대해 왜곡된 시각을 갖게 되었다. 여성을 영성생활의 동반자로 여기기보다는 성적 대상이나 유혹하는 존재로 본 것이다. 남성은 성스러운 영역에 속하지만 여성은 세속에 속한 존재로 여긴 나머지 여성의 인격과 순결, 긍휼과 인내를 열등한 것으로 치부하였다. 이는 여성의 시각에서 본 하나님에 대한 이미지와 신학적인 대답을 기독교 신앙과 영성에 반영하지 못한 탓이기도 하다.

🍃 온전한 영성을 경험하려면

총신대 출신 여성 동문들은 해마다 열리는 합동교단 총회에 가서 "여성안수를 승인해달라"는 내용의 전단지를 배포하고 있다. 나는 2014년 총회에서 몇 시간을 머물면서, 많은 남자 목사가 총회에 들어가는 걸 보며 문득 이런 생각을 했다.

'합동 총회는 음행한 목사도 들어가고, 거짓말과 도둑질(표절)한 사람도 들어가고, 가스총도 들어가고, 괴악하고 악독한 목사까지 모조리 들어가건만 어찌된 영문인지 여자는 절대 못 들어가는구나.'

오늘날 한국교회의 모습에 예수의 영성이 보이지 않고 지도자의 권력 남용과 분열과 물질적 욕망, 성적 타락이 더 잘 보이는 것 같다. 한국교회가 부패하고 타락한 원인은 권력을 가진 남성이 그 힘을 여성과 약자를 섬기는 데 사용하지 않고 오히려 짓밟는 데 사용했기 때문인 것 같다.

기독교 영성이 하나님에 대한 인식과 경험에서 출발하여 삶으로써 응답하는 전인적 능력이라고 정의한다면, 남성과 여성이 각각 받은 하나님에 대한 이해와 인식과 이미지를 공유하는 것이 바람직한 영성일 테다.

오늘날 영성 용어 가운데 핵심 단어는 '인간관계성'이다. 여성의 의식과 경험은 남성에 비해 인간관계와 보살핌을 중시하고, 직관과 감수성을 갖춘 인격으로서 변화와 잠재력을 지닌 특성을 갖고 있다. 그러므로 온전한 영성을 위해서는 성 차별이 사라져야 한다. 여성에 대한 남성의 다스림을 잘못 이해하거나 권리의 남용으로 야기되는 불평등과 불의, 성적 타락과 억압과 부자유함 속에는 참 인간성이 나타날 수 없으며 참된 영성이 있을 수 없다.

우리가 기대하는 미래는 남녀 모두가 평등한 친교적 공동체다. 남녀 모두는 이 땅에 사랑과 정의와 평화를 이루기 위해 함께 힘을 모아야 할 이웃이요 동반자(파트너)다.

우리는 기독교 영성에 대한 바른 이해와 실천이 그 어느 때보다도 더 요구되는 시대를 살고 있다. 지금까지는 영성을 남성 위주로 이해하고 고수해왔다면, 이제는 여성이 경험한 하나님과 인간 그리고 사물에 대한 이해가 기독교 영성에 수렴되고 실천되어, 하나님 나라를 위해 온전한 영성이 회복되기를 바란다.

2부

신학의 렌즈로
성(性)을 보다

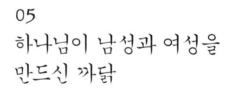

05
하나님이 남성과 여성을 만드신 까닭

신학의 초점은 하나님이다. 특히 성과 관련하여 하나님의 본성을 이해하는 것은 여성의 역할을 논하기 위해 중요한 신학적 근거가 된다. 지금까지 보수주의자들이 여성과 관련한 성경본문을 해석할 때 가장 부각시킨 것은 '남성적인 하나님 이미지'다. 성경에서 하나님과 예수님 모두 남성대명사인 'he'를 쓰며 하나님을 '아버지'라고 부르기 때문에 하나님은 남성 이미지가 강하다고 생각해왔다. 성경이 하나님을 '온 땅의 왕, 이스라엘의 남편, 목자'로 묘사한 것은 인간을 다스리는 하나님의 통치를 '다스림'이나 '권력' 같은 남성성으로 표현한 것이다. 결과적으로 하나님을 남성적 이미지나 남성으로 보게 된 것은 가부장적인 이스라엘 사회에서 납득할 수 있는 것이다. 그러나 그것이 지나쳐 하나님을 남성의 하나님으로만 본다면 문제가 심각해진다.

🌿 하나님은 남성인가, 여성인가?

왜 성경은 하나님을 남성대명사(he)로 묘사하고 있을까? 영어에서 인칭대명사는 남성대명사(he)와 여성대명사(she)뿐이다. 폴 주잇(P. K. Jewett)은 "우리가 성경을 해석할 때 하나님을 가리키는 대명사 he를 남성적 언어로 해석하지 않고 유추적으로 해석한다. 그런데 그렇게 유추하는 해석은 그 단어가 갖는 성(性)적 의미가 아니라 인격적 의미다"라고 하였다. 결국 "하나님은 인격이시다"라는 중대한 명제로 하나님을 언급할 때 he 아니면 she를 사용할 수밖에 없었던 것이다.

몇몇 여성 신학자는 '하나님 아버지'라는 말이 가부장적 단어라 생각해 '하나님 어머니'로 부르자고 주장하지만 나는 이런 주장에는 반대하는 입장이다. 왜냐하면 하나님을 어머니로 부르자는 것 역시 하나님 아버지를 남성으로 보는 해석에 기초하기 때문이다. 또한 주님이 기도의 모범으로 가르쳐주신 기도에서도 "하늘에 계신 우리 아버지여"라고 부르셨기 때문이다. 구약에서는 하나님을 '아버지'라고 부르는 개념이 없었는데, 예수님이 처음으로 하나님을 '아버지'라고 부르신 것이다.

주의할 것은 예수님이 하나님을 아버지라고 부르신 것 역시 남성성을 강조한 의도가 아니라는 점이다. '하나님의 섭리와 모든 피조물에 대한 하나님의 돌보심'이라는 사고를 묘사한 친근한 표현이다. 이는 하나님의 성(性)하고는 아무런 관련이 없다고 보아야 옳다. 우리가 하나님의 초월성과 내재성을 동시에 인정하듯이, 성과 관련된 하나님의 본성에 대하여 말할 때도 하나님의 남성적 이미지뿐 아니라 여성적 이미지도 인정해야 한다. 다만 인격적으로 부르는 호칭이 '아버지'일 뿐이다.

성경의 하나님은 마치 어머니처럼 자녀를 돌보고 양육하는 분으로 그려진다(시 17:8; 36:7; 57:1; 61:4; 63:7; 91:4; 사 1:2; 49:13-15; 호 11:1-4; 마 23:37). 또 이스라엘 백성에게 보여주신 하나님의 사랑과 예수 그리스도의 성육신, 생애, 치유사역, 십자가에서 보여준 희생과 사랑을 보면 힘 있는 남성 이미지보다는 보호하고 돌보는 여성 이미지를 더 많이 발견하게 된다. 사실 누가복음 15장의 탕자의 비유에 나오는 아버지는 엄격하고 권위적인 남성 이미지보다 마치 집 나간 자식을 애타게 기다리다 맨발로 뛰어나가 반갑게 맞이하는 어머니 같은 모습으로 묘사되었다.

다시 강조하지만 하나님의 본성은 남성도 여성도 아니다. 성을 초월하지 못하는 신은 절대적인 신일 수 없다. 하나님은 남성뿐 아니라 여성도 창조하신 분이다. 나는 가끔 '하나님'이라는 이름에서 남녀의 하나됨을 연상한다.

개신교 신자와 가톨릭 신자를 구분할 수 있는 대표적인 용어가 '하나님'과 '하느님'이다. 개신교인이 '하나님'이라고 부르지 않으면 이단이라고 생각하는 경향이 있다. '하느님'이라고 부르는 가톨릭과 달리 한 분이신 하나님을 믿는다는 자부심과 자만심이 몹시 강하다.

그런데 보수교단에 속한 여성 신학자 입장에서 볼 때 조금 다른 생각을 하게 된다. 우리가 '하나님'이라고 부르는 데만 열심을 낼 게 아니라는 생각이다. 모든 것이 하나님에게서 나왔으므로(고전 11:12) 우리가 하나되게 하신 것을 힘써 지키라는 하나님의 명령을 교회와 세상 속에서 실천할 때 비로소 하나님을 하나님으로 제대로 믿는 게 아닐까? 교회가 남성과 여성이 '주 안에서 하나'가 되도록 힘쓸 때 남성의 하나님이나 여성의 하나님이 아닌 모두의 하나님으로서 알게 되는 게 아닐까?

남성이 보는 남성의 하나님과 여성이 보는 여성의 하나님은 다를 수밖에 없다. 그러므로 남성의 하나님을 여성의 하나님으로 강요하지 않았으면 좋겠다. 나는 남성이든 여성이든 자신의 존재 의미를 하나님으로부터 발견하기를 원하시는 분이라 믿는다. 지금까지 교회에서 남성적인 하나님이 지배적이었다면 이제부터라도 여성적인 하나님 또한 말해야 온전한 하나님을 알게 되는 게 아닐까?

하나님의 형상을 입었다는 것은 남녀에게 동일한가?

남성과 여성이 '하나님의 형상'으로 지음 받았다는 건 신학적으로 어떠한 의미일까? 중세 때까지만 해도 남성만이 하나님의 형상이라고 주장했으나 종교개혁 이후부터 만인제사장설과 함께 '여성 본성 논쟁' 교리를 통해 여성도 하나님의 형상이라는 사실을 되찾게 되었다. 개혁주의 신학에서는 인간에게 부여된 하나님의 형상을 의, 진리, 거룩이라는 협의의 신 형상과, 이성과 감정 그리고 자유의지와 도덕 등 광의의 신 형상으로 나눈다. 인간의 타락 이후 협의의 신 형상은 없어졌지만 이성과 감정, 자유의지, 도덕 등 광의의 형상은 비록 훼손되었어도 남아 있다고 보고 있다. 브루너(Brunner)는 "인간은 성적인 관계뿐 아니라 모든 인간관계 속에서 하나님의 형상을 반영하는 존재"라고 하였다.

조직신학에서 다루는 하나님의 형상에 대한 논의는 실로 방대하며 다소 산만하고 이해하기 어려운 면이 있다. 나는 코메니우스가 설명한 하나님의 형상이 마음에 와닿는다. 그는 남성과 여성이 하나님의 형상으로 지음 받았다는 의미는 "창조주 하나님의 인격적 성품을 그대로 모사한 거울 같은 존재로 창조된 것"이라고 해석했다. 그가 하나님의 형상에서 중요하게 다룬 것은 자유의지와 이성이었다. 인간은 자유의지와 이성을 가지고 하나님과 인격적으로 교제할 수 있는 존재라고 본 것이다. 키에르케고르는 인간이 하나님의 형상이라는 의미는 "인간을 재는 잣대가 자그마치 '신'이라는 뜻"이라고 하였다. 이렇게 학자들의 견해를 열거하는 이유는 보수교단이 남성과 여성을 똑같이 하나님의 형상으로 지음 받았다고 말하면서도 남녀관계를 '존재론적으론 평등하지만 역할론적으론 종속'시키는 신학적 모순을 보이기 때문이다.

하나님의 형상이라는 의미를 제대로 파악하려면 예수님의 모습에서 그 의미를 찾아야 한다. 완전한 하나님이시면서 동시에 완전한 인간이셨던 예수님은 인격적인 분이다. 그래서 나는 하나님 형상에 대한 모든 복잡하고 어려운 논의를 접어두고 한마디로 '인격적인 존재'라고 정의하고 싶다. 우리 모두는 무한하고 인격체이신 하나님을 닮은 유한한 인격체다.

하나님을 닮은 인격적인 모습이란 '주체적 존재'와 '관계적 존재'를 모두 지닌 모습이다. 주체적 존재라 함은 선택의 자유가 있고 이에 대해 책임지는 것이라고 말할 수 있다. 관계적 존재라 함은 인간관계 속에서 정의, 사랑, 평화를 이루어낼 줄 아는 존재로서의 삶을 갖춘 것이다. 이렇게 하나님의 형상을 입은 것은 남녀가 동일하다. 예수 그리스도의 구속을 통해 원래의 창조질서로 회복하시는 하나님의 새 창조의 질서는 예수님의 여성관에서 잘 나타난다. 예수 그리스도의 오심으로 여성은 자유의지를 지닌 인격체로서 곧바로 하나님께 나아갈 수 있는 존재가 되었다. 남녀관계에서도 종속이 아니라 주체적인 존재요 세상을 잘 다스리고 관리해야 할 책임을 지는 존재로서, 남성과 함께 정의와 사랑과 평화를 이루어가야 할 사명을 부여받은 존재로서 회복된 것이다. 그러므로 이제부터라도 하나님의 딸들이 당당하고 멋지게 살아가기를 간절히 소원한다.

🍃 하나님이 성을 만드신 이유는?

성(性)이란 무엇이며, 하나님이 성을 만드신 목적과 뜻은 무엇인지를 생각해보고자 한다.

신앙생활한 지 어느덧 40여 년이 지난 지금에 와서 보면 교회처럼 성(性)에 대해 무지하며 편협한 곳도 없어보인다. 나는 총신대학교에서 '현대사회와 여성'이라는 여성학 과목을 가르쳤다. 원래 여성학은 진정한 여성됨을 여성 스스로 규정하려는 학문이다. 나는 신학생들에게 타인으로부터 강요받지 않으면서 자신 스스로 성적인 존재로서 깊이 고민하고 사고해야 한다고 강조하곤 하였다. 그런데 그 과목을 가르치면서 느낀 것은 교회가 성에 대해 무지한 것은 물론 성 정체성과 성 역할에 대해서도 왜곡된 의식이 많다는 것이었다.

도대체 하나님은 왜 인간을 성적인 존재로 만드셨을까? 신학자 루이스 스미즈(Lewis Smedes)는 성을 선하게 보아야 할 이유에 대해 이렇게 말한다. 첫째 육체를 지닌 인간을 만드신 하나님의 의도이며, 둘째 성은 우리 안에 있는 하나님 형상의 일부인 사회성과 관련 있고, 셋째 성은 하나님 형상의 일부로서 긴밀한 교제를 향한 인간의 욕구이기 때문이다. 창조신학에 입각한 성에 대한 올바른 태도는 성적 연합과 생명 잉태가 연결되기 때문에 성이 '인간성'과 깊은 관련이 있다고 보아야 한다는 것이다. 남성과 여성으로 이루어진 인간은 모두 성적인 존재다. 복음주의 성윤리학자 스탠리 그랜츠(Stanley J. Grenz)는 성적 존재에 대해 이렇게 정의하였다.

> 인간의 성은 인간 존재를 내포하는 것으로서 생물학적·심리학적·문화적·사회적·영적인 모든 것이다. 성은 몸인 동시에 정신이며 인격인 동시에 교제다. 한 인간이 된다는 것은 성적 존재가 되는 것이다.

현대 신학자는 성의 기능을 출산, 쾌락, 낭만, 대화로 본다. 하지만 중세 신학자는 성의 기능을 오로지 '출산'으로만 보았고, 어거스틴과 같은 대신학자 역시 '성적 쾌락'을 '원죄'로 보아 여성혐오의 단초를 제공하기도 하였다. 루터와 칼빈과 같은 종교개혁자는 성의 쾌락을 하나님이 주신 선물로 이해하면서 성에 대한 이해를 넓혀 나갔다. 이후 정신분석학자 프로이트는 성을 남근 중심의 에로스적으로 이해하여 성차이론을 펼친 반면, 마르쿠스(Marcuse)는 성을 에로스를 넘어 넓은 만족의 영역인 자기초월을 시도하는 것으로 이해하기도 하였다.

나는 종종 인간이 성적인 존재가 아니라면 '사랑'을 감지할 수 있을까 하는 의문을 품어본다. 사랑을 남녀의 사랑, 부모의 사랑, 친구의 사랑, 아가페 사랑으로 나누지만, 이 모든 사랑의 밑절미는 에덴동산에서 아담과 하와가 고백한 남녀 간의 성적 사랑이 아닌가 싶다. 서로 갈망하며 친밀해지고 싶어하는 에로스적 사랑이야말로 부모의 사랑, 친구의 사랑, 종국에는 하나님의 사랑을 느끼게 해주는 발판이 되는 게 아닐까.

하나님이 인간을 남성과 여성으로 만드신 것은 독창적인 섭리다. 남성과 여성으로 창조하셨기에 다양성과 친밀감, 사랑과 기쁨, 연합과 상호협력 등의 가치와 의미가 발현되는 것이다.

내가 성을 이해하는 데 있어 꼭 추가하고 싶은 개념은 바로 '성의 영원성'이라는 측면이다. 스탠리 그렌츠에 따르면, 부활의 교리는 성 역할이 정체성을 결정하는 데 있어 영원까지 소멸되지 않는다고 지적한다. 부활의 첫 열매되신 주님의 부활체는 육체를 지닌 영의 모습이었다. 우리가 육체의 부활을 믿을진대, 부활 후 남녀 간에 존재하는 생식의 기능은 없어지더라도(마 22:30), 남성이든 여성이든 성적인 존재로서 하나님과 함께 영원히 살아가는 존재가 되리라는 건 확실해보인다. 그러니 성을 함부로 취급하지 말고 소중히 다룰 일이다.

성 정체성과 성 역할

성적인 존재로서 자신을 인식하는 성 정체성은 인간의 정체성 및 인간관계에서 매우 중요하며 성 역할에 대한 인식을 갖는 데 기초가 된다. 성 정체성과 성 역할에 대한 논의를 일명 '성차이론'이라고 부르는데, 미국의 젠더 이론가인 주디스 버틀러(Judith Butler)는 정신분석학과 철학, 심지어 종교에서 말하는 성 정체성과 성 역할에 대한 가부장적 성차 담론이 성 문제를 일으키는 주된 원인으로 작용했다고 말한다.

교회사에서 남성 교부와 남성 신학자들은 인류 타락의 원인을 '하와'로 보면서 성을 죄의 근원으로 보기 시작했다. 그리고 중세 때 심각한 문제였던 성적 타락의 책임을 여성에게 돌려 '마녀사냥'을 저지르면서, 약 백만 명 가량의 무고한 여성(대부분이 여성이었다)을 고문과 화형으로 죽게 만들었다.

참 아이러니한 일은 예수 그리스도가 오셔서 우리의 죄를 사해 구원을 이루어주셨음에도 왜 여전히 여성을 죄의 근원으로만 보는가 하는 것이다. 이는 하와가 아담에게 선악을 알게 하는 나무의 열매를 권했기 때문인 것 같다. 하지만 주님이 오신 후로는 여성을 죄로 연관시킬 게 아니라 구원과 연관시킬 수 있어야 하지 않겠는가! 예수님을 잉태한 마리아와 예수님의 족보에 등장한 여성들의 역할을 이해한다면 말이다.

한때 여성이라는 이유로 차별받은 게 억울하고 서러워서 하나님을 원망한 적이 있지만 지금은 내가 여성인 것에 감사하고 있다. 이 세상에 남자로 태어나고 싶어서 남자로 태어난 사람 없고 여자로 태어나고 싶어 여자로 태어난 사람은 없다. 그럼에도 나를 여자로 만드신 하나님의 뜻은 아무래도 하나님의 딸로서 당당하고 행복하게 사는 거라 믿는다.

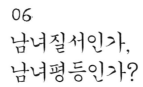

06
남녀질서인가,
남녀평등인가?

나는 종종 이렇게 묻는다. "남성과 여성 사이에 꼭 '남녀질서'만 있는가?"

하나님께서 인간을 성적인 존재로 만드셨는데 왜 자꾸 '남녀질서'만 얘기하는지 모르겠다. 적어도 내가 믿는 하나님께서 인간을 성적 존재로 만드신 이유가 남녀질서를 위한 것은 아니셨다. 여기서 말하는 '남녀질서'란 남자가 먼저 만들어졌고 남자가 여자의 머리이기 때문에 여자는 남자 말을 들어야 한다는 일명 가부장적 '위계질서'를 의미한다.

나는 가부장 의식이 심한 아버지로부터 딸이라는 이유로 차별을 많이 당했다. 어느 정도였냐면 아들만 선호했던 아버지는 내가 태어났을 때 나보다 2살 위인 오빠에게 젖을 물리라고 하여 1살 때 거의 죽을 뻔했단다. 나중에 할머니에게서 들은 이야기다.

🍃 여자로 태어난 이유만으로

내 어릴 적 이름은 '바라'였다. 남동생을 바라던 부모님에게 절에서 지어준 이름이었다. 나란 존재는 그저 아들만 바라던 아버지의 염원을 담은 도구에 불과했다. 딸이라서 늘 오빠에게 양보해야 했고 남동생들에게는 누나라서 참아야 했다.

아버지의 가부장적 사고 아래 나는 매우 자존감 없는 아이로 성장했다. 그런 아버지 밑에서 온갖 핍박을 받으면서 예수를 믿고 신앙생활을 해왔는데 교회조차 남녀질서를 운운하며 여자는 '남자의 머리됨'에 복종해야 한다고 하니 얼마나 기가 막혔겠는가?

교회는 하나님의 전지전능하심과 예수 그리스도의 은혜와 믿음을 강조하는 듯하다가도 모든 교리나 교회법, 행정과 정치, 교육과 직제의 정점은 항상 남녀질서로 끝맺고 있었다. 주 안에서 남자 없이 여자 없고 여자 없이 남자 없음을 왜 생각하지 않는 것일까?(고전 11:11) 남성과 여성이 동등하게 하나가 되어야 온전한 인간이 탄생하는 게 아닌가!

하나님이 인간을 남성과 여성으로 만드셨다는 건 단순히 남녀질서만 의미하는 게 아니다. 성적인 존재라 함은 생육과 대화, 친밀과 교제, 문화와 신앙 그리고 궁극적으로 하나님의 형상을 반영하는 존재를 의미한다. 남성과 여성의 '하나됨'과 '친밀', '서로 사랑함'의 본질적 의미는 인격적인 것이다. 육체적으로나 영적으로나 종속적 관계와 역할로서는 이루어질 수 없는 가치들이다.

남성이 정해놓은 남녀질서는 남성이 생각하는 질서다. 만약 남성이 인간의 전체요 대표라고 생각한다면 독단적이고 교만한 발상이다. 남성이 여성 없이 인간을 안다고 하는 건 마치 거울 없이도 자신의 얼굴을 잘 볼 수 있다고 말하는 것처럼 불가능하다. 남성과 여성은 서로 다르게 창조된 인간이다. 상대방의 얼굴을 보면서 자신을 볼 줄 아는 존재이며, 자신과 다르게 창조된 독특한 존재로부터 투영되는 하나님의 형상을 바라보며 친교와 연합을 해나가야 할 동료이자 이웃이다. 따라서 교회가 여성이 말하는 질서에도 귀 기울일 줄 알아야 사람을 성적인 존재로 만드신 하나님의 온전한 뜻과 목적이 이루어지리라 믿는다.

또한 질서에는 단순히 '위와 아래'만 있는 게 아니다. 성가대에 소프라노, 알토, 테너, 베이스 파트가 있는 질서는 어떻게 설명한 것인가? 대화에서도 말하고 들어주는 질서가 있듯이 조화와 균형, 평등과 견제, 연합과 사랑의 질서가 있어야 인격적인 존재에 걸맞다.

남녀관계를 남녀질서로만 보는 발상이 위험하다고 생각하는 까닭은 인간이 성적으로 평등한 존재이기 때문이다. 남성과 여성은 각각 다른 육체를 가진 존재인데 남녀질서, 즉 위계질서에만 가둬놓으면 어떤 일이 발생하겠는가? 남성이 말하는 남녀질서에는 여성의 자유, 선택, 책임을 논할 공간이 없다.

그럼에도 교회가 하나님을 믿는 신앙을 남녀질서로 대체시켜왔다는 인상을 지울 수가 없다. 교회에서 무슨 생각이나 무슨 일을 하든 남녀질서의 잣대를 들이대니 숨이 턱턱 막힌다. "진리를 알지니 진리가 너희를 자유롭게 하리라"(요 8:32)는 말씀이 남녀질서에 묻혀, 진리의 가치와 깊이마저 삼켜버린 듯해 헛헛하다.

🍃 "예수 안에서 하나"라는 말씀의 의미

"예수 안에서 하나"(갈 3:28)라는 말씀은 기독인이면 누구나 다 좋아하는 말씀이다.

> 너희는 유대인이나 헬라인이나 종이나 자유인이나 남자나 여자나 다 그리스도 예수 안에서 하나이니라 _ 갈라디아서 3:28

유대인과 이방인, 자유인과 종, 남자와 여자 모두 주 안에서 하나라는 이 말씀을 모르는 기독인은 없을 것이다. 나는 중고등부 시절에 이 말씀으로 만든 복음송인 '우리는 사랑의 띠로 하나가 되었습니다'를 즐겨 부르곤 했다.

김세윤 교수는 이 갈라디아서 3장 28절을 예수의 정신을 가장 잘 나타낸 새 창조의 복음으로서 기독교 사회윤리의 가장 기본적인 원칙을 표현한 말씀이라고 했다. 그리스도 안에서 이루어진 구속과 새 창조의 질서 속에서는 불평등과 불의를 부르는 이 세상의 모든 차별, 즉 유대인과 이방인이라는 구속사적 차별, 상전과 노예라는 신분적 차별, 남자와 여자라는 성적 차별이 해소되었기에 가정생활이나 사회생활에서 남녀의 동등성과 상호주의를 혁명적으로 적용한 것이라고 해석하였다.

바울이 이 말을 왜 했을까? 또 '하나'의 의미는 도대체 무엇일까? 《초기 기독교 세계의 여성들》(이화여자대학교출판부, 1998)을 쓴 여성 신학자 수잔네 하이네(Susanne Heine)는 갈라디아서 3장 28절이 "그리스도 안에서 모두가 하나"라는 요구를 천명하는 동시에, 그리스도가 육체로 계실 때와 달라진 상황에서 '주 안에서 모두가 하나'임을 어떻게 실천할 것인지를 요구하는 말씀이라고 했다. 나 역시도 이 말씀은 바울이 유대인과 헬라인 사이의 인종 차별, 주인과 종 사이의 신분 차별, 남자와 여자 사이의 성 차별이 여전히 존재하는 현실에서 예수 그리스도의 복음으로 말미암아 이루어지는 하나님 나라의 포괄성을 실천하라고 제시한 것으로 해석하고 싶다. 우리는 이방인이지만 이 복음의 혜택으로 예수를 믿어 구원을 얻게 되었고, 노예제도가 폐지되어 모든 인간이 동등한 권리를 얻었으며, 부부유별의 가부장 제도를 허물어 남녀평등의 시대를 맞이하게 된 것이 아닌가.

보수교단도 남녀가 '주 안에서 하나'라고 외친다. 그러나 믹서에 여러 재료를 넣고서 마치 하나의 주스가 나오기를 바라는 것처럼 남성의 뜻에 따르는 여성이 되는 차원의 하나로 몰아가고 있다. 교인이 목사의 말과 생각대로 움직여야 하고, 강자나 부자의 심기를 건드리지 않도록 약자는 넙죽 엎드려야 하며, 남성의 기득권과 뜻에 여성이 오직 복종과 침묵을 해야 하는 것으로 말이다. 그래서 여성을 존중하거나 여성과 소통하려 하지 않고, 남성 중심의 교회를 성경적이라고 보는 것 같다. 이는 성경이 말하는 하나가 아니다. 이는 종속관계이자 상명하복의 수직관계로서, 이런 관계에서는 최소한의 상식과 예의조차 찾아보기 힘들고 오히려 분열과 파괴를 초래하게 된다.

나는 '주 안에서 하나'라는 말씀의 의미를 교회의 유기체성에서 찾고 싶다. 바울은 고린도전서 12장 27절에서 "너희는 그리스도의 몸이요 지체의 각 부분이라"라고 말한다. 이는 한 지체가 고통받으면 모든 지체가 함께 고통받고 한 지체가 영광을 얻으면 모든 지체가 함께 즐거워하는 공동체인 것을 알 수 있다(26절). 유기체인 교회 공동체에서는 종속적 관계가 존속할 수 없다.

"예수 안에서 하나"라는 말씀의 의미는 다양한 인종, 신분, 성별이 주님께 왔음을 알고 함께 동등하게 어우러져 연합하라는 것이다. 이는 하나가 되기 위해 똑같아지라는 게 아니라 마치 샐러드의 재료들처럼 서로 다른 것끼리 조화를 유지하면서 하나가 되라는 뜻이다.

그리스도의 복음은 동등한 하나됨과 연합을 지향한다. 이제 '주 안에서 하나'를 말할 때는 먼저 타인의 자유를 인정하고, 타인의 독특성을 존중하면서 평화롭게 교제할 수 있는지를 헤아려보아야 한다. 여성과 남성 모두 이렇게 주 안에서 하나가 되면 얼마나 좋겠는가.

그럼에도 여전히 여성은 남성에게 복종해야 한다고 생각하는 사람들이 많다. 그 근거로 여성은 나중에 지음 받았고 선악과를 먼저 따 먹은 죄 때문이라는 디모데전서 말씀을 근거로 든다.

[11]여자는 일체 순종함으로 조용히 배우라 [12]여자가 가르치는 것과 남자를 주관하는 것을 허락하지 아니하노니 오직 조용할지니라 [13]이는 아담이 먼저 지음을 받고 하와가 그 후며 [14]아담이 속은 것이 아니고 여자가 속아 죄에 빠졌음이라 [15]그러나 여자들이 만일 정숙함으로써 믿음과 사랑과 거룩함에 거하면 그의 해산함으로 구원을 얻으리라

_디모데전서 2:11-15

🌿 실천신학 박사과정의 유일한 여성

　나는 10대 때 예수 믿는다고 등록금도 없이 집에서 쫓겨나 중고등학교를 제대로 졸업하지 못할 뻔했지만 다행히 장학생으로 학업을 마칠 수 있었다. 20대에는 "여자가 무슨 대학이냐?"라는 아버지의 가부장적 사고 때문에 아르바이트를 하면서 가까스로 대학을 졸업하느라 미팅 한 번 못해봤다. 지금 돌이켜 생각하면 나는 정말 불굴의 여성이었다. 좀 더 정확히 말하면, 하나님의 긍휼하심과 도우심의 은혜가 아니었다면 벼랑 끝 인생이 되었을지도 모를 일이다.

　나는 지능지수(IQ)는 그다지 좋진 않으나 기억력은 좋은 편이었다. 중학교 중간고사를 보는데 목사님이 "주일엔 공부하면 안 된다"고 엄히 경계하여, 다음날이 시험인데도 저녁예배까지 다 드리고 공부하지 않다가 자정에 일어나 그날 시험 볼 네 과목을 한 번만 읽고 시험을 치렀던 적이 있다. 그런데 기적이 일어났다. 모든 내용이 책장 넘기듯 다 기억이 난 것이었다. 당연히 나는 전교 1등을 했다. 어버이날에 맞춰 성적표를 보여드렸더니 부모님은 기뻐하시면서도 "우리 집은 별 볼일 없는 딸이 공부를 잘 하네. 예수만 안 믿으면 좋겠는데"라고 말씀하셨다. 힘든 상황에서도 주일을 지키느라 나름 애쓴 내게 베푸신 하나님의 기적 같다. 이런 기적이 또 일어나지는 않았지만 전교 1등에서 5등 사이는 놓치지 않고 졸업했다. 이 모든 게 하나님의 은혜가 아니고 무엇이랴!

　세월이 지나 결혼을 하고 예쁜 두 딸을 낳았지만 손자를 원했던 시부모의 냉담과 교인들의 따가운 눈총에 우울증을 심하게 앓기도 하였다. 끝없는 절망감으로 자살만이 답이라는 극한 상황까지 이르렀다. 주위 사람들은 "핍박을 견디며 예수를 믿었다는 사람이 무슨 우울증이냐", "하나님이 기뻐하라고 했는데 왜 우울하냐?" 하며 혀를 찼고, 가장 외롭고 처절한 상황에 처한 나에게 저런 말밖에 할 줄 모르는 사람들이 싫어 하나님도 믿기 싫어졌다.

어느 날, 기도 한 마디조차 할 수 없이 영적으로 메마른 상태에서 이런 문장으로 시작되는 기도문을 썼다.

"하나님! 자살하면 이대로 지옥 가나요?"

지금도 그때를 생각하면 아찔하다. 그후로 하루에 8시간씩 성경을 읽지 않으면 무슨 짓을 할지 모르는 위급상황이 지속되었다. 그러는 사이, 나는 불현듯 신학을 하고 싶다는 열망을 품게 되었다. 그때 첫째 딸은 6살, 둘째 딸이 3살이었으니 총신대학교 신학대학원 입학시험 준비가 제대로 될 턱이 없었다. 하루 24시간을 얼마나 야무지게 사용했는지 모른다. 〈창세기〉부터 〈요한계시록〉까지 공책에 성경을 정리하면서 꼼꼼히 읽었던 시간은 지금 되돌아보면 하나님이 내게 베푸신 은혜의 시간이었다.

열심히 입학시험을 준비하는 중에, 문득 전형일자가 언제인지 갑자기 궁금해졌다. 교단신문을 보니 세상에, 바로 일주일 뒤가 마감이었다. 하지만 왠지 하나님의 도우심이 있을 거라는 작은 기대와 희망이 있었다.

그때까지만 해도 아버지 영향 때문인지 아니면 교회가 그렇게 가르쳐서인지는 모르겠지만, 나는 남편의 말이라면 무조건 순종하는 게 하나님의 뜻이라고 굳게 믿고 있었다. 원하는 아들은 낳지도 않고 신학을 한다고 하니 시부모님은 부자지간의 인연을 끊겠다면서 남편과 나를 쫓아낸 상황이었는데, 어찌된 일인지 남편은 나를 조용히 불러 신학공부를 허락해주었다. 나는 남편의 뜻이 하나님의 뜻이겠거니 하며 위로 받으면서 총신대학교 신학대학원에 들어갔다. 두 딸을 키우며 가까운 교회에서 전도사 사역도 시작했다. 그 어려운 헬라어와 히브리어 시험에 좋은 성적을 내면서 "아! 드디어 나도 신학을 공부할 수 있겠구나!"라는 자신감이 생기던 시기였다.

그런데 하필 내가 신대원에 들어갔을 때 부임한 새 총장은 '여성안수 반대'를 자신의 정치적 이슈로 삼은 사람이었다. 여성에 대해 호의적으로 말하는 교수를 자유주의자로 몰면서 학교에는 냉랭한 기류가 형성되었다. 신대원에서까지 나를 괴롭히는 '남녀차별'의 가부장적 족쇄가 너무도 버거웠다. 또 다시 인생을 포기하고 싶다는 절망감에 휩쓸리면서 공황장애를 앓았다. 설상가상이었다. 공황장애로 무려 십여 년간 버스, 택시, 지하철, 비행기 같은 대중교통 수단을 도통 이용하지 못했다. 자가용은 운전할 수 있었지만 남이 운전하는 차는 타지 못했다. 우리나라에서 월드컵이 열리는 해에는 자가용 10부제를 실시하는 바람에, 비오는 날도 어쩔 수 없이 가방과 우산을 들고 편도 1시간을 걸어서 다니기도 했다. 비를 맞으며 집으로 돌아오는 동안 내 삶의 고단함과 비참함에 한없이 마음이 무너졌더랬다.

그때 총신신대원 교수들은 '여성안수 반대'에 대한 글을 신학연구지 《신학지남》에 기고하기 시작했다. 그 가운데 제일 충격적인 글은 어느 신약학 교수가 쓴 디모데전서 2장 11-15절의 주석이었다. 그 글의 요지는 여성이 남성에게 복종해야 하는 이유가 여성이 남성보다 나중에 지음 받은 창조질서 때문이고, 아담보다 먼저 선악과를 따먹은 죄 때문이라는 것이었다.

그런 와중에 나는 총신에서 박사학위를 받으리라 결심하고, 가사와 전도사 사역을 감당하는 동시에 영어 강사로 강의하는 등 종횡무진 뛰어다녔다. 실천신학을 공부하는 남성 틈에 낀 유일한 여성으로서 한편 서러움을 느끼면서도 꿋꿋하게 신학 석사(Th.M.) 학위를 받았다. 그리고 마침내 〈교회 여성 리더십의 이론적 근거와 실천방안 연구〉라는 논문으로 실천신학 박사(Ph.D.) 학위를 취득하게 되었다.

🍃 디모데전서 2장의 해석 문제

"여성이 나중에 지음 받았고 아담보다 먼저 선악과를 따 먹었기 때문에 남성에게 복종해야 한다"는 디모데전서 2장의 해석은 남성의 입장에서 보면 맞는 것처럼 보일지도 모르겠다. 그러나 지금까지 내 이야기를 자세히 늘어놓은 까닭은 여성으로서 쉽지 않은 인생을 살면서 느꼈던 좌절과 절망, 억울함과 방황 속에서 체험한 나를 향하신 하나님의 뜻을 고백하고 싶어서다. 보수교단의 집단적 해석이라고 해서 다 성경적인 것은 아니고 남성 다수의 생각이라고 진리는 아닐 것이다.

성경은 요셉, 다윗, 예레미야, 욥, 바울을 통해 하나님과 함께하는 자의 삶이 어떤 것인지 우리에게 보여주고 있다. 이들은 당시 사람들에게서 '낯설고 불편한 존재'였다. 우리가 믿는 예수님도 아웃사이더 모델이었다. 유대인 중에서도 특히 바리새인과 제사장은 자신들이 만들어놓은 전통과 율법 안에서 하나님을 잘 믿고 있다는 자만심이 극도에 다달은 사람들이었다. 그런데 어느 날 촌 동네 나사렛 출신인 예수가 나타나 그들을 비판하고 권위에 도전하며, 심지어 자신을 하나님의 아들이라고 칭하니 괘씸하기 그지없었던 게다.

복음서는 예수 그리스도의 말씀과 가르침, 행하심 모두 유대인의 기존 관념과 인식을 깨부수는 일명, 역설(paradox)로 가득 차 있다. 주님은 유대민족의 아웃사이더인 죄인과 여성의 친구였으며, 그분이 외친 말씀은 하나님 나라의 복음이었다.

신학잡지에 디모데전서 2장에 대해 쓴 그 신대원 교수의 견해와 반대로, 메리 에반스(Mary J. Evans)는《Women in the Bible》에서 남성이 먼저 창조된 것이 존재나 기능의 우월성을 나타내지 않으며 "여성이 남성의 갈비뼈로부터 취하였다"라는 사실이 종속을 의미하지 않는다고 주장하였다. 또한 여성이 창조된 후 최초로 접촉한 이는 아담이 아닌 창조주 하나님이었다. 여성이 탄생할 때 남성은 참여자도 관객도 논의대상도 아니었기 때문에, 남성이 먼저 창조된 것과 여성이 남성의 갈비뼈에서 취하였다는 것이 남성의 머리됨을 의미한다고 볼 수는 없다고 말했다.

칼빈도 디모데전서 2장 13절에 대한 주석에서 "여자가 순서상 두 번째로 창조되었다는 게 종속된 것을 지지한다고 보기 어렵다"고 하였다. 또 게할더스 보스(Geerhardus Vos)는 "하와가 아담이 죄를 짓도록 '유혹했다'라는 어떠한 암시도 없으며 하나님은 단지 남성과 여성을 각각 책임적 존재로 대우하여 벌을 내리신 것"이라고 하였다. 솰러(David M. Scholer)는 "바울이 디모데전서를 쓴 목적은 영지주의의 거짓 가르침, 교회가 가져야 할 사회문화적 책임에 대한 관심, 남녀의 성적 정절에 대해 교훈을 주려는 것"이라고 해석하였다.

디모데전서 2장에 대한 배경은 이러하다. 당시 교회 공동체들은 영지주의 집단에게 위협을 당했다. 영지주의자들은 그 집단에서 주도적으로 '선교'를 감당한 '게으르고 어리석은 여성들'(딤전 5:13; 딤후 3:6)이 성 역할을 극복해야 한다고 주장했고, 성 관계와 혼인 및 출산을 포기하도록 요구했다. 이에 바울은 "여자는 그 해산함으로 구원을 얻으리라"는 비기독교적인 말로 당시 여성에게 가해진 잘못된 이단 규정을 교정하려 한 것이었다. 교회 안에서 여자가 해야 할 역할을 모든 시대에 적용하라고 확정한 명령이 아닌 것이다.

만일 바울이 여성은 예수를 믿음이 아니라 해산을 통해 구원을 얻는다고 한 것이라면 남녀 이중 구원론을 말한 것으로써 이는 갈라디아서, 에베소서, 로마서를 통해 말해왔던 복음을 자기 스스로 뒤집는 꼴이 되고 마는 것이다.

차정식 교수는《거꾸로 읽는 신약성서》(포이에마, 2015)에서 "바울이 말한 '해산 구원론'의 '구원'은 공동체를 반사회적 집단의 오명과 생물학적 생존의 위기 상황에서 구제하려는 의미로서의 구원으로 봐야 한다"라고 해석하였다. 나는 차 교수의 해석에 동의한다. 성경을 해석할 때는 문법적·문예적·신학적·정경적인 접근도 중요하지만 기록 당시의 사회문화적 배경과 그 시대적 상황도 잘 살펴야 제대로 해석할 수 있다.

🍃 진리와 문화의 문제

21세기는 남녀평등과 인권, 성에 대한 인식이 고조되어 UN과 국내

법 모두 성 차별을 인권을 침해하는 대표 행위로 규제하고 있다. 또 해마다 전 세계 국가를 대상으로 성 평등 지수를 매겨 여성의 고유한 모성기능을 존중하면서 평등과 상생과 평화의 이념이 구현되는 사회를 이루도록 고무하고 있다.

남녀 역할의 문제는 진리의 문제가 아니라 문화의 문제다. 그런데 하나님의 형상을 입은 여성에게 어찌 "교회에서 잠잠하라"라고 하면서 '벙어리'로 만들고 있는가? "여자는 교회에서 잠잠하라"(고전 14:34)라는 말씀을 문자적으로 잘못 적용한 문제는 뒤에서 다루겠지만, 이는 입과 혀를 만드신 하나님의 뜻을 거역하도록 만드는 것이다. 그리스도의 구원과 자유와 평화를 추구한다는 교회가 언제까지 남성에 종속된 타자로 살아온 여성에게 "잠잠하라"고 할 것인지 답답하기만 하다.

아버지로부터 강요받은 가부장의 사슬, 40여 년의 신앙생활과 10여 년의 신학과정에서 겪은 시련과 절망의 수렁을 빠져나온 후에 내린 여성으로서 내 결론은 "여성이 당당하고 행복해야 남성도 행복하다"이다.

감사하게도 남편은 여성의 권리와 소명을 위해 소리를 내는 일에 힘을 보태는 든든한 나의 동역자다. 나만의 생각인지는 몰라도 나와 함께 고민하고 의견을 나누는 남편의 모습이 나보다 행복해보인다. 여성을 굴종시키는 교회보다는 '여성과 더불어 함께하는 교회'가 더 멋지고 행복하지 않겠는가!

07

교회의 남녀 파트너십

교회는 하나님의 목적을 이루기 위해 모인 사람들의 모임이다. 모임에는 바른 지도력이 필요하다. 교회의 리더십은 어떤 것이어야 할까?

로버트 클린턴(J. Robert Clinton)은 "리더십이란 하나님이 주신 소명과 능력을 갖고서 하나님의 사람들이 모인 그룹에서 하나님의 목적을 이루기 위해 영향을 끼치는 역동적 과정"이라고 정의하였다.

요즘 개신교의 타락은 중세 로마가톨릭보다 더 심하다는 비판을 받고 있다. 나는 일부 목사의 '특권화' 의식이 타락의 주된 원인이라고 보는 사람 중 하나다. 그런 목사들은 권위를 주장하면서 자신을 신격화하는 오류에 쉽게 빠지는 것 같다. 예수를 영접하는 자 곧 그 이름을 믿는 자는 영존하신 하나님의 자녀가 될 수 있거늘, 교회 안에서 목사만이 하나님 가까이에서 말씀을 듣고 전할 권리와 능력을 지녔다는 특권의식이 팽배해지면서 차별과 분열, 탐욕과 다툼, 심지어 물질만능주의와 성적 타락 같은 온갖 죄악이 난무해버렸다. 목사의 특권화는 성경적 리더십이 결코 아니다.

🍃 성경적 리더십의 기준

그렇다면 하나님은 어떤 리더십을 말씀하시는가? 교회의 리더십이 바른지에 대해 알아보려면 다음 두 가지를 살펴보아야 한다.

첫째, 하나님의 뜻과 목적으로부터 나오는 '권위'(authority)와 '섬김'(serving)에 대해 교회 지도자가 어떻게 반응하는지를 보면 된다. 권위란 모든 걸 창조하신 하나님이 타락한 인간을 구원하시려는 뜻에서 나오는 것이므로(고후 10:8) 교회 리더십이 영적 권위를 가지려면 '사람을 섬기는' 권위로서 사용되어야 하는 것이다. 교회 리더십이 섬김의 리더십(servant leadership)이 되어야 하는 근거는 우리를 구원하기 위해 자신을 내어주신 주님께서 "너희 중에 누구든지 으뜸이 되고자 하는 자는 모든 사람의 종이 되어야 하리라 인자가 온 것은 섬김을 받으려 함이 아니라 도리어 섬기려 하고 자기 목숨을 많은 사람의 대속물로 주려 함이니라"(막 10:44-45)라는 말씀이다. 만약에 주님이 십자가를 지지 않고 단순히 권위만을 내세워 "나를 따라오라" 하셨다면 기독교의 진리는 이렇게 오랜 역사 속에서 그 명맥을 이어올 수 없었을 것이다. 교회 지도자들은 주님이 보여주신 본을 따라 권위보다는 섬김을 우선하는 리더십을 보여주어야 한다.

둘째, 교회 지도자가 교회의 정체성과 역할에 대해 무엇을 고민하는 지 보면 된다. 교회가 세상 속에서 어떻게 역동적으로 존재해야 하는지에 대한 고민이 교회 지도자에게 있어야 한다는 뜻이다. 초대교회 교회론에 나타난 리더십의 특징은 통일성, 거룩성, 보편성, 사도성이다. 이러한 지도력의 특징은 그리스도교 발전 초기에 유대교의 방해와 이단, 분파 난립 등 어려운 여건 가운데 형성된 것으로 교회가 지켜야 할 중요한 요소였다.

현대 신학자 한스 큉(Hans Kung)의 말을 빌려보면 "초대교회는 권력 기관이나 재판소가 아니라 자유로운 사람들의 친교 공동체였고, 계층이나 인종, 목사의 교회가 아니라 동등함을 원칙으로 하는 공동체였으며, 가부장적 조직이 아니라 형제들과 자매들의 공동체"였다. 하지만 오늘날 교회에서 이러한 특징은 찾아보기 어려워졌다. 오히려 남성 리더십이 교회를 유지하는 방식으로 작동하면서 상대적으로 교회 여성 리더십이 배제되는 결과가 초래되었다.

이레니우스, 터툴리안, 암브로스와 같은 초대 교부는 교회를 생명의 '어머니', '신자들의 진정한 어머니'로 표현하였다. 교부들이 말하는 '교회의 어머니성'은 포용과 돌봄, 섬김과 사랑의 공동체를 뜻한다.

교회는 '신랑 되신 주님을 기다리는 신부 공동체'(마 25:1-13; 고후 11:2; 계 19:7; 21:2, 9; 22:17)이다. 남녀차별이 없는 '은사공동체요 유기적 공동체'(고전 12장)이며 '주님의 만찬 공동체'(고전 11:23-26)이다. 그리고 자유와 공의, 사랑과 평화를 추구하는 '하나님 나라의 공동체'이다.

이처럼 주님이 원하시는 교회는 조직과 법과 제도가 사람을 좌우하고 차별하며 위계를 만드는 수직 공동체가 아니라, 주 안에서 하나로 연합하는 평등 공동체다(갈 3:28).

🍃 남녀 파트너십의 신학적 기초

캐시 로스(Cathy Ross)는 "파트너(partner)는 앵글로-불어인 'parcener'의 상속동반자(co-heirship)라는 뜻에서 파생되었는데 이는 인간발달사에서 재산권, 소유권, 신분과 위엄, 힘과 부, 견제와 논쟁적 권리라는 뜻을 함축하고 있다"고 했다. 남녀 모두 하나님의 형상으로 지음 받아 그분의 신적인 것을 반영하는 영적 존재라는 사실은 남녀 파트너십에서 가장 중요한 신학적 기초다(창 1:26-28).

인간됨에 대한 신학적으로 바른 이해는 남성과 여성 각각이 '고유하면서도 함께 존재해야 하는 상호보완 관계'라는 사실이다. 요하네스 니센(Johannes Nissen)은 남성과 여성을 하나님의 '오이쿠메네' 즉 하나님의 가족 혹은 동료라는 의미로 해석할 때 파트너십의 의미가 더욱 넓어질 수 있다고 하였다. 하나님의 집인 '오이쿠메네'와 생태학(ecology)과 경제(economy)의 어원은 모두 헬라어 '오이코스'(집)에서 유래된 것으로, 이 세 단어는 하나님의 창조·화해·구속이라는 신학적 의미로서, 지구상에 거하는 세상 모든 사람을 포함하는 에큐메니컬 특징을 지닌다는 것이다.

이제 요하네스 니센과 러셀(Letty M. Rusell)이 말한 남녀 파트너십의 신학적 의미를 통해 바른 교회 리더십을 다시 정의해보자.

첫째, 하나님의 창조에서 나타나는 남녀 파트너십의 의미는 하나님의 가족으로서 남성과 여성이 다양성 가운데 '통일성을 이루는 것'이다. 하나님이 남성과 여성을 창조하실 때는 고유한 독특성, 연합이 나타난다(창 2:18-24). 여기에는 흡수합병이나 획일화, 배제가 끼어들 여지가 없다(고전 11:11).

둘째, 피조세계를 위한 남녀의 '왕적 파트너십'이다. 왕이신 하나님을 대표하는 남성과 여성은 왕이신 하나님의 명령을 받은 수납자(受納者)로서, 또 피조세계와 모든 생명체를 돌보는 왕적 지도자로서의 두 가지 역할을 감당해야 할 파트너다.

셋째, 하나님께 응답하는 남녀 모두에게는 '친교 파트너십'이 있다. 남녀는 인격적인 관계로서 각각 자신의 주체성을 상실하지 않으면서 교제하며 성찬에 참여하는 자들이요, 하나님께 예배하는 삶으로 반응하는 파트너다.

넷째, 종말론적 관점의 '청지기 파트너십'이다. 남성과 여성은 종말론적인 하나님 나라의 공동체를 반영하며 주님이 주신 사명과 달란트를 맡은 청지기로서의 사명을 지닌 파트너다.

"이상적인 교회 리더십이 어떤 모습이어야 하는가?"라는 질문에 대한 답은 결국 남녀 파트너십이다. 즉 남녀관계에서 직분이나 기능의 위계보다 하나님의 한 가족이라는 관점에서, 남녀가 서로 다름을 존중하는 가운데 유기적 통일성을 이루며, 동일한 왕적 지도권을 갖는 동반자로서의 상호 교제를 통해, 피조세계와 인간을 함께 돌보고 섬기는 전인적이고 포괄적인 의미를 지닌 청지기 리더십인 것이다.

🍃 성경은 남녀 파트너십을 인정하는가?

하나님이 자기 형상 곧 하나님의 형상대로 사람을 창조하시되 남자와 여자를 창조하셨다는 것처럼 남녀 파트너십을 가장 잘 보여주는 말씀도 없다. 문제는 역시 "성경을 어떻게 읽는가?"이다. 지금까지는 주로 구속사적 관점에서 아브라함, 이삭, 야곱으로 이어지는 남성 리더의 행적을 중심으로 성경을 읽어왔다. 그래서 성경에 나오는 사라와 하갈, 리브가, 레아와 라헬, 마노아의 아내, 요게벳과 한나를 남성의 눈으로 보면서 이들을 한갓 현모양처 정도로 해석하여 아이를 낳고 집안일이나 하는 존재로 축소시켰다. 하지만 이제는 여성의 눈으로 성경을 읽어 하나님의 여성으로서의 정체성과 역할이 무엇인지 살펴볼 필요가 있다. 하나님이 여성을 향하신 뜻과 여성에게 허락하신 독특한 가치와 은사가 무엇인지 여성 스스로 찾아 드러내야겠다.

여성의 눈으로 구약의 여성을 보면 이들 배후에 함께하신 하나님의 섭리와 목적, 부부관계와 인간관계의 갈등과 애환, 후손과 관련된 계시와 신앙, 억압과 소외 가운데 경험하는 하나님의 임재와 은혜를 깨닫게 된다. 구약의 여성은 단순히 자녀를 낳아 기른 존재가 아니라 하나님의 계시를 수납한 전달자로서 하나님의 섭리와 약속을 받았으며(하갈, 리브가, 마노아의 아내), 하나님의 지혜와 사랑으로 가정과 민족을 세웠고(룻, 한나, 아비가일), 전쟁에 처한 민족과 나라를 위해 헌신한 사람이었다(야엘, 에스더, 아벨의 한 여인).

또한 구약의 여성은 하나님의 언약과 섭리 속에서 남자와 동일한 리더십을 발휘했음을 알 수 있다. 비록 수는 적었지만 미리암, 훌다, 드보라와 같은 여성 리더는 이스라엘 공동체를 이끌고 다스렸다. 게다가 이스라엘 당시 여성이 남성에게 종속적이었다 해도 하나님과 언약을 맺은 자로서 능동적으로 결정하기도 했고(창 21:10-12; 삿 13:23; 삼상 2:1-10) 남편과 자신을 동등하게 생각하기도 하였다(창 16:5). 하나님의 지혜로 남편에게 지도력을 발휘했고(삼상 2:1-10) 남편과 동일하게 율법의 모든 도덕적 가르침을 준수했다(신 31:12-13). 여성이 독자적으로 제물과 헌물을 준비했으며(레 12:6; 15:29) 남편과 똑같은 방식으로 하나님께 나아갈 수 있는 존재로서 하나님에 대한 인식과 통찰이 탁월했다(삿 13:3-23; 삼상 1장).

우리가 믿는 복음은 어떤 복음인가? 예수 그리스도의 말씀과 그분의 사역으로 드러난 복음은 남성과 여성 모두를 위한 것이다.

예수님의 여성관 역시 유대사회의 전통과 달랐다. 간음(마 5:28)과 이혼에 대한 가르침(마 19:4-9), 사마리아 여인과 대화(요 4:3-26), 간음하다 붙잡힌 여인과의 대화(요 8:9-11), 마르다와 마리아와의 대화(눅 10:38-42) 등에서 볼 때 그 당시 열등하게 취급받던 여성을 인격적인 존재로 대우하셨다.

당연히 남성 제자와 여성 제자 모두 그리스도의 복음 사역의 증인이었다. 주님은 하나님 나라에 초청하시려는 종말론적이며 우주적인 구원사역을 위해 남성뿐 아니라 여성도 제자로 세우셨다. 여성을 그리스도의 성육신 탄생과 어린 시절과 생애의 목격자로 세우셨고, 십자가를 지고 고난받으실 때 남성 제자들이 흩어진 상태에서 여성 제자들을 십자가 사역의 유일한 증인이자 부활의 첫 증인으로 세우셨다.

아울러 은사공동체였던 신약교회는 남녀 모두 은사를 받아 사역에 참여하고 있었다(고전 12, 14장). 주님께서 승천하신 후 마가의 다락방에 모인 남녀 제자들은 오순절 성령충만을 통해 주님의 증인으로서 세움을 입었으며(행 1:8), 그후 성(性)의 구별 없이 성령으로 거듭난 믿음의 증인으로서 함께 사역하였다(행 16:5).

그리스도의 몸인 교회는 여러 은사의 조화를 통해 남녀 파트너십이 균형잡힌 공동체였다(고전 12:4-31). 그리스도께서 승천하시기 전 교회를 향해 세상 끝날까지 복음을 전파하라 하신 지상명령(마 28:20)을 남녀 제자에게 위임하신 후, 많은 여성 제자가 복음전파에 동참했다.

또한 교회는 신랑 되신 주님을 기다리는 신부 공동체다(마 25:1-13; 계 19:7). 교회가 그리스도의 신부라는 사실은, 교회가 여성 이미지와 여성성이 반영되어야 할 공동체임을 말하는 것이다. 성경에서는 '슬기로운 다섯 처녀 비유'(마 25:1-13), '남편인 그리스도께 드리는 정결한 처녀'(고후 11:2), '어린양의 혼인잔치'(계 19:9), '어린양의 아내'(계 21:9), '신부'(계 21:2)라는 말씀에서 그 근거를 찾을 수 있다.

내가 생각하는 교회의 여성적 이미지는 다음과 같다. 첫째로 신랑을 기다리는 신부의 영성이다. 약속을 믿으며 모든 것을 헌신하는 삶을 살면서 신랑을 기다리는, 이른바 깨어 있는 신부의 영성이 오늘날 교회에 요구된다. 둘째는 순결의 영성이다. 신랑을 기다리는 신부로서의 교회는 성적으로나 영적으로 거룩해야 한다. 셋째는 창조 본래의 독특함과 아름다움을 지닌 여성 이미지 그 자체다. 따라서 신부로서의 교회는 신랑 되신 주님을 사모하고 깨어 있기 위해, 정절과 순결을 유지하기 위해, 여성의 독특함과 아름다운 이미지를 공동체에 반영하기 위해서 여성 리더십을 적극적으로 활용해야 한다.

성경에 나오는 남성과 여성은 하나님의 뜻과 방식에 따라 당시 사회
문화 속에서 각각의 역할을 감당했다. 하나님의 섭리와 역사는 남성과
여성의 협력이 아니고선 이루어질 수 없으며, 그 역할의 가치는 하나님
앞에서 동일했다. 그리스도의 복음에서 남녀 모두는 성령충만과 은사
에 따라 자유롭고 주체적이고 역동적인 모습을 보여주었다.

그리스도의 제자는 남성만이 아니다. 성의 구분과 역할을 떠나 주님
의 말씀을 듣고 사랑하며 그분께 헌신한 자들이다. 남성과 여성이 동일
하게 하나님의 언약과 섭리에 따라 왕적 지도권을 갖고서 하나님의 문
화명령에 따라 생육하고 번성하여 피조세계를 다스리고 돌보며, 성령
충만을 입어 주님의 복음전파 사명을 위해 헌신하는 제자로서 동반자
가 되어야 한다. 우리가 고대하는 주님의 나라가 바로 이렇게 여성과 남
성이 멋진 파트너가 되어 서로 연합하는 곳이 아니겠는가!

여성 사역자의 고민

여성 사역자들의 고민과 남녀 파트너십에 대한 인식을 알아보기 위
해 2013년 12월, 총신신대원 여성 원우와 여성 동문 도합 118명을 대
상으로 설문조사를 실시하였다. 설문에 응한 여성 사역자의 82퍼센트
가 총신신대원 재학생이거나 신대원을 졸업하였고, 12퍼센트가 신학
석사(Th.M.), 8퍼센트가 신학박사(Th.D. 또는 Ph.D.)였다. 그중 혼인한 여
성 사역자가 과반수 이상을 차지하고 있었다(이혼 포함 61퍼센트). 여성
사역자들이 생계와 고독의 문제를 해결하려고 결혼한다는 얘기를 심심

치 않게 들었는데, 이는 사역에도 많은 영향을 미칠 것으로 예상되었다.

우선 성경적인 남녀관계를 묻는 질문에서 응답자의 94퍼센트가 '남녀는 동등한 관계'라고 답하였다. 총신신대원을 졸업한 여성 사역자들이 남녀평등에 대한 인식이 강할수록 사역현장의 불평등한 분위기로 인해 갈등과 상처를 많이 받을 것이라 짐작되었다.

사역 관련 질문에 24퍼센트가 단독목회를 하고 있다고 답했다. 이것은 높은 수치다. 현재 총신신대원을 졸업한 여성 동문들은 타 교단에서 안수를 받아 목회를 하고 있거나, 합동교단 안에서 전도사 신분으로 가정교회 형태를 포함해 단독목회를 하는 경우가 증가하고 있다.

사역할 때 불평등하다고 느끼는 점이 무엇인지를 묻는 질문에는 46 퍼센트가 교회헌법 또는 총회 차원에서 '직위'라고 답했으며, 사례비 및 대우가 불평등하다는 응답이 28퍼센트였다. 이것은 신학대학원을 졸업했음에도 목사 안수를 받지 못하기 때문에 받는 불공정한 직위와 처우라고 파악되었다. 합동교단에서 여성 리더십이 가장 시급한 영역을 묻는 질문에는 목회(설교 포함)가 55퍼센트로 과반수 이상의 답을 차지하였다.

한국교회의 여성은 제도적인 차원의 지원 없이는 여전히 권력구조의 가장자리에서 맴돌 수밖에 없다. 목회 대상의 약 70퍼센트를 차지하는 여성의 삶의 필요와 경험을 적절하게 원용할 수 있는 여성 목회리더십이 시급한 이유다. 총신 신학대학원 여성 원우와 여성 동문들이 말하는 합동교단의 남녀 파트너십 활성화를 위한 제안 가운데는 여성 사역자의 소명과 복음전파에 대한 고민과 소원이 담겨 있었다.

나는 이 설문을 통해 얻은 결과로 일곱 가지를 제안하였다. 첫째, 여성

안수에 의한 직분 평등이 필요하다. 둘째, 은사에 따른 직위와 전문사역을 확대해야 한다. 셋째, 성적으로 평등한 분위기에서 가정사역을 재계발해야 한다. 넷째, 여성 설교자를 세워야 한다. 다섯째, 총회와 신학교부터 성경적 남녀관계 원리를 바로 세워야 한다. 여섯째, 여성도 교회 정치와 행정에 참여해야 한다. 일곱째, 여성 사역자 스스로 정체성을 확립해야 한다.

기존 교회의 리더십이 남녀 직분의 위계적인 방식으로 폭이 좁은 것이었다면, 21세기의 교회는 더 넓고 포괄적이며 전인적인 남녀 파트너십을 향한 새로운 도전에 직면해 있다. 나는 남녀 파트너십이야말로 인간창조의 원리를 바탕으로, 복음을 실현하는 길이자 주님이 세우신 교회 공동체를 살리는 길이며, 나아가 인류애와 사회적 책임을 다하는 원동력이라고 생각한다(롬 15:7; 갈 3:28). 교회가 이런 남녀 파트너십을 실현하는 날이 속히 오기를 희망한다.

여성학과 여성신학의
바른 사용법

기독인문학 연구원에서 개설된 '기독교와
여성 리더십' 강의에 참석한 대학생이 나에
게 아주 중요한 말을 던져주었다. 자신은 합동교단에서 신앙생활을 해
왔는데 교회에서는 여성에 대해 전혀 말하지 않고 신앙만 강조해서 답
답했던 반면, 학교에서는 페미니즘만 이야기하고 신앙은 말하지 않아
기독 여성으로서 어떻게 해야 할지 딜레마에 빠져 있다는 것이다. 그래
서 내 강의를 듣는다고 하였다. 그 학생의 말을 들으면서, 내가 지금까
지 총신대학교 신학자임에도 교양과목으로 '현대사회와 여성', '한국사
회와 여성 문제'와 같은 여성학 강의를 해왔던 게 헛되지 않았음을 알게
되었다.

2016년 2월 총신대학교에서 갑작스럽게 내가 강의해온 여성학 관련
과목을 개설유보 및 폐강하는 사태가 발생했다. 2015년 1학기에 내 수

업을 들었던 신학과 남학생과 여학생들은 2016년 초 내가 겪은 부당해고에 대해 함께 마음 아파하고 대자보를 써붙이며 이 문제를 다루어주어 얼마나 고마웠는지 모른다.

어느 날 그중 한 남학생이 '학생 탄원 및 증언'이라는 장문의 편지를 보내왔다. 기독신앙과 페미니즘이라는 양 극단에서 고민하는 기독인에게 편지의 한 부분을 들려주고 싶다.

> '현대사회와 여성' 강의는 페미니즘의 계보와 사상사를 가르치는 수업이자 현대사회에서 성으로 인해 발생하는 이혼, 가정폭력, 여성 노동, 가부장제, 여성 인권뿐만 아니라, 신학교의 정체성을 갖고 있는 총신대학교에서 여성학의 교회 내 적용을 도모할 수 있는 실천의 장이기도 하였습니다.
>
> 특별히 강호숙 강사님이 진행해오시던 연구들은 신학생 및 신학 관련 직업 종사를 준비하고 있는 학생들에게 대단히 중요한 선구적 영역이기도 하였습니다. 이 과목은 교회와 기존 신학 중심 대학에서는 들을 수 없었던 여성 인권에 관한 내용을 비롯하여, 성폭력과 성희롱의 정의와 예방 및 대처 방안을 배울 수 있는 중요한 기회이기도 했습니다. 이 과목을 제외한다면 학교에서 어떠한 신학의 여성학적 연구 혹은 여성의 관점에서의 연구를 접할 수 없습니다.

감동적인 편지였다. 총신에서의 교수사역이 헛되지 않았음을 위로해주는 글이었다. 그 학생이 말한 것처럼 신학 안에 여성의 관점과 경험이 포함되어야 한다. 그래야 기독교 신앙체계에 인간성의 실현과 삶의 구

체성, 바른 인간관계와 성윤리, 궁극적으로는 하나님의 형상을 반영할
수 있으니 말이다.

페미니즘의 역사와 기독교

교회 여성 리더십을 전공했다고 하니 페미니즘에 관한 책을 알려달
라고 요청하는 페이스북 친구들이 있다. 페미니즘에 담겨 있는 '여성됨'
에 대한 질문이 곧 '인간됨'의 문제라는 걸 인식하여 신앙과 신학에 연
결 지으려는 반성과 요청이 생겨서인 듯하다.

내가 페미니즘에 관해 추천하고 싶은 책은 《새 여성학 강의》(동녘,
1999)이다. 이 책은 페미니즘 갈래, 여성성과 젠더 정체성, 소비자본주
의 사회와 여성의 몸, 섹슈얼리티와 성문화, 여성노동의 현실과 대안, 여
성과 법, 여성운동의 어제와 오늘 등에 대해 다루고 있다.

페미니즘은 '여성됨'에 대한 여성 스스로의 근원적인 물음에서 시작
된다. 여성의 법적 지위가 과거보다 크게 신장된 것은 사실이지만, 여성
을 열등하게 보는 통념이 여전히 우리 사회나 교회에 깊숙이 뿌리박혀
있다. 페미니즘은 여성을 '아이 낳는 존재'로 치부하여 그것만이 여성의
운명인 양 몰아붙이는 가부장적 사고에 도전한다. 그리고 남녀 사이의
차별을 자아낸 주범이 '성'으로 남녀를 구별하는 것이 아니라 차별하는
것, 다시 말해 성 차별주의에 도전하는 것이다.

성 차별주의에는 세 가지 요소가 있다.

첫째, 여성에 대한 일반화된 적개심이나 혐오감이다. 교부들조차 여

성을 '음녀'로 치부하여 음탕한 존재라고 생각했다. 이러한 여성관이 중세 때 여성혐오를 부추겨 수많은 여성을 죽인 '마녀사냥'이 발생한 것이다. 얼마 전 서울 강남역에서 신학생이라고 알려진 남성이 화장실에서 나온 한 여성을 살해한 이른바 '여성혐오 살인사건'은 사회에 큰 충격을 주었다. 교회에조차 깊이 뿌리박힌 여성혐오의 근거도 오래된 성 차별주의에 있다.

둘째, 여성은 남성보다 열등하다는 신념이다. "어디서 여자가", "감히 여자 주제에"라는 성 차별적 발언이 강대상에서 심심치 않게 들린다.

셋째, 여성과 거리를 두거나 여성을 배제하는 차별적 행동이다. 한스 큉에 따르면 칸트는 남성을 '존경받는 자'로, 여성을 '아름다움을 구현하는 자'로 규정했다고 한다. 여성의 많은 학식이나 깊은 사고를 배제하기 위해 여성의 매력을 외적 아름다움에 국한시킨 것이다.

이와 같은 성 차별에 대해 여성이 집단적으로 움직인 것은 동서양을 막론하고 근대사회에 접어들면서다. 18세기 서구에서는 중세 신분사회로부터 근대사회로 본격적인 전환이 시작되었다. 그 결과 자유 평등사상이 일어났으며, 그런 가운데 여성도 남성과 같은 동등한 인권을 주장하였다. 여성 차별적인 교육제도, 법률, 관습에 대한 항의를 중심으로 한 자유주의적 흐름은 특히 여성의 참정권이 확보되는 20세기 초중반까지 여성운동의 중요한 축을 이루었다.

한편 산업혁명 이후 노동계급의 급성장과 더불어 사회변혁 운동이 활성화하면서, 여성운동에도 마르크스주의와 같은 사회주의 운동과 맥을 함께하는 흐름이 생겨났다. 이들은 종전의 자유주의 여성운동과는 달리 남녀차별뿐 아니라 경제적 억압을 포함한 여성의 상황 전반에 관심을 기울이고 사회구조의 근본적인 변화를 추구하였다. 또한 서구의 산업화와 더불어 제국주의적 식민지 사회에서 일어난 민족 해방운동도 여성운동에 적지 않은 영향을 미쳤다.

여기서 페미니즘과 여성학, 여성운동을 각각 정의해야 할 필요가 있겠다. '페미니즘'이란 성 차별은 물론 성에 따른 불평등한 존재 인식과 여성에 대한 부정적인 시각을 제공하는 거시적 이론의 틀과 억압을 폐지하고 남녀평등 사회를 지향하는 실천적 의지를 담은 이념이다. 그리고 '여성학'이란 정치적 실천과 학문적 영역의 결합을 통해 포괄적인 여성문제를 다루는 학문 영역이다. '여성운동'은 페미니즘 기반 위에서 여성문제를 구체적으로 해결해 나가려는 실천이나 여성해방을 위한 다양한 활동을 지칭한다.

🍃 대한민국 여성학의 위치

우리나라에 여성학이 도입된 것은 1970년대 중반이다. 처음에는 '여성의식의 제고'라는 실천적인 관심에서 시작했는데, 학계에서 다양한 계층의 여성이 자신들의 권리를 주장하기 위한 움직임이 일어났다. 1977년 이화여대에서 '여성학 강좌'가 아시아 최초로 개설되었다.

여성학은 현대사회에 성에 따른 차별이 존재한다는 인식 위에서 여성이 현재 당하는 사회적 모순과 여성 자신의 갈등에 초점을 둔다. 연구영역으로는 미래의 여성해방과 그 방법을 전망하고, 과거 역사에서 여성에 대한 정당한 위치를 부여하고 평가하는 논의를 포함한다. 남녀의 인격 형성과 사회화의 문제, 가족 문제, 성(性)과 몸에 관련된 문제, 취업과 경제생활, 복지, 노동, 문화, 통일 등 삶의 모든 문제를 다룬다.

여성학의 새롭고 도전적인 시각은 많은 사회적 성과를 얻었다. 남성과 여성이 같은 인간이라는 시각에서 그 차이와 같은 점을 연구하였으며, 지극히 개인적인 문제로 생각되었던 부분을 고찰하여 법적·사회적 대안을 찾아내 가정폭력과 성폭력에 대한 법률을 새로 세우고 노동시장에서 여성차별을 금지하는 법을 제정하게 되었다. 또한 여성의 활동을 지원하고 사회적인 참여와 제도적인 평등의 기회와 가능성을 확대할 수 있었다. 현재 모든 대학에 여성학 과목이 개설되어 있을 정도로 여성학이 중요한 학문적 위치를 차지하게 된 것은 페미니스트의 공헌 덕분이다. 다른 건 몰라도 페미니즘의 표어가 "여성도 인간이다", "개인적인 것이 곧 정치적인 것이다"라는 것만큼은 기억해두도록 하자.

총신대학교에서 '현대사회와 여성'을 강의하면서 나 자신 스스로 '여성됨'에 대해 많은 질문을 하게 되었다. 여성학을 강의하면서 지금 21세기에서 그나마 여성으로서의 자유와 권리와 혜택, 즉 교육을 받고 투표권을 갖고 인권과 가정폭력방지법 등의 혜택으로 보호와 권리를 누릴수 있게 된 건 페미니스트들의 사력을 다한 공헌이라는 걸 잊어서는 안된다고 강조하였다.

그런데 남성들은 지금이 '여성우위 시대'라고 말한다. 육해공군사관학교에 여학생의 입학이 허가되고, 여성 ROTC를 뽑으며, 사법고시와 여성 교원 합격률이 증가추세이고, 여성 전투기 조종사까지 탄생했는데 왜 여성은 맨날 "억울하다", "차별이다"라고 떠들어대느냐고 반박한다. 페미니즘은 여성이 남성보다 우월하다고 외치려는 것이 아니다. 여성의 불평등한 지위와 고통이 계속되는 현실을 문제 삼는 것이다. 남녀 모두 성별의 제약 없이 자유롭게 자신의 능력과 희망에 따라 살아갈 수 있어야 하는데 현실은 그렇지 못하기 때문이다.

🪶 여성신학이란 무엇인가?

여성주의, 즉 페미니즘이 20세기의 한계를 넘어 변화를 도모하려면 세계적인 문제에 대해 여성의 전문지식과 경험이 활용되어야 한다는 인식이 확산되고 있다. 가부장제와 성폭력 문제만 아니라 전세계적인 평등에 대해 미래지향적이고 포용력 있는 모델을 구축해야 한다. 이것은 신학의 영역에도 영향을 미쳐 페미니즘 신학이 거론되기 시작했다. 페미니즘이 "여성도 인간이다"를 외치며 여성 스스로에 대한 근원적 질문에서 시작한다면, 페미니즘 신학은 서구 기독교 2천여 년 역사에서 억압당해온 교회 여성의 경험을 배경으로 "여성도 하나님의 백성이다"를 외치며 도전하는 여성의 신학이다.

여성 신학자들은 남성 중심과 가부장적인 성경 해석에 대한 비판으로 시작했다. 성경은 가부장적인 문화 속에서 거의 남성에 의해 기록되었고, 성경 해석 또한 초대교회부터 오늘까지 남성 중심으로 해왔다고 주장한다.

메리 데일리(Mary Daly) 같은 여성 신학자는 《Beyond God the Father》에서 하나님의 말씀을 가부장적 역사의 반영으로 보아 아버지인 신(God as Father)을 넘어서야 한다는 매우 급진적인 주장을 하기에 이르렀다. 또한 포스트모더니즘의 영향으로 자유주의자와 신정통주의 자가 제기한 새 성경 해석학은 전통적인 연역적 방법에서 해석자 중심으로 위치를 옮겨갔고, 급기야 성경의 권위에 도전하였다. 이로써 해석자 중심의 성경 해석으로 급물살을 탄 급진적 페미니즘과 여성신학, 그리고 이늘이 주장하는 여성 리더십에 대한 논의는 성경의 권위에 대한 도전으로 간주되어 보수교단은 여성의 '여'(女)자만 들어가도 '자유주의자'로 모는 이상한 흐름이 형성되고 말았다.

내가 합동교단과 총신대학교에 오랜 세월 머무는 동안 절감한 것은 신학과 신앙에 '여성'이 빠져 있다는 것이다. "여성에 대해 아느냐?"라고 물으면 바로 총알처럼 날아오는 대답이 "여자는 교회에서 잠잠하라"였으니 무슨 말이 더 필요할까. 합동과 총신은 아무래도 '여성 알레르기'가 있는 것 같다. 합동과 총신은 "페미니즘이라는 목욕통 물이 조금 더 럽다고 그 속에 담긴 아기(여성)까지 내다버린" 셈이 되고 말았다. 하나님이 여성을 지으신 뜻과 목적에 관심을 갖지 않았으며, 여성의 입장과 문제제기에 귀 기울이지 않았고 여성을 이해하려 들지도 않았다. 그러나 성적 존재로서의 인간됨이 본질이라면, 기독교 신앙과 신학에서 여성의 권리와 자유, 여성의 입장과 경험, 여성의 통찰을 수용하는 것은 마땅하다.

기독교 신앙과 신학의 목표는 하나님 형상으로의 회복, 즉 인간됨의 추구다. 인간이 남성과 여성으로 이루어진 성적인 존재일진대, 교회가 기존 신학의 가부장적 사고와 '남녀차별'의 이데올로기 성벽을 무너뜨리지 않는다면 인간성을 아예 잃어버리게 될지도 모른다.

여성이 행복하지 못한 교회에서 그 여성을 낳은 아버지와 그녀를 사랑하는 남편 그리고 그녀가 낳은 아들 역시 행복할 수 없다. 무엇보다도 여성을 창조한 하나님이 기뻐하시지 않으리라. 교회 구성원의 과반수 이상을 차지할 뿐 아니라 남성에 비해 교회 일을 무려 9배나 더 하는 인적(人的)·영적(靈的) 자원인 교회 여성을 언제까지 무시하고 방치할 것인가?

교회사에서 명성을 날린 유명한 남성 신학자들이 여성에 대해 어떻게 말했는지 보자.

"여성 자체를 놓고 볼 때 여성은 하나님의 형상이 아니다. 오직 남성만이 하나님의 형상이다."_성 어거스틴

"여성은 불완전하고 형편없는 존재다."_토마스 아퀴나스

"여성이 현명한 척하는 것보다 더 봐주기 힘든 겉치장은 없다."_마틴 루터

"모든 여성은 자신이 남성보다 열등하다는 것을 인식할 수 있도록 태어난다."_존 칼빈

"여성을 교육하는 것과 여우를 길들이는 것은 동일한 결과를 낳는다. 여성이나 여우를 가르치는 것은 그들을 더욱 교활하게 만들 뿐이다."_킹 제임스

여성에 대해 함부로 말했던 교부와 신학자들의 여성관이 오늘날에도 교회의 성 차별과 성 혐오를 유발시키는 기제로 사용되고 있음을 살펴야 하고, 성평등 시대에 적실한 성경 해석과 적용이 필요하다.

이상화 교수는 사회적 평등을 실현하기 위해서 '차이의 정치학'을 말한다. 이는 동일성의 논리에 기반하지 않으면서 사회적 평등을 이룰 수 있는 방법을 모색하는 새로운 정치학이다. 사회의 모든 구성원이 평등

을 누리기 위해서 각각의 특수한 체험과 사회문화적 기여도가 공적으로 인정되어야 한다는 말이다. 나는 이런 '차이의 정치학'이 기독교 신앙에서도 이루어지길 바란다.

🪶 생각하는 여성, 질문하는 여성, 행동하는 여성이 아름답다

교회에서 남성과 여성이 평등해지는 차이의 정치학이 구현되려면 여성 스스로 생각하고 질문하며 행동해야 한다. 그러려면 여성 스스로 성경을 읽고 질문해야 한다. 그런데 그동안 교회가 여성에게 아무 생각하지 말고 무조건 믿으라고 명령하지 않았던가. 성경을 많이 읽으라고 가르치지만 질문하거나 문제를 제기하는 여성을 무시하거나 정죄하며 '아멘'만 하도록 강요한 것은 아닌가.

성경은 남성의 점유물이 아니다. 종교개혁 이후 성경은 누구나 읽을 수 있도록 전 세계 자국어로 번역되었다. '누구나'에는 당연히 여성이 포함된다. 성경 읽기, 다시 말해 성경 해석을 더 이상 남성이나 소수 권력자에게 맡길 일이 아니다. 남성 중심의 성경 해석을 그대로 믿어온 결과 오늘날은 거의 '남성 무오주의'에 육박하는 형국이 되어버렸기 때문이다. 이제는 여성 스스로 성경을 읽어야 한다. 하나님을 알아가는 방식과 해석은 남성이 읽느냐 여성이 읽느냐에 따라 달라질 수 있다.

하나의 관점이나 특정 렌즈를 통해 성경을 읽는 방식뿐 아니라 인간관계와 삶 속에서 마주치는 다양한 신앙적 물음에 따른 여러 관점의 성경 읽기 방식도 있다. 안타깝게도 보수교단의 문자주의자들은 성경을 구속사적 관점으로만 읽고 해석하는 방식을 정형화시켰다. 이 과정에서 여성의 관점을 일체 배제시켜버렸다. 하나님의 구속이 인간의 삶에서 남성과 여성의 통합적인 관계 속에 있음을 보지 못한다. 예를 들어 아브라함, 이삭, 야곱의 하나님은 강조하지만 이들의 아내인 사라, 하갈, 리브가, 레아와 라헬과의 관계에 개입하여 자신을 계시하시는 하나님은 놓쳐버린 것이다. 인간관계의 갈등과 애환, 억압과 소외 같은 실존적 삶에서 경험하는 하나님의 임재와 놀라운 은혜 역시 간파하지 못한다.

아브라함의 하나님만 보면 사라와 하갈에게 나타나신 하나님을 볼 수 없으며 인간의 삶에서 다층적이며 신비한 깊이도 알 수 없다. 결과적으로 인간의 삶에 개입하시는 하나님에 대한 우리의 믿음이 피상적인 것이 되기 쉽다. 지금까지 남성과 강자의 눈으로만 성경을 읽어왔기에 여성과 약자들은 늘 남성의 하나님의 관점으로 억압당하고 차별당할 수밖에 없던 것이다.

여성의 하나님은 낮은 자의 하나님이요 죄인과 여성의 친구이신 하나님, 바로 예수 그리스도이시다. 그분의 말씀과 인간적 삶을 깊이 묵상하며 실천하는 신앙이 오늘 이 시대에 절실하다. 여성들의 성경 읽기가 더 깊어지기 위해서는 여성이 하나님 앞에 주체적인 존재로 서야 한다. 남성이 떠먹여주는 성경말씀과 해석이 아니라, 여성 스스로 하나님께서 여성 자신에게 뭐라고 말씀하시는지 끊임없이 질문하며 하나님을 찾아가야 하는 것이다.

이제 여성의 성경 읽기를 통해 여성 인식의 전환이 필요하다. 나는 여성의 성경 읽기는 같음과 다름이 무엇인지 찾아나서는 도전이라고 생각한다. 같음은 함께 누리되 다름은 서로 존중하여 하나님을 아는 지식과 인식의 기반으로 삼는다면 얼마나 조화롭고 풍성해지겠는가!

진리에 접근하는 자세는 흔히 세 가지라고 말한다.

첫째, 열린 대화의 자세다. 상대방의 논점을 겸허히 받아들일 수 있어야 한다. 물론 상대의 논점이 언제나 완전한 것은 아니다. 나의 논점도 마찬가지다. 열린 대화의 자세는 상대를 통해 각자의 논점을 개선하고 수정하게 만든다.

둘째, 차이를 인정하는 자세다. 인간은 진리를 추구하는 과정 가운데 있는 존재다. 동일한 진리라도 받아들이는 자에 따라 다르며, 누구나 진리를 부분적으로 갖고 있다(고전 13장). 차이를 무시하거나 정죄하는 것이 아니라 인정함으로써 진리의 깊이를 더해가려는 자세가 필요하다.

셋째, 평화를 추구하는 자세다. 평화는 하나님의 선물이며 하나님 나라의 성격이다. 그동안 남성 중심의 교회에서 피해와 불공평함을 겪어온 교회 여성에게는 하나님 나라에 상응하는 정의가 필요하다. 기득권을 가져간 남성이나 이로 인해 피해를 받은 여성 모두 궁극적으로는 평화를 도모해야 한다. 한국교회에는 남성과 여성의 하나님에 대한 인식에서 같음과 다름이 무엇인지 알아가고 서로 존중하면서 관용하는 열린 대화의 자세와 평화를 추구하는 자세가 절실하다.

🍃 여성의 성경 읽기의 세 가지 태도

여성학이 학문과 삶에서 요구하는 세 가지는 의심하고 회의하는 태도, 재평가하는 태도, 실천하는 태도다. 나는 이 세 가지를 여성의 성경 읽기에 적용하고 싶다.

첫째, 교회의 전통적인 신앙과 이미지, 관습과 문화 등을 의심하고 회의하는 태도가 필요하다. 예를 들어 "여자가 어떻게 강단에 올라갈 수 있는가?"라는 말이나 "여자는 교회에서 잠잠하라 이것이 만고불변의 진리다"라거나 "여자는 남자를 가르치거나 다스리지 말라"라는 말을 의심하고 비판할 수 있어야 한다. '성경적'이라는 명분으로 교회 여성을 차별하며 억압해온 말이 과연 하나님의 형상인 여성에게 적합한 말인지 그리고 자유, 평등, 정의와 사랑에 부합하는 말인지 여성 스스로 성경을 읽으며 질문하여 답을 찾아야 한다.

둘째, 남성이 말해온 '남녀질서'가 과연 누구의, 누구를 위한, 누구에 의한 질서인지를 재평가해야 한다. 예를 들어 "남자에게 복종하는 것이 남녀질서다", "여성의 매력은 순종하는 것이다", "여성은 조직의 생리를 잘 모른다"라는 설교를 들어왔다면 이에 대한 재평가가 필요하다. 가부장적 성경 해석을 '성경적이다'라고 통 치는 사이에 교회 여성의 인격과 가치관과 하나님에 대한 인식은 쉽게 왜곡된다.

아울러 유독 여성에게만 가부장적 남녀질서에 의한 역할을 지정해도 되는 것인지, 하나님의 말씀을 들으러 온 여성들이 가부장적 여성관을 강조하는 설교를 들어야만 하는 것인지, 조직의 생리와 여성이 무슨 상관이 있는지 평가할 수 있어야 한다.

셋째, 실천적으로 적용하는 태도가 필요하다. 페미니즘은 "개인적인 것이 정치적이다"라는 말을 강조한다. 여성 개개인의 의견이나 요구라고 해서 무시해서는 안 된다. 정당한 요구라면 받아들여 실천할 필요가 있다. 보통 '객관적으로 말하라'는 논리가 교회에서 통용되는데, 이 말처럼 모순되는 말도 없어 보인다. 자신의 말은 '객관적'이고 다른 이가 말하는 건 '주관적'이라는 자기중심적 판단일 수 있기 때문이다. 교회는 예수를 믿는다고 고백하는 남녀노소 한 사람 한 사람이 모인 곳이다. 그런데 대체로 교회에서는 힘이 있는 목사의 말을 '객관적'이라고 보는 반면 여성의 말은 '주관적'이라는 선입견이 만연해 있다.

내가 한때 다니던 제법 큰 교회는 여성이 과반수 이상을 차지하는데도 남성 화장실이 여성 화장실보다 훨씬 컸다. 이를 교회에 알려 시정을 원했으나 여자의 말이라고 수렴되지 않아 답답했던 적이 있었다. 화장실 문제가 사소한 일처럼 보일지도 모르지만, 일상생활에 매우 중요한 시설이 아닌가.

교회 여성이 한마음과 한뜻으로 목소리를 내어 가부장적 성경관과 성 차별적 교회 문화와 관행을 고쳐갔으면 좋겠다. 주체적인 여성이 되어야 깊이 생각할 수 있고, 의심하고 질문할 수 있으며, 능동적으로 실천하는 여성이 될 수 있다.

"진리를 알지니 진리가 너희를 자유롭게 하리라"(요 8:32)라는 말씀에서, 내가 이해한 진리는 억압하거나 소수의 사람에 의해 독점되는 것이 아니다. 내가 믿는 진리란 남성에게 진리이면 여성에게도 진리여야 하는 것이다. 또한 하나님 나라에 이르러서도 영원히 변치 않는 가치요 궁극적인 참이어야 한다. 지금 교회에서 말하는 남녀관계의 위계질서는 가부장적 문화에서 나온 것이지 성경에서 나온 만고불변의 진리가 아니다. 하나님 나라는 남녀관계의 위계질서가 들어설 공간이 없는 공의와 사랑과 평화의 나라이기 때문이다.

여성 스스로 성경을 읽게 되면 가정에서 부부관계와 인간관계가 어떠해야 할지, 자녀의 신앙교육과 고부갈등을 어떻게 해결해야 할지 하나님의 지혜를 깨닫게 될 것이다. 여성의 성경 읽기는 여성을 만드신 하나님의 섭리와 목적을 찾는 시간이자, 우리의 삶에 개입하시는 하나님을 알아가는 시간이요, 평범한 일상을 하나님과 동행하려는 시간이자, 인간을 정죄하기보다 이해할 수 있는 은총의 틈새를 경험하는 시간이요, 하나님의 뜻을 헤아려 복음적 삶을 실천하는 시간이 될 것이다. 여성의 눈으로 성경을 읽으면 하나님의 딸로서 당당하게 꿈을 이루는 행복한 여성이 될 것이라고 확신한다.

여성의
눈으로
구약성경 읽기

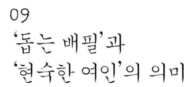

09
'돕는 배필'과
'현숙한 여인'의 의미

오래전에 TV 인문학 강의로 강신주의 철학 시리즈를 시청한 적이 있다. 유독 마음에 남은 주제는 '거울'이었다. '거울'에 담긴 철학적 의미가 그토록 심오한지를 그때 알았다. 인간은 남의 얼굴은 볼 수 있어도 자신의 얼굴은 볼 수 없는 존재가 아니던가.

〈야고보서〉를 보면 성경을 읽는 것은 '자유롭게 하는 온전한 율법'으로서 거울을 보는 것과 같다고 말씀하고 있다.

[23]누구든지 말씀을 듣고 행하지 아니하면 그는 거울로 자기의 생긴 얼굴을 보는 사람과 같아서 [24]제 자신을 보고 가서 그 모습이 어떠했는지를 곧 잊어버리거니와 [25]자유롭게 하는 온전한 율법을 들여다보고 있는 자는 듣고 잊어버리는 자가 아니요 실천하는 자니 이 사람은 그 행하

우리는 성경이라는 거울을 통해 하나님의 뜻을 깨닫고 자신의 모습을 살필 수 있다.

나는 중1 때부터 예수님을 믿으면서 책가방 속에 성경책을 갖고 다녔다. 수업이 시작되기 전에 짧은 기도와 함께 꼭 3장씩을 읽었더랬다. 깨달아지든 그렇지 않든!

꾸준한 성경 읽기 습관 덕분인지 신학을 하면서도 목사들과 교수들의 설교와 강의에 쉽게 '아멘' 할 수 없어 혼자 많이 괴로웠다. 그 때문에 여성은 여성의 안목으로도 성경을 읽어야 한다는 소신을 갖게 되었다. '여성용 성경'을 통해 나에게 말씀하시는 하나님의 음성을 듣고 싶어서였다. 이제 여성의 눈으로 성경을 보려고 한다. 그리고 여성의 배후에 역사하신 하나님을 찾아나서려 한다.

우선 구약성경 속의 여성을 여성의 관점에서 살펴보자.

🍃 '돕는 배필'의 성경적 의미

아담의 갈비뼈로 하와를 만드신 것이 여성이 남성에게 종속되었다는 근거일까? 아니면 남성과 여성 사이의 친밀감과 깊이 사랑하라는 하나님의 뜻을 담고 있는 것일까?

총신대학교 신학대학원에서 '개혁주의 여성 리더십'이라는 과목으로 몇 년간 강의하였다. 강의 초에 남학생에게 원하는 여성상을 물어보면

"훗날 자신들이 목회할 때 도움이 되는 여성"이라고 답했다. 그 근거는 바로 〈창세기〉에 나오는 '돕는 배필'이었다.

> 여호와 하나님이 이르시되 사람이 혼자 사는 것이 좋지 아니하니 내가
> 그를 위하여 돕는 배필을 지으리라 하시니라 _ 창세기 2:18

대부분의 남성 목회자와 신학생들은 '돕는 배필'의 의미를 자신의 목회를 돕는 것으로 생각하는 것 같았다. 가사와 자녀양육과 교인 보살피기와 같은 것을 부차적 역할로 기대하는 것이다. 하지만 '돕는 배필'을 종속으로 해석하는 건 무리가 있다. '돕는 배필'의 의미를 바로 이해하려면 '돕다'와 '배필'의 뜻을 따로 떼어 살펴야 한다.

먼저 '돕다'를 살펴보자. 성경은 하나님이 우리를 '돕는 분'이라고 말씀하고 있다(시 121편; 히 13:6). 학자들은 '돕다'라는 말의 뜻이 '하나님이 그의 궁핍한 백성을 구원하실 때 사용하는 단어'로서 '우월성'을 나타낸다고 해석한다. 돕는 이가 도움을 받는 이보다 우월해야 도와줄 수 있는 게 아닌가!

한편 '배필'이라는 단어의 의미는 서로에게 '아주 잘 맞는'(suitable) 짝이다. 하나님은 아담을 깊이 잠들게 하신 후 갈비뼈 하나를 취해 하와를 만들어 아담에게 이끌어오신 최초의 중매쟁이였다(창 2:21-23). 하지만 그 이전에 아담을 이끌어 육축과 공중의 새와 들의 모든 짐승에게 이름을 짓는 현장학습을 통해 아담 스스로 '홀로 있음'의 결핍을 느끼게끔 하셨고, 이로써 '자신에게 잘 맞는 짝'을 갈망하도록 유도하셨다(창 2:18-20). 나는 이 말씀에서 하나님이 인간을 대하는 방식은 단순히 강

요나 명령이 아니라, 인간이 자유의지와 이성을 사용하게끔 배려하시는 하나님의 인격적인 모습에 감동했다.

대부분의 남성은 여자가 남자의 갈비뼈를 취해 만들어졌기 때문에 남성에게 종속된 것이라고 생각한다. 정말 그럴까? 아담을 만드신 하나님이 하와도 따로 만드실 수 없었을까? 성경학자들에 의하면, 아담을 깊이 잠들게 했다는 것은 거의 죽은 것이나 다름없는 상태로 만든 것이었다고 한다. 그렇다면 하나님이 하와를 창조하신 일은 아담의 자유의지를 사용하지 않은 것이다. 아담과 상의하거나 양해를 구하지 않고 단독으로 하신 일이었다.

갈비뼈에 집착하여 단번에 '종속'이라고 결론을 내리기보다는(사실 남성의 갈비뼈도 하나님이 만드신 게 아닌가!) 하나님이 왜 아담의 갈비뼈 하나를 취해 하와를 만드셨는지 그 의도를 좀 더 깊이 묵상해보아야 하겠다. 만일 하나님이 하와를 따로 만드셔서 아담에게 데리고 왔다고 상상해보자. 아담 입장에서 좀 생경스럽지 않았을까?

나는 하나님이 아담의 갈비뼈 하나를 취해 하와를 만들어 아담에게 데리고 오신 이유가 아담이 하와를 보자마자 첫눈에 반해서 "이는 내 뼈 중의 뼈요 살 중의 살이라"(창 2:23)라고 토해낸 탄성에 담겨 있다고 본다. 이 고백 안에는 자신의 것을 취해 창조된 하와를 향한 친밀감이 담겨 있으며 '한 몸'이라는 의미와 함께 자신의 몸처럼 사랑하겠노라는 헌신의 고백이 담겨 있다. 기독교의 핵심 계명이 "하나님을 사랑하라 …네 이웃을 네 자신같이 사랑하라"(마 22:37-39)는 말씀인 것도 다 여기서 연유된 것이라고 해석하는 건 무리일까?

나는 하나님이 하와를 아담의 갈비뼈를 취해 만드신 것이 여자가 남자에게 종속됐다는 의미라기보다 아담과 하와가 첫눈에 반할 만큼 서로를 친밀하게 자기 몸처럼 사랑하라고 배려하신 하나님의 깊은 뜻이라고 해석하고 싶다. 이 말씀은 또한 여자가 남자 몸의 일부로 창조되었으며 모든 남자가 여자로 말미암아 태어나는 것이므로 모든 것이 하나님에게서 났음을 확인해주는 말씀일 테다(고전 11:12).

🍃 돕는 배필이 되기 위한 떠남

'돕는 배필'의 의미를 살필 때는 "하나님이 자기 형상 곧 하나님의 형상대로 사람을 창조하시되 남자와 여자를 창조하시고"(창 1:27)라는 말씀과 "이러므로 남자가 부모를 떠나 그의 아내와 합하여 둘이 한 몸을 이룰지로다"(창 2:24)라는 두 말씀을 염두에 두고 해석해야겠다.

하나님이 인간을 창조하실 때 그냥 인간을 창조했다고 그냥 말씀하지 않고 남자와 여자를 따로 언급했다는 것은 남녀가 하나가 되어야 비로소 하나님의 형상을 따라 창조된 인간으로서 전체가 된다는 의미가 아니겠는가. 이는 남자와 여자의 동등성을 의도적으로 드러내신 것이라고 보인다.

한자로 '사람 인'(人)은 인간이 상대방 없이 홀로 인간이 될 수 없는 상호보완적이면서 서로를 지탱해주는 존재임을 나타낸다. 인간이 본래 남성과 여성의 결합으로 태어나는 걸 감안하면 '사람 인'(人)은 남성과 여성이 서로 기대고 있는 존재라고 보는 게 우선일 테다. 그리고 '한 몸'을 이룬다는 것은 전인적인 영육간의 사귐을 뜻한다. 따라서 '돕는 배필'이라는 말의 의미는 인격적인 관계 속에서 신뢰와 존경을 바탕으로 친밀함을 경험하고, 서로를 사랑하며 한 몸으로 연합하는 것이다. 이것이 진정 하나님께서 인간을 창조하신 목적에 부합하는 것이라고 생각한다.

또한 '돕는 배필'을 얻으려면 먼저 남자가 부모를 떠나야 한다. 그래야 그 아내와 한 몸이 될 수 있음을 잊어선 안 된다. 〈창세기〉 2장 24절을 읽다가 어색한 단어 하나를 발견할 수 있다. 그건 다름 아닌 '부모'라는 단어다. '아담은 하나님이 만든 최초의 인간이라 부모가 없는데, 왜 부모를 떠나라고 했지?'라고 생각한 적이 있다. 이는 〈창세기〉를 쓴 인간 저자(모세)의 시대상황을 반영한 것이기 때문이다. 아무튼 남자가 부모를 떠나야 비로소 그 아내와 한 몸이 될 수 있을 테고 그래야 '돕는 배필'의 개념도 생기게 된다. 남자가 부모를 떠나지 않으면 '돕는 배필'은 '성적 파트너' 내지 '몸종'에 불과하지 않겠는가. 물론 이 말씀은 부모를 떠난다는 것이 초점이 아니라 '남편과 아내가 연합하여 한 몸이 되기 위해 부모를 떠나는 것'으로 해석되어야 한다.

성경이 남자가 부모를 떠나라고 말씀한 건 불효하라는 게 아니다. 배필로 맞이한 아내와 온전히 연합하여 하나가 되라는 말씀이다. 이것이야말로 결혼의 출발이요 목적이다.

나는 2년 전 사위를 얻은 장모 입장에서 자녀의 결혼을 축복하며 둘이 하나가 되도록 잠시 자리를 비켜주는 게 더 멋진 부모라 생각하여 조심하고 있다. 이쯤 되면 부모 노릇은 자녀를 위해 자신의 기득권을 끊임없이 포기하고 내려놓는 삶의 연속인지도 모르겠다.

결론적으로 '돕는 배필'이란 자신에게 꼭 맞는 짝을 허락하신 하나님의 은총에 감사하며 "나를 위한 너요, 너를 위한 나"라는 웅숭깊은 사랑의 고백으로 서로에게 화답하는 것이라고 나는 생각한다.

🍃 '현숙한 여인'은 현모양처인가?

구약시대 여성의 역할을 잘 대변하는 말씀을 들자면 〈잠언〉 31장에 나오는 '현숙한 여인'(10-31절)을 먼저 꼽을 수 있다.

> 누가 현숙한 여인을 찾아 얻겠느냐 그의 값은 진주보다 더 하니라
> _잠언 31:10

고등학생 시절 예배 때 담임 전도사님이 "현숙한 여인을 달라고 기도했더니 하나님이 얼마나 정확하게 응답하시는지 내 아내 이름도 '현숙'이었다"라는 간증을 들었다. 그래서 현숙한 여인은 현모양처일 거라 믿고 그때부터 그런 여성이 되게 해달라고 열심히 기도한 적이 있었다.

'현숙한 여인'에 대한 설교는 여전도회 헌신예배에 초청된 목사의 단골 메뉴였고, 대부분 현모양처가 되라는 것이 결론이었다. 하지만 〈잠언〉 31장이 말하는 '현숙한 여인'에 대해 올바른 해석이 필요하다. 이 말씀의 '현숙한 여인'을 제대로 해석해야 오늘을 살아가는 여성에게 필요한 바른 지혜를 줄 수 있기 때문이다.

〈잠언〉 31장을 자세히 읽어보면 사실 현모양처 이미지는 사라지고 오히려 몇 가지 의문이 생긴다. 첫째, 현숙한 여인은 '남편에게 순종하

는 좋은 아내요 자녀에겐 현명한 어미' 정도가 아니라 남편과 자녀를 먹여 살리는 능력을 갖춘 슈퍼우먼처럼 보인다.

둘째, '무역', '장사', '밭을 사다', '성문에서 칭찬받다'라는 표현을 보면 당시 이스라엘 사회나 종교에서 여성이 실제로 그런 역할을 감당했을지 의문이 든다.

셋째, 지혜서인 〈잠언〉이 마지막 31장에서 남편들에게 '현숙한 여인을 얻어라'로 끝나는 게 좀 시시하고 맥 빠지게 한다.

'현숙함'이란 영어로는 'noble character'로서 29절의 '덕행'이라는 단어와 동일하다. 이는 〈사도행전〉 17장 11절 "베뢰아에 있는 사람들은 데살로니가에 있는 사람들보다 더 너그러워서"라는 말씀에서 '너그러운'(고상한, 신사적)이라는 단어와 동일하게 쓰인 것이다. 이 단어의 히브리어 '하일'의 기본적인 뜻은 힘(power)과 능력(strength)을 나타낸다. 파생적 뜻은 부유함(wealth), 유능함(efficiency), 용기(룻 3:11)이다.

그런데 〈잠언〉 31장에서 우리를 다소 놀라게 하는 건 남편의 모습이다. 남편은 그저 아내를 신뢰하며 아내 덕분에 성문에 앉아 유명하게 되고, 결국엔 아내를 칭찬하는 팔불출 같은 남자로 보인다. 반면 아내는 주도권을 잡은 드센 여인이거나 슈퍼우먼처럼 보인다. 그런데 당시 법과 정치를 행하는 공적 장소였던 성문에서 여성이 칭찬을 받는 일은 불가능했다.

많은 학자들은 이런 이유로 기존과 다르게 해석한다. 여기에 나오는 '현숙한 여인'은 지혜(히브리어로 '호크마')라는 여성명사를 의인화한 것이라고 말한다. 이를 뒷받침하는 단서는 〈잠언〉 31장이 히브리 알파벳 순으로 쓰인 아크로스틱(알파벳) 시(詩)라는 데 있다. 〈잠언〉 마지막 장인

31장에 나오는 '현숙한 여인'은 지혜를 의인화하여 말씀한 것으로 해석해야 서두에서 제기했던 세 가지 의문이 자연스럽게 풀리며, 〈잠언〉 전체와 관련해 본문의 뜻을 더 넓고 깊이 살릴 수 있다.

그렇다면 지혜자의 모습은 어떤 것일까? '현숙한 여인'을 통해 보여준 지혜로운 사람은 남의 앞일을 예견하거나 지식이 많은 자가 아니라, 당당하게 남을 인도하면서도 남에게 군림하거나 함부로 대하지 않고 오히려 섬기는 종의 모습을 갖춘 자다. 지혜로운 사람은 가난한 이웃을 돌보며 그들의 필요를 채워주는 따뜻한 마음을 지닌 자이며, 하나님의 진리와 사랑의 말씀을 굳게 믿고 세상의 논리에 굴하지 않고 의젓하며 능력 있게 살아가는 자다. 결국 지혜의 삶은 우리 주님이 보여주신 모습과 아주 닮았다.

이제부터라도 여성의 역할을 '현모양처'라는 좁은 의미로만 한정하지 말고, 주님이 주시는 지혜의 풍성함과 능력을 발휘하여 남녀 모두가 똑같이 지혜롭게 살아가도록 가르치는 게 더 성경적이지 않을까? 앞으로 '현숙한 여인'은 하나님을 참으로 경외하는 남녀 모두에게 주어지는 지혜를 삶 속에서 실천하며 살아가라는 말씀으로 설교되기를 바란다.

10
아브라함의 하나님과
사라의 하나님

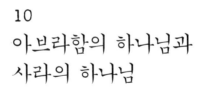

하나님이 아브라함에게 "사라가 네게 이른
말을 다 들으라"라고 하신 의미는 무엇일까?

아브라함의 하나님, 사라의 하나님

[11]아브라함이 그의 아들로 말미암아 그 일이 매우 근심이 되었더니 [12]하
나님이 아브라함에게 이르시되 네 아이나 네 여종으로 말미암아 근심
하지 말고 사라가 네게 이른 말을 다 들으라 이삭에게서 나는 자라야 네
씨라 부를 것임이니라_창세기 21:11-12

성경의 하나님은 아브라함, 이삭, 야곱의 하나님이시다. 구약 족장시대의 하나님은 아브라함과 이삭, 야곱을 통해 하나님의 섭리와 뜻을 전달하셨고 우리는 여전히 그 하나님을 믿고 있다. 그 당시 사라, 리브가, 라헬과 레아는 족장 남편의 말에 순종했다. 사래(사라)는 자신을 '누이'라고 속이며 애굽 왕 바로에게 팔아넘기는 아브람의 말에 그대로 순종할 정도로 남편을 주인처럼 섬겼던 여인이었다(창 12:10-20). 오늘날 이런 남편이 있다면 제정신이냐고 욕을 해댈 테고, 사라의 이런 순종이 과연 옳은지 의문이 드는 것도 사실이다. 이것이 성경을 문자 그대로 받아들여선 안 되는 이유다. 하나님은 사라의 일로 바로의 집에 큰 재앙을 내리면서 마무리해주셨다. 여기까지 보면 구약의 여성은 아무런 권리조차 없이 그저 족장 남편에게 순종하는 존재로 비추어지기도 한다.

그런데 〈창세기〉 21장에서는 하나님께서 족장 아브라함에게 "아내 사라의 말을 다 들어라"라고 명령하는데 어찌 된 일일까? 이 말씀은 아브라함의 하나님만 알고 있었던 우리를 당혹스럽게 한다. 이 말씀에 끌리는 이유는 아브라함의 하나님만 아니라 사라의 하나님도 보여주기 때문이다. 우리는 아브라함뿐만 아니라 사라의 하나님도 알아야 한다.

이 말씀이 나온 배경은 이렇다. 아브라함은 "그 사람이 네 상속자가 아니라 네 몸에서 날 자가 네 상속자가 되리라"(창 15:4)라는 하나님의 약속의 말씀을 받았지만 사라는 생리가 그쳐 자녀를 낳을 수 없었다. 이에 사라는 아브라함에게 자신의 여종인 애굽 사람 하갈과 동침하라고 제안하게 된다. 그후 임신을 한 하갈은 주인 사라를 멸시하고, 사라는 아브라함에게 "내가 받는 모욕은 당신이 받아야 옳도다 내가 나의 여종을 당신의 품에 두었거늘 그가 자기의 임신함을 알고 나를 멸시하니 당신과 나 사이에 여호와께서 판단하시기를 원하노라"(창 16:5)라고 하면서 하나님 앞에서 자신을 남편 아브라함과 동등하게 내세운다.

세월이 흘러 아브라함이 100세가 되고 사라가 90세가 되자, 하나님은 약속대로 사라에게서 이삭이 태어나게 하셨다. 하지만 하갈이 낳은 이스마엘이 이삭을 조롱하는 것을 본 사라는 아브라함에게 "이 여종과 그 아들을 내쫓으라"(창 21:10)고 한다. 이에 아브라함은 아들 이스마엘로 인해 근심하던 중 하나님께서 아브라함에게 "사라가 네게 이른 말을 다 들으라"(12절)라고 말씀하신 것이다.

기존의 성경 해석은 "이삭에게서 나는 자라야 네 씨라 부를 것임이니라"(창 21:12)라는 결론에만 집중하여 하나님께서 아브라함에게 사라의 말을 들으라고 명령하신 것을 그다지 신경 쓰지 않았다. 하지만 이 말씀을 그냥 지나쳐버리면 사라를 통해 보여주시는 하나님의 뜻을 알아차리지 못한다. 또 후손과 땅에 대한 약속과 결부된 아브라함과 사라와의 관계에서 드러나는 인간관계의 갈등과 애환, 삶 가운데 개입하시는 하나님의 뜻과 섭리도 놓치고 만다.

아브라함뿐 아니라 사라를 살펴봐야 하는 이유가 이런 부분에 있다. 우리가 믿는 하나님이 족장 아브라함의 하나님이시며 아브라함이 남성이라서 무조건 아브라함과 언약을 맺고 뜻을 펼쳐 나가신 것이 아니다. 하나님의 약속과 섭리에 민첩하고 신실한 사람이 여성이라면, 오히려 그녀를 하나님의 언약을 이루는 리더로 세우신다는 것을 깨닫게 해주기 때문이다. 사실 아브라함의 입장에서 보면 하갈과 이스마엘을 쫓아내라는 사라의 말을 따르라고 명령하시는 하나님이 참 야박하고 섭섭하게 느껴졌을지도 모를 일이다.

그렇지만 우리는 알고 있지 않은가! 임신한 상태로 쫓겨난 하갈을 광야에서 만나 그 억울한 사정을 헤아려주신 하나님을! 그리고 이스마엘과 함께 쫓겨났을 때도 하갈에게 나타나 위로와 약속을 주시는 하나님이 아니신가.

우리가 믿는 하나님은 아브라함을 통해 언약을 이루어가시는 하나님인 동시에, 정(情) 때문에 하갈과 이스마엘을 내보내기를 주저한 아브라함보다 하나님의 언약에 신실했던 아내 사라의 편에도 계시는 분이다. 아울러 억울하게 쫓겨난 여종 하갈에게 직접 나타나 위로하시는 하나님이다. 특히 하갈을 찾아오신 하나님을 살펴야 하는 이유는 낮고 비천한 인간을 구원하러 오신 예수 그리스도를 더 깊이 보여주기 때문이다.

그러므로 성경을 볼 때 아브라함, 이삭, 야곱만 집중해서 볼 일이 아니다. 우리가 믿는 하나님은 남성의 하나님인 동시에 여성의 하나님이시다. 하나님은 사랑하시는 모든 자에게 은혜와 축복을 고루 베풀어 구원의 섭리를 이루신다. 그러니 아브라함, 이삭, 야곱의 하나님뿐만 아니라 사라, 리브가, 라헬과 레아, 하갈이 만난 하나님도 고루 잘 살펴야 한다. 그래야 구속사뿐 아니라 인간관계의 갈등과 삶의 애환 가운데 찾아오시는 은혜의 하나님을 더 넓고 깊이 알아가지 않겠는가!

🍃 아브람에게 13년간 침묵하신 의미

신학대학원 시절에 〈창세기〉 1장부터 50장을 쉬지 않고 3시간 40분 동안 읽은 적이 있다. 그러다가 눈에 띈 부분이 있었는데 〈창세기〉 16장

16절과 〈창세기〉 17장 1절 말씀이었다.

> 하갈이 아브람에게 이스마엘을 낳았을 때에 아브람이 팔십육 세였더라_창세기 16:16
>
> 아브람이 구십구 세 때에 여호와께서 아브람에게 나타나서 그에게 이르시되 나는 전능한 하나님이라 너는 내 앞에서 행하여 완전하라_창세기 17:1

성경이 아브람의 나이를 언급한 이유와 하나님께서 침묵하신 13년간 아브람이 어떻게 지냈을지 궁금했다. 그 궁금증을 갖고서 아브람의 삶을 보니, 하나님은 늘 아브람을 따라다녔음을 발견할 수 있었다. 즉 아브람이 아내 사래를 누이라 속이며 애굽 왕에게 넘기는 잘못을 저지를 때에도 하나님이 바로에게 나타나 해결하셨다(창 12:10-20). 또한 아브람의 목자들과 롯의 목자들이 다툴 때, 하나님은 기득권을 내세우지 않고 조카 롯에게 먼저 좋은 땅을 선택하라고 양보하는 아브람에게 찾아와 땅과 자손을 약속해주셨다(창 13:1-18). 하나님은 항상 아브람에게 먼저 찾아오셨으며, 아브람이 잘못할 때 직접 개입하여 해결해주셨다. 또한 아브람이 욕심을 버리고 양보하고 하나님께 단을 쌓을 때 즉시 오셔서 전에 약속하신 땅과 후손에 대한 말씀을 재차 반복해주셨다. 하나님은 아브람이 잘하든 못하든 늘 먼저 찾아오셨다.

그런데 자신의 삶에 항상 먼저 찾아오셨던 하나님이 13년 동안 나타나지 않았으니 아브람은 그 기간을 어떻게 보냈을까? 어떤 학자들은 이 침묵의 기간은 아브람이 하나님의 약속을 믿지 않고 하갈을 취해 이스마엘을 낳은 잘못을 회개하는 시간이요 절망하는 기간이라고 해석하기도 한다. 그리고 13년의 기간은 이스마엘이 성년이 될 때까지 아브람 밑에서 양육받기 위한 하나님의 배려라고 말한다. 이런 견해를 무시하지는 않지만, 나는 이보다 더 깊은 의미가 숨어 있으리라 싶어 하나님이 침묵하신 13년 동안의 아브람 모습을 묵상해보았다.

여성으로서 아내로서 그리고 엄마의 입장에서 〈창세기〉 16장을 자세히 읽어보니 이스마엘의 출생 전후 아브람의 가정은 불화와 갈등, 미움과 질투로 가득했을 것이라고 느껴졌다. 아브람과 사래의 관계, 사래와 하갈의 관계, 아브람과 하갈의 관계와 사래와 이스마엘의 관계도 그렇다. 이런 인간관계의 갈등 속에서 하나님이 아브람에게 전혀 말씀하시지 않은 것이다. 그런 답답하고 메마른 상황에서 한창 자라나는 이스마엘을 보는 아브람의 심정이 꽤나 괴로웠을 성싶다.

아브람은 하나님을 얼마나 간절히 기다렸을까? 후사를 기다리는 건 고사하고 하나님을 얼마나 기다렸겠나. 이전에는 그가 잘했든 잘못했든 늘 나타나 말씀하시던 하나님이다. 인간의 방법으로 저지른 자신의 잘못에 대한 후회와 갈등, 하나님께 대한 죄송한 마음, 번민과 회한 속에서 아브람은 이전과는 전혀 다르게 하나님을 기다리고 또 기다렸으리라! 그러다 드디어 하나님이 아브람에게 나타나셨다.

기독교는 하나님이 먼저 우리를 찾아오시는 은혜의 종교다. 17장 1절에서 "나타나서"라는 말씀을 읽을 때 전율을 느꼈다. 이 말씀은 나를 찾아오신 하나님과도 대면하게 해주었다. 가장 절망했을 때 찾아오신 주님이 생각나서 나도 모르게 아브람의 반응이 전이되었다.

🍃 자발적·인격적 순종을 위하여

하나님이 13년의 침묵을 깨고 드디어 아브람에게 나타나서 하신 말씀은 "나는 전능한 하나님이라 너는 내 앞에서 행하여 완전하라"였다. 지금까지 후손과 땅을 주겠노라고 늘 먼저 찾아와 약속하셨던 하나님이지만, 13년간 침묵하신 이후 나타나신 하나님은 자신을 '전능한 하나님'으로 계시하신다. 그리고 '하나님 앞에서 사는 삶'이 곧 완전한 삶이라고 말씀하셨다. '하나님 앞에서 사는 삶'이란 지금까지 아브람에게 땅과 후손 등 무엇을 주겠다고 약속해주신 분으로 믿는 신앙이 아니라, 앞으로 아브람의 삶에서 하나님보다 그 어떤 것도 우선할 수 없는 신앙을 요구하는 것이라고 해석하고 싶다. 이로써 아브람은 100세에 얻은 아들 이삭을 바치라는 하나님의 명령에 지체 없이 순종할 수 있었고 하나님께서는 "내가 이제야 네가 하나님을 경외하는 줄을 아노라"(창 22:12)하고 인정하신 게 아니겠는가. 13년 침묵의 세월 동안 아브람은 분명 지금까지 간절히 바라본 적 없었던 하나님의 임재를 갈망하는 시간을 가졌을 게다. 이는 13년의 침묵을 깬 하나님의 임재 앞에 '엎드렸다'는 말에서 이전과는 사뭇 다른 아브람의 간절함과 경외심이 간파되기 때문이다.

아브람에게 13년의 침묵의 의미는 무엇일까? 아브람의 죄의 결과로 13년간 하나님이 침묵하셨다는 해석은 다층적이고 복잡하며 미묘한 신앙적 고뇌와 삶의 깊이를 아우르지 못한다. 나는 하나님이 침묵하신 13년의 의미는 아브람이 자신의 능력, 재물, 후손에 대한 욕심, 조급한 마음까지 모든 걸 절망하고 포기하는 대신 하나님의 임재를 갈망하는 시간이었을 것이라 생각한다. 하나님 없이는 나 자신도 없다는 걸 깨닫는 시간이었으리라.

하나님의 침묵이 하나님의 부재를 의미하는 건 아니다. 13년의 침묵은 아브람이 '믿음의 조상'이 될 수 있도록 신앙적 내공을 갖게 해준 하나님 은혜의 시간이었다고 생각한다. 나는 하나님이 침묵하신 13년의 의미를 되새기면서, 하나님에 대한 참된 신앙은 수동적이며 무조건 복종하는 게 아니라 마음에서 우러나오는 자발적이고 인격적인 순종이라는 것을 깊이 깨달을 수 있었다. 우리를 부르신 하나님은 자발적이고 마음에서 우러나오는 진실한 신앙과 순종을 기뻐하시리라 믿는다.

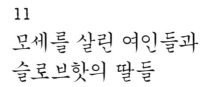

11
모세를 살린 여인들과
슬로브핫의 딸들

하나님의 부름받아 이스라엘 민족을 출애굽
시킨 모세를 모르는 사람은 없다. 〈출애굽기〉
를 통해 모세가 애굽 왕자가 된 이야기, 호렙산에서 하나님을 만난 이야
기, 열 가지 재앙과 홍해를 건넌 이야기, 애굽 군대를 몰살시킨 이야기,
불과 구름기둥 이야기에서 놀라운 기적을 베푼 하나님과 위대한 지도자
모세를 기억한다. 하지만 이러한 모세가 있기까지 뒤에서 도왔던 이들
이 모두 여성이라는 사실에 대해서는 지금껏 별로 생각해본 적 없다.

🍃 모세 살리기 프로젝트에 헌신한 여성들

〈출애굽기〉를 보면 히브리 산파인 십브라와 부아는 하나님을 두려워하여 이스라엘 남자아이를 죽이라는 애굽 왕 바로의 명령을 어기고 모세를 살린 여성이었다(출 1:11-22). 요게벳은 모세를 낳고 석 달을 숨겼고, 더 숨길 수 없자 갈대상자에 역청과 나무 진을 칠해 아이를 담아 나일 강에 띄웠다(출 2:2-3). 이때 모세의 누이 미리암은 갈대상자를 따라갔고, 바로의 공주가 물에서 모세를 건져내자 재빠르게 다가가 유모를 구해오겠다는 제안을 하였다. 바로의 공주는 그 아이가 히브리 아이임을 알면서도 모세를 키운다(출 2:5-10). 이는 마치 모세의 엄마 요게벳부터 히브리 산파, 미리암, 바로의 공주를 거쳐 다시 요게벳의 품에 안기기까지 여성들이 바통 터치하는 것처럼 이어진다.

애굽 왕 바로가 히브리 남자아이를 다 죽이라고 명령을 내린 상황에서 모세의 어미 요게벳이 석 달을 숨긴 일을 단지 자신의 아들을 살리고 싶어하는 어미의 심정이라고만 볼 수 있을까? 성경은 "그 여자가 임신하여 아들을 낳으니 그가 잘 생긴 것을 보고 석 달 동안 그를 숨겼으나"(출 2:2)에서 모세의 어머니 요게벳이 애굽의 바로 왕으로부터 이스라엘 민족을 구원하려는 하나님의 뜻과 비전을 직관적으로 깨달았음을 보여준다.

나 역시 아기를 낳아 키워본 여성이다 보니 시도 때도 없이 우는 아이를 석 달 동안 숨기는 행동은 생명을 건 신앙이 아니고서는 도저히 감당할 수 없는 일임을 안다.

초라하기 그지없었던 히브리 산파 십브라와 부아가 보이지 않는 하나님을 두려워하여 목숨을 내놓고 애굽 왕 바로의 명을 어기고 모세를 살린 것과 아울러 모세의 누이 미리암이 아이를 끝까지 좇아가 재빠르게 바로의 공주에게 유모를 제안한 행동은 뚜렷한 뜻과 목적을 갖고 행한 담대한 믿음의 행동이었다. 또한 히브리 노예의 아기임에도 불쌍히 여겨 자신의 아이로 키운 애굽 공주의 행동을 보면 동정녀 마리아가 죽음을 각오하고 아기 예수의 어머니가 되기로 한 헌신이 연상된다. 이러한 여성들의 영적인 민첩함과 측은지심, 그리고 죽음을 각오한 헌신을 사용하심으로써 그들의 배후에서 모세를 지켜내고 세우시는 하나님의 놀라운 섭리를 볼 수 있다. 예수가 십자가를 지실 때 남성 제자들은 다 도망갔지만 여성 제자들은 끝까지 함께하여 그리스도의 십자가와 부활의 증인이 되었던 일을 예표하는 듯 말이다.

이스라엘을 애굽에서 해방시킬 민족의 지도자 모세를 살리기 위한 하나님의 프로젝트를 영민하게 알아차리고 목숨을 걸고 행동한 여성들의 믿음은 그 시대의 남성들보다 주체적이고 독립적이며 헌신적이다. 오늘날 여성에게도 이런 멋진 믿음의 도전의식을 교회가 불어넣어 주기를 기대한다.

🍃 슬로브핫 딸들이 획득한 상속의 의미와 적용

슬로브핫의 딸들의 이름은 말라, 노아, 호글라, 밀가, 디르사다. 모세가 가나안 정복 후 각 지파에게 땅을 분배하였으나 므낫세의 현손 마길의 증손 길르앗의 손자 헤벨의 아들 슬로브핫은 아들이 없고 딸들만 있어 기업으로 땅을 분배받지 못할 처지였다. 가나안 땅의 분배 규정상(민 26:51-53) 딸에게는 상속권이 주어지지 않았기 때문이다. 슬로브핫의 딸들은 이를 받아들이지 않고 모세와 제사장 엘르아살과 족장들 앞에 나아가 자신들에게도 기업을 달라고 요청하였다. 아들이 없다는 이유로 아버지의 이름이 계보에서 삭제될 수 없다는 것과, 딸들이 결혼하게 되면 그 대가 끊어지기 때문이었다.

어찌하여 아들이 없다고 우리 아버지의 이름이 그의 종족 중에서 삭제되리이까 우리 아버지의 형제 중에서 우리에게 기업을 주소서
_ 민수기 27:4

모세는 슬로브핫 딸들의 사연을 무시하지 않고 하나님께로 가져갔는데, 하나님께서는 "슬로브핫 딸들의 말이 옳으니 너는 반드시 그들의 아버지의 형제 중에서 그들에게 기업을 주어 받게 하되 그들의 아버지의 기업을 그들에게 돌릴지니라"(민 27:7)라고 응답하셨다. 단 슬로브핫의 딸들은 그 기업 내의 남자와 결혼하도록 했다(민 36:6). 이로써 이스라엘 지파에 아들이 없을 때 딸에게 상속하는 판례가 제정된 것이다.

슬로브핫 딸들이 획득한 상속법 사건에서 오늘날 적용할 중요한 의미를 찾을 수 있다. 첫째, 슬로브핫 딸들의 당돌한 제안에 주목해야 한다. 그 당시 남자에게만 허락되었던 땅 분배를 포기하지 않고 모세를 위시한 족장과 제사장, 즉 남성 리더 앞에 당당히 나아가 여자라서 배제당하는 억울함을 호소하며 권익을 주장한 것이다. 용기 있고 도전적인 행동이 아닐 수 없다. 남성은 권리를 쟁취하는 게 당연한 반면, 여성은 자신의 권리를 포기하는 게 여성답다고 보는 가부장적 이데올로기에 길들여져 왔기 때문이다.

오늘날에도 여성은 자신의 권리를 포기함으로써 가족이나 공동체가

행복할 수 있다면 기꺼이 희생하도록 요구받는다. 남성이 신적 권위를 독점했던 이스라엘 사회를 감안할 때, 하나님과 직접 대면하는 모세 앞에 나아간 슬로브핫 딸들의 대담하고 당당한 모습은 지금 보아도 여전히 압권이다. 나는 슬로브핫의 딸들처럼 현대의 여성이 하나님으로부터 부여받은 여성의 권리와 은사와 소명을 교회 앞에서 당당히 요구하기를 간절히 바란다.

슬로브핫의 다섯 딸들이 한마음과 한뜻이 되어 모세에게 갔다는 사실 역시 많은 걸 시사한다. 오늘날 "여성의 적(敵)은 여성"이라는 말이 회자될 정도로, 여성 스스로 여성됨을 인식하는 문제의식이나 고뇌조차 정죄당하기도 한다. 이제는 여성이 하나님으로부터 부여받은 여성됨의 권리와 정체성을 회복하기 위해, 서로 한마음이 되어 교회에 요구할 필요가 있다. 모세 당시에 남자들만 취한 상속권을 슬로브핫 딸들이 당당하게 요구하여 얻어냈다면, 남녀평등과 인권을 중요시하는 21세기 현대 교회에서 여성 리더십을 주장하는 건 더더욱 당연한 것이 아닌가?

둘째, 모세가 보여준 온유하며 겸손한 리더십에 주목하게 된다. 슬로브핫 딸들의 사연을 들은 모세가 "여자들이 어디서 땅을 달라고 해!"라며 당장 거절할 수도 있었다. 하지만 모세는 남성적 신관(神觀)과 여성관에 매이지 않고 이 사건을 하나님께 가져가 여쭈었다. 과연 모세는 유연하고 온유한 지도자였으며, 자신만큼 하나님을 잘 아는 사람이 없다는 식으로 영적 교만에 사로잡히지 않은 겸손한 지도자였다.

오늘날 목사나 신학교수 가운데 아무리 영적으로 하나님을 많이 경험했다고 한들, 하나님의 얼굴을 대면한 모세만큼 하나님을 가까이한 사람은 아마 없을 것이다. 우리가 믿는 하나님의 원 형상이신 예수님도 온유하고 겸손하신 분이었는데(마 11:29), 왜 어떤 목사들은 자신이 대단한 '주의 종'이라고 착각하는지 모르겠다. 목사가 하나님을 안다고 하면서 교인을 무시하며 자기 뜻에 복종하라고 협박하는 건 교만하고 악한 행동이지 결코 신적 권위에서 나온 지도력이 아니다. 하나님께 부여받은 진정한 권위는 하나님 앞에 있는 모든 사람을 존중하여, 그들의 목소리를 듣고자 마음이 열린 자에게서 나오는 것이라고 믿는다. 모세의 겸손하고 열린 지도력을 통해 우리는 하나님의 공의로우심과 광대하심을 목도할 수 있다. 따라서 지도자는 자신이 믿는 하나님만 드러내는 자가 아니라, 자신의 믿음을 넘어서는 크신 하나님을 드러내는 사람이어야 한다.

셋째, 슬로브핫 딸들의 사연에 응답하신 것을 보면 하나님은 인간의 성 편견과 사회문화적 한계를 뛰어넘는 공의의 하나님이신 것을 알게 된다. 그 하나님이 여성의 하나님이란 사실을 오늘날에도 적용할 필요가 있다.

하나님은 "슬로브핫 딸들의 말이 옳다"고 말씀하셨다. 학자들은 '옳다'는 건 단순히 '그 말한 것이 맞다' 정도가 아니라 '그 말한 내용이 의롭다'라는 의미로서 슬로브핫 딸들의 주장이 하나님께 의롭다고 인정받은 것이다. 슬로브핫 딸들에게는 하나님께로부터 주어지는 복을 타인에게 빼앗기지 않으려는 거룩한 집념이 있었다. 이러한 집념을 가진 자에게 하나님은 항상 은혜로 다가와 의롭다고 인정하신다.

우리가 믿는 하나님이 성 편견과 사회문화적 한계를 뛰어넘는 공의롭고 은혜로우신 분이라면 여성의 역할에 무슨 차별이 있을 수 있겠는가. 현대 교회에서 여성 리더십을 인정하지 않는 건 '남녀질서'라는 가부장적 이데올로기 때문이지 성경적이지도 복음적이지도 않다. 교회 여성 리더십을 회복하려면 남녀관계에서 출발할 일이 아니다. 하나님 나라의 포괄성에 의한 종말론적 구원 공동체로서, 성령충만한 가운데 주님의 복음전파 사명을 감당하려는 목표에서 시작해야 한다. 하나님 이 부여한 소명과 은사를 교회가 여성 리더십의 실천적인 문제로서 다루어야겠다.

넷째, 딸도 상속권을 얻을 수 있다는 새로운 법이 생겨남으로써 향후 이스라엘에 '판결의 율례'가 된 것이다. 주님을 머리로 하는 현대 교회 공동체에서도 성별과 관계없이 동등하게 하나님 나라의 자녀로서 자유와 권리와 책임을 갖도록 교회법으로 규정할 필요가 있다. 우리나라 최고 규범인 대한민국 헌법은 여성의 인권을 확고히 보장하고 있다. 하물며 하나님 나라의 공동체인 교회헌법이 하나님의 딸인 여성에게 기본권조차 보장해주지 않는다는 건 세상 법보다 더 저급하고 불공평하며 성 차별적이라고 밝히는 꼴이 된다. 교회는 매슬로우(Abraham H. Maslow)가 말한 인간의 욕구 즉 생리적 욕구, 안전의 욕구, 소속의 욕구, 인정의 욕구, 자아실현의 욕구를 위해 남녀 불문하고 각자의 능력과 전문성에 따라 리더십을 발휘할 수 있도록 교회헌법을 개정해야 한다.

현재 대한예수교장로회 합동총회의 헌법은 남성은 '항존직', 여성은 '임시직'으로 나누어 남녀평등권을 침해하고 있다. 이러한 지나친 성 차별주의 때문에 교회 내 여성비하, 여성배제, 여성혐오가 빈번히 발생하고 있다. 깊이 반성해야 할 것이다.

12
여성 사사와 여성 선지자들

구약에서 기름부음을 받는 공적 직위는 왕, 선지자, 제사장이었다. 이스라엘 사회에서 여성은 여선지자(왕하 22:14)와 사사(삿 4:4) 그리고 비록 사악한 가해자 이지만 여왕으로서(왕하 11:3) 공직에 참여하였다. 단 여제사장이 없었던 이유에 대해 메리 에반스 같은 학자는 유대사회가 고대 근동아시아의 종교들이 여제사장을 두어 매춘행위를 한 것과 구별하기 위해서였으며, 생리와 출산을 부정한 것으로 보았기 때문에 여성이 제사장의 거룩한 직무를 감당하기란 어불성설이었다고 추측한다.

에반스는 구약성경에는 여성의 지위나 역할을 부정적으로 보게 하는 몇 가지 요소가 있다고 말한다. 구약 이스라엘의 가정은 남성 지도자를 중심으로 한 공동체였으며 모든 여성은 전적으로 남편과 아들에 의해 평가되었다는 것이다. 아내는 재산의 일부로 여겨 법적이나 경제적으로 권리를 행사하지 못했으며, 자식을 얻기 위한 수단으로 보거나, 언약의 외적 표시인 할례를 받지 않았다는 것이 여성에게 부정적인 요소로 작용했다고 밝힌다.

하지만 이스라엘 사회가 남성 중심이었음에도 공식적인 리더십을 행한 여성이 있었다. 미리암 선지자, 드보라 사사, 훌다 선지자가 그 예다. 이 여성들의 리더십은 어떠했을까?

🍃 출애굽의 첫 여성 선지자 미리암

한국교회에서 미리암은 동생 모세를 질투한 어리석은 누이라고 종종 부정적으로 묘사되어왔다. 일부 목사들은 구스 여인을 취한 모세를 책망하여 권위에 도전한 미리암이 나병이 걸린 사건을 '남성 목사에 대한 여성도의 복종 의무'로 설교하곤 한다. 그런데 미리암과 함께 모세를 비방한 아론은 왜 아무 일이 없었는지 질문해볼 수 있다. 아론도 이 일에 대해 하나님으로부터 진노를 얻었다고 고백했기에 그렇다(민 12:1-16). 이에 대해서는 아론이 맡고 있던 대제사장직은 나병과 같은 부정을 접해선 안 되었기 때문이라고 추측할 수 있다.

눈여겨 볼 것은 이러한 하나님의 진노에도 불구하고 여전히 미리암이 이스라엘의 선지자요 지도자였다는 것이다. 그 증거는 "미리암이 진영 밖에 이레 동안 갇혀 있었고 백성은 그를 다시 들어오게 하기까지 행진하지 아니하다가"(민 12:15)라는 말씀이다. 이는 백성이 그녀의 선지자 역할과 위치를 무시하지 않았다는 뜻 아니겠는가.

미리암은 동생 모세를 대담한 용기와 재치로 구원하였고, 바로의 공주에게 어머니 요게벳을 유모로 천거하였으며, 홍해를 건넌 후에 여인들을 이끌며 구약성경에서 가장 오래된 '구원의 노래'를 부른 여선지자다(출 15:20-21). 역대기 기자는 "아므람의 자녀는 아론과 모세와 미리암이요"라고 소개하였고(대상 6:3), 미가 선지자는 "내가 너를 애굽 땅에서 인도해내어 종 노릇 하는 집에서 속량하였고 모세와 아론과 미리암을 네 앞에 보냈느니라"라고 하여(미 6:4) 이스라엘의 구속사에서 미리암이 여성 지도자이며 선지자였음을 증거하고 있다. 이런 말씀을 그동안 왜 강조하지 않았던 걸까?

🍃 사사, 선지자, 보호자였던 드보라

이스라엘의 사사와 선지자의 직분은 종교적 신분인 동시에 리더로서의 성격이 강했다. 사사 드보라는 12명의 사사 가운데 유일한 여성이었으며 옷니엘, 에훗, 기드온, 입다, 삼손과 더불어 대(大)사사 중 한 명이었다.

그러나 학자들은 드보라가 사사인지 여부를 두고 끊임없이 논쟁해왔다. 칼빈은 "하나님께서 남자들을 부끄럽게 하기 위해 여선지자들을 세우셨다"라고 해석하여 구약시대에 활동했던 여성 리더를 그다지 인정하지 않으려는 의도를 보였다. 〈히브리서〉는 믿음의 사람을 열거하는 중에 드보라 대신 바락을 언급한다(히 11:32). 보수교단 신학자들은 〈히브리서〉에 드보라가 빠져 있는 것에 무게를 실어, 여자 사사는 '단회적인 예'일 뿐이라고 해석하여 여성의 역할을 배제하거나 축소한다.

하지만 드보라를 해석하려면 〈히브리서〉보다 구약성경 〈사사기〉 4-6장 본문을 먼저 살펴보아야 한다. 〈사사기〉 4장 4절에서 "랍비돗의 아내 여선지자 드보라가 이스라엘의 사사가 되었는데"라고 했고 바락은 드보라에게 전쟁에 함께 가달라고 요청하면서 의존하는 모습을 보였다(삿 4:8). 그런데 왜 굳이 〈히브리서〉 말씀에만 주목하는 걸까? 구약 인물에 대한 해석은 적어도 구약성경의 본문을 우선해야 한다.

드보라는 이스라엘 백성을 재판한 사사였으며 전쟁을 직접 명령하였다. 야엘이 시스라를 죽일 것이라고 예언하였으며, 여호와의 사자의 말을 빌어 축복과 저주를 하였고, '드보라의 노래'를 통해 하나님께서 직접 드보라를 감동시켜 자격을 부여한 선지자요 사사였다(삿 5장). 생각해보자. 하나님의 영이 임하여 사사가 세워졌다면, 드보라를 '단회적인 여성 사사'라고 단정짓기보다 남성 리더십이 우세한 시대에서도 여성을 사사로 세운 하나님의 뜻을 헤아리는 게 더 중요한 게 아닌가?

드보라는 "여호와여 주의 원수들은 다 이와 같이 망하게 하시고 주를 사랑하는 자들은 해가 힘 있게 돋음 같게 하시옵소서"라며 그녀의 노래를 마쳤고 이스라엘 땅은 "사십 년 동안 평온하였더라"라고 성경은 전한다(삿 5:31). 나는 이 말씀에서 답을 찾고 싶다. 하나님께서 여성 드보라를 이스라엘의 사사로 세우신 것은 남성을 부끄럽게 하려는 게 아니라, 당신의 백성을 살리기 위해 하나님의 영으로 그녀를 감동시켜 세우신 것이다. 그러니 드보라를 '단회적인 사사의 예'일 뿐이라고 무시해버리는 게 옳은가? 아니면 여성 리더십이 흔치 않았던 시대에 하나님께서 드보라를 세워 돌봄과 사랑이라는 모성적 리더십으로 이스라엘을 태평하게 이끌도록 한 사사요 여선지자였다고 말하는 게 더 옳은가?

🍃 요시야 시대 종교개혁의 문을 연 여선지자 훌다

성경은 훌다 선지자가 할하스의 손자 디과의 아들의 예복을 주관하는 살룸의 아내이며 예루살렘 둘째 구역에 살고 있었다고 소개한다.

> 이에 제사장 힐기야와 또 아히감과 악볼과 사반과 아사야가 여선지 훌다에게로 나아가니 그는 할하스의 손자 디과의 아들로서 예복을 주관하는 살룸의 아내라 예루살렘 둘째 구역에 거주하였더라 그들이 그와 더불어 말하매 _ 열왕기하 22:14

나는 요시야의 종교개혁이 여선지자 훌다로부터 시작된 혁명적인 사건이라고 생각한다. 여성 리더십을 인정하지 않는 보수교단의 암담한 현실에 부딪혀 고뇌하던 중 여선지자 훌다를 묵상하면서 문득 몇 가지 질문과 적용점이 떠올랐다. 내가 처한 현실을 과거 훌다의 시대에 비추어 본 것이다.

첫째, 예레미야, 스바냐, 하박국 같은 훌륭한 남성 선지자들이 왕성하게 활동하고 있던 시대에 요시야 왕은 왜 여선지자 훌다에게 하나님 말씀의 진정성을 물었을까? 요시야 왕은 어머니의 영향을 크게 받은 왕으로서 아마도 어머니를 통해 훌다를 잘 알고 있었을 것이다. 이에 그녀를 영적 조언자로 신뢰했다고 보는 학자들의 해석에서 답을 찾았다. 어려서 왕이 된 요시야는 어머니가 신뢰한 훌다 여선지자를 잘 알고 있었으며 어른이 되어서도 영적 조언자로 신뢰했을 것이다.

둘째, 남성 리더십이 강했던 이스라엘 사회에서 대제사장 힐기야를 비롯한 네 명의 남성 고위간부가 어떻게 여선지자를 찾아가 그 예언을 겸허히 받아들일 수 있었는지 궁금했다. 여성이 남성에게 종속되는 것이 일반적인 상황에서 남성 지도자들이 하나님이 훌다를 선지자로 세우셨음을 인정한 것은 대단히 놀라운 일이다. 이는 21세기의 교회에서도 여전히 불가능한 일처럼 보이기 때문이다. 이 질문에 대한 답은 질(Deborah Menken Gill)이 쓴 《성서적 전통에서 여성 선지자와 리더십》*The Female Prophets and Leadership in the Biblical Tradition*에서 찾았다.

구약성경의 저자는 요시야 왕 시대에 중대한 사명을 맡은 자가 여성이라 해도, 당시 지도자들이 그녀를 신뢰했다는 표현에 별로 놀라지 않은 것으로 보인다.

훌다를 세우신 하나님이 오늘도 여전히 우리의 하나님이라고 믿는다면, 그리고 당시 남성 지도자들이 그런 하나님의 뜻을 따라 훌다의 말을 경청했다면, 현대 교회에서 여성에게 침묵을 강요하며 여성의 소명과 은사를 묵살해버리는 게 올바른 처사인지 되묻고 싶어진다.

셋째, 여성 리더십이 흔치 않았던 그 시대에 훌다가 여성 선지자로서 정체성을 유지할 수 있었던 비결이 궁금했다. 훌다는 한 남편의 아내요 주부로서의 삶을 살면서, 요시야 왕 앞에서 하나님의 말씀을 선포하여 종교개혁의 문을 여는 영적 조언자요 안내자의 역할을 잘 감당해냈다.

그러자면 홀다는 평소 깊은 영성과 신실한 믿음을 유지하기 위해 기도하며 하나님의 음성을 듣고자 경건한 삶을 사는 데 힘썼을 것이다.

요시야 왕 시대에 여선지자가 남성 선지자처럼 신학교육을 받을 수 있었는지, 또는 랍비 라쉬의 해석처럼 여선지자 홀다가 장로들을 가르쳤는지에 대해서는 정확히 알 수 없다. 하지만 성경이 홀다가 살룸의 아내라고 언급하면서도 가정에서의 삶이 어떠했는지에 대해서 침묵했다는 건 홀다의 영성적 리더십을 더 부각시키려는 의도라고 해석할 수 있다.

내가 총신대학교에서 교회 여성 리더십을 주제로 박사논문을 쓰려고 하자 주위의 많은 사람이 말렸다. 당시나 지금이나 학교 분위기는 '여성'에 관련한 모든 연구를 '뜨거운 감자'로 여겼다. 이 일로 괜히 지도교수나 선후배에게 폐를 끼치는 건 아닌가 하여 의기소침해질 수밖에 없었다. 그때 여선지자 홀다에게 던져본 이 질문과 답이 나에게 강한 영감과 용기를 주었다. 시대가 아무리 여성에게 닫혀 있다 해도 하나님은 영적으로 신실하게 준비하고 도전하는 여성을 통해서 그분의 뜻을 이루시는 분임을 여선지자 홀다를 통해 보았기 때문이다. 나는 홀다를 통해 감동받아 울컥했던 경험을 지금도 잊지 못한다.

13
메시아 왕국을 이은 여인들

〈룻기〉는 구약성경에서 여성 이름으로 쓰인 두 권의 책 가운데 하나다. 룻은 원래 모압 여인으로 이방인이었지만, 남편이 죽자 시모 나오미를 따라 이스라엘 땅으로 이주해 아무런 사회적·가족적 보장도 없이 친척 보아스의 집에서 이삭줍기로 시모를 공양하였다. 그리고 이후 보아스와 결혼하여 다윗의 집을 세운 여인이 되었다.

이방여인 룻과 시모 나오미

룻을 보면 내 시어머니가 생전에 '룻과 같은 자부'가 되라고 요구했던 게 생각난다. 시모 입장에서 〈룻기〉를 본 것이었다. 며느리 입장에서 보면 시모 나오미가 아니었더라면 룻과 같은 자부도 나오지 않았을 텐데 말이다. 인간관계가 어느 한쪽이 일방적으로 양보하고 헌신한다고 가능할까? 그래서 주님께서는 "내 계명은 곧 내가 너희를 사랑한 것같이 너희도 서로 사랑하라"(요 15:12)라고 말씀하신 게 아닐까?

이방여인 룻이 시모 나오미와 남편 보아스에게 보여준 인애가 피폐하고 적막한 이스라엘 공동체를 믿음과 사랑의 공동체로 바꿀 수 있었다. 그런데 룻이 그렇게 할 수 있었던 배경에는 시모 나오미의 자비와 긍휼의 마음이 있었음을 헤아려보아야 한다. 그래야 성경에 나오는 인물을 잘 이해할 뿐만 아니라 인간관계에서도 중요한 통찰을 얻을 수 있으니 말이다.

하나님께서 이방여인 룻을 사용하셔서 다윗의 왕가를 일으켜 마침내 예수님의 족보에 오르게 한 일은 구원의 역사에 획기적이고 놀라운 사건이다. 우리는 지금 이런 하나님을 믿고 있는가?

🍃 현모양처, 지혜자, 예언자였던 한나

이스라엘 최초의 선지자인 사무엘의 어머니 한나는 예수님의 어머니 마리아와 비견된다(삼상 2:2-10; 눅 1:46-55). 그녀는 사라, 리브가, 라헬처럼 자식이 없는 고통 가운데 간절히 기도하며 심령을 쏟은 여인이었다. 그런데 한나를 본문으로 하는 설교는, 불임 여성에게 간절히 기도하라거나 혹은 한나를 현모양처의 모델로만 강조하고 있어 아쉬운 점이 많다.

당시 이스라엘 사회구조는 남편이 가정에서 지도력을 발휘하였으므로 아내는 남편에게 순종하며 좋은 어머니 역할만 감당해야 했다. 그럼에도 한나는 하나님 앞에 단독으로 나아가 기도했다. 게다가 남편의 허락 없이 아들을 서원하여 바치기도 했다. 이렇듯 한나는 적극적이며 주체적인 여성으로 묘사되고 있다. 또한 미래에 도래할 메시아 왕국이 어떤 나라가 될지 노래로 예언한 지혜로운 여선지자이기도 했다. 그렇기 때문에 남성 목사들이 한나와 같은 여성을 가정에서는 현모양처, 교회에서는 수종드는 역할로 한정하여 설교하는 게 안타깝다.

성경의 여성을 해석할 때 왜 하나님과 관련하여 보려고 하지 않을까? 오늘을 살아가는 교회 여성에게 한나를 하나님 앞에 단독으로 선 지혜자요 예언자로 설교한다면 얼마나 큰 은혜와 도전이 되겠는가?

〈에스더〉의 주인공은 모르드개가 아니다

에스더는 페르시아 왕 아하수에로의 왕후로 등장한다. 당시 흩어진 유다 민족(유대인)이 아각 족속 하만에 의해 전멸될 위기에 처했을 때, 하나님의 특별한 섭리로 왕후가 된 에스더는 민족을 위해 "규례를 어기고 왕에게 나아가리니 죽으면 죽으리이다"라고 결단하게 된다. 에스더가 왕의 부름 없이 왕에게 나아가는 건 목숨을 건 일이었다.

당신은 가서 수산에 있는 유다인을 다 모으고 나를 위하여 금식하되 밤 낮 삼 일을 먹지도 말고 마시지도 마소서 나도 나의 시녀와 더불어 이렇

게 금식한 후에 규례를 어기고 왕에게 나아가리니 죽으면 죽으리이다
_에스더 4:16

국가나 교회에서 힘 있는 자들의 행태를 보자. 요즘 위정자나 대형교회 목사 가운데 어느 누가 에스더처럼 국민과 교인을 위해 목숨을 거는가? "죽으면 죽으리라"는 말은 오늘날 교회에서 더 이상 남발할 말이 아닌 것 같다.

에스더의 "죽으면 죽으리이다"라는 신앙적 결단이 아니었다면 유대민족은 하만에게 다 멸절되었을 텐데, 어찌된 일인지 〈에스더〉를 본문으로 삼은 설교를 들을 때 에스더보다는 모르드개에 집중하는 설교를 더 많이 접해왔다. 물론 모르드개의 신앙적 절개와 사촌누이 에스더를 딸처럼 양육한 일은 훌륭하다. 하지만 에스더는 가부장적인 이스라엘 역사에서 성경에 등장하는 몇 안 되는 주요 여성 인물 중 하나다. 〈에스더〉의 주인공이 책제목처럼 에스더임에도 불구하고 모르드개에 집중하는 것은 너무 가부장적인 해석이다. 에스더 같은 여인이 하나님의 능력을 의지하여 민족을 구했을 뿐 아니라, 하나님 편에서 예언하고 행동한 지혜자요 예언자였다는 사실을 놓쳐 여성의 역할을 축소시킬 수 있기 때문이다. 차세대 여성들에게 성경의 신앙적 모델을 보여줄 기회를 놓치는 것 역시 안타깝다.

구약성경에서 리더십을 발휘한 여성의 수가 많지 않았고, 이스라엘 시대에 보편적으로 여성이 남성 중심 사회에 종속되어 있었다는 이유로 하나님께서 직접 세워 리더십을 발휘한 여성들을 무시하지 않았으면 좋겠다. 여성도 남성처럼 공히 하나님의 구원 섭리 가운데 각 시대마

다 필요한 때에 하나님 편에 서서 믿음과 헌신으로 중요한 역할과 리더십을 발휘했다. 그러므로 성경에 나오는 여성 인물을 그냥 지나치지 말고 꼼꼼하게 들여다볼 필요가 있다. 이들의 배후에서 은혜와 지혜를 베푸시며 자신을 계시하는 하나님을 좀 더 깊이 알도록 해주기 때문이다.

4부

여성의
눈으로
신약성경 읽기

14
복음서에
여성이 없었더라면

🍃 남자 없이 성령으로 잉태된 여자의 후손

중세 신학자 토마스 아퀴나스는 "예수는 왜 남성의 몸으로 오셨나?"라는 질문에 "하나님이 사람이 되려면 성을 가져야 하는데 남성이 더 강하고 완전하기 때문이며, 구속자의 역할은 여자의 위치로는 감당할 수 없기 때문"이라고 답하였다. 이런 아퀴나스의 관점에 '예수는 남성, 열두 사도 역시 남성'이라는 사실이 보태져 오늘날 남성만 리더십을 취하는 명분이 된 듯하다.

하지만 우리의 구주이신 예수 그리스도가 취한 남성성이 구원에 효력을 미치는 것과 상관이 없다는 건 누구나 알고 있다. 우선 예수님은 남자 없이 성령으로 잉태된 여자의 후손이다(마 1:18-20). 지구상에 태어난 모든 인간은 남자와 여자의 결합으로 태어난다. 오직 예수 그리스도

만이 남자 없이 성령으로 잉태된 유일한 인간이다.

사실 예수 그리스도가 다윗의 후손이라는 선언은 요셉보다는 실제적으로 어머니 마리아에게 적용된다고 보아야 한다. 이는 〈마태복음〉 1장 16절에 "야곱은 마리아의 남편 요셉을 낳았으니 마리아에게서 그리스도라 칭하는 예수가 나시니라"고 말씀하고 있기 때문이다. 성경은 마리아를 '예수의 어머니'라고 하는 반면 요셉을 '예수의 아버지'라고 표현하지 않고 '마리아의 남편'으로만 소개한다.

"그러므로 우리에게 큰 대제사장이 계시니 승천하신 이 곧 하나님의 아들 예수시라 우리가 믿는 도리를 굳게 잡을지어다"(히 4:14). 예수의 무흠성은 남자 없이 성령으로 잉태된 여자의 후손으로 흠 없으신 분이라는 데 있다. 그분은 인간이 당할 수 있는 모든 시험과 유혹을 받으셨음에도 죄가 하나도 없는 깨끗하고 완전한 인간이셨다. 더 이상 여자의 후손인 구원자 예수(창 3:15)를 남성의 우월성을 담보하는 분으로 오용하거나 남용하지 않았으면 좋겠다.

🍃 예수의 족보에 여성이 올라간 까닭?

〈마태복음〉 1장 1-17절에는 예수 그리스도의 족보가 나온다. 학자들은 마태가 유대 그리스도교적 전통에 뿌리를 둔 공동체를 염두에 두고 복음서를 저술했다고 말한다. 유대 그리스도교적 전통이라 함은 아무래도 1장 1절에 명시된 "아브라함과 다윗의 자손 예수 그리스도"라는 명제가 아닐까 싶다. 예수 그리스도는 믿음의 조상 아브라함과 하나님의 마음에 합한 유다 왕 다윗의 후손이다. 유대 그리스도교 전통 역시 아브라함과 다윗 왕가를 잇는 남성 후손의 명부에서 그 명맥과 명분을 찾고 싶을지도 모른다.

하지만 남성 후손의 이름이 나열되어야 할 그리스도의 족보에 몇 가지 이상한 점이 발견된다. 절대 들어가선 안 될 법한 여성의 이름이 등장하는 것이다. 다말, 라합, 룻, 우리아의 아내, 처녀 마리아다. 게다가 예수의 족보에 열거된 여성 중 다말과 기생 라합, 모압여인 룻은 유대인이 아니라 이방여인이다. 다말은 시부 유다를 속여 베레스를 낳았고, 라합는 전직(前職) 기생이었으며, 밧세바는 다윗이 우리아를 전쟁에서 죽게 한 후 동침하여 솔로몬을 출산했다. 예수의 족보에 죄와 흠의 결과로 태어난 이들이 나열된 것이다.

이렇게 부끄러운 역사에 하나님의 섭리가 있었다는 걸 보면 어리둥절하다. 이를 어떻게 이해할 수 있을까? 문득 〈이사야〉 55장 8-9절에 "이는 내 생각이 너희의 생각과 다르며 내 길은 너희의 길과 다름이니라 여호와의 말씀이니라 이는 하늘이 땅보다 높음같이 내 길은 너희의 길보다 높으며 내 생각은 너희의 생각보다 높음이니라"라는 말씀이 떠오른다.

아브라함과 다윗의 자손인 예수 그리스도의 족보는 아브라함과 다윗으로 이어지는 가부장적 유대 전통을 보여주려는 것이 아니다. 오히려 놀라운 복음 선포라고 보아야 할 것이다. 예수 안에서 남성과 여성이, 유대인과 이방인이, 그리고 거룩한 무리와 죄인이 함께 구원받는 하나님의 백성이요 하나라는 걸 말이다. 이것이야말로 그리스도의 복음이 아니고 무엇이랴!

🍃 남성 제자들이 없을 때 일어난 일들

사복음서는 마태, 마가, 누가, 요한이 기록하였다. 주님은 지상사역을 시작할 때 열두 제자를 따로 부르셨다. 이들의 역할과 임무는 주님의 지상사역에서 천국의 비밀을 목격하여 전달하는 증인이 되는 것이었다. 사복음서에는 남성 제자들에 의해서 예수의 생애와 지상사역, 선포하신 말씀이 기록되어 있다. 하지만 남성 제자들이 자리에 없었을 때 일어난 사건이 복음서에 기록된 것은 어찌된 일일까? 예수님의 성장을 지켜본 마리아와 우물가의 사마리아 여인, 부활을 목격한 여인들의 증언이 대표적 사례다.

나는 여성 신학자로서 성경을 기록한 자가 모두 남성이라는 사실에 만큼 의미를 두는 관점에 유감을 갖고 있다. 남성이 성경을 기록한 것도 중요한 일이지만, 온 세상의 주님이시요 그리스도이신 예수님을 만나 그분의 생애와 지상사역의 목격자로서 예수님을 전한 여성에 대해 아는 것도 그리스도의 복음을 이해하고 실천하는 데 대단히 중요한 의미를 갖는다고 생각해서다. 복음서를 기록한 것도 중요하지만 주님을 만나 주님이 어떤 분인지 알려준 최초의 전달자도 중요하다. 남성 제자들이 없던 상태에서 기록된 복음서의 사건을 분류하면 대표적인 것이 예수님의 생애와 십자가와 부활에 대한 여인들의 증언이다.

예수님은 서른 살 즈음에 천국복음을 전하기 위해 제자들을 부르셨다. 따라서 예수님의 서른 살 이전의 사건에 대한 정보는 사람과 사람 사이에서 듣고 전하는 과정이 개입되었다는 점을 간과해선 안 될 것이다. 예수님의 성육신과 유아, 유년, 청소년, 청년 시절의 생애를 목격한 증인으로서 그 시절의 이야기를 전해줄 수 있는 사람은 예수님의 어머니 '마리아'가 단연 독보적이다. 우리는 예수의 어머니 마리아를 통해 마리아와 가브리엘 천사의 수태고지(눅 1:26-56), 말구유에서 태어나신 일과 헤롯 왕이 예수를 죽이려고 한 일(마 2장), 사가랴와 엘리사벳 이야기, 시므온과 안나 선지자 이야기(눅 2장), 예루살렘 성전에서 예수님을 잃어버린 사건 등 유아시절(눅 2장)과 가나의 혼인잔치 이야기(요 2장)를 듣게 되었다.

예수의 어머니 마리아와 막달라 마리아 모두 남성 우월적인 유대사회의 편견과 무시에 매이지 않고, 성령의 은혜로 말미암아 하나님의 뜻과 섭리를 깨달아 복음의 증인으로서 사명을 감당한 온전한 여성 제자였다. 이제라도 어머니 마리아와 막달라 마리아를 비롯한 여성들이 그리스도의 복음사역의 시작인 성육신 탄생부터 성장기, 십자가와 부활, 지상명령, 승천, 오순절 성령충만에 이르기까지 증인이 된 온전한 제자들이었다고 제대로 알려주어야 하지 않을까? 여성도 주님을 따르는 자로서 주님의 복음에 멋지게 쓰임받으려면 시대의 편견에 안주하지 않아야 한다. 자유롭게 하는 진리를 믿고 당당히 도전하는 여성이 되어야겠다.

🍃 "너희와 너희 자녀를 위하여 울라"의 뜻은?

십자가를 지는 예수님을 따라가는 자들은 백성과 큰 무리의 여자들이었다. 백성은 구경꾼이었지만 많은 여자는 갈릴리부터 예루살렘까지

가슴 치고 슬피 울며 주님을 따라가 십자가의 증인이 되었다. 이때 예수님은 그들을 향해 "예루살렘의 딸들아 나를 위하여 울지 말고 너희와 너희 자녀를 위하여 울라"(눅 23:28)라고 말씀하셨다. 이 말씀의 의미는 무엇일까?

그 당시 처형될 자를 위해 공개적으로 애도하는 것은 금지되었다고 한다. 그럼에도 여인들이 울며 애도한 행동은 예수님에게 일어날 일에 대한 항의였다고 해석하기도 한다. 복음서 저자 중 여성에게 유독 관심을 보인 누가는 당시 천대받던 여성이 십자가의 증인이 되었음에 주목하여 하나님 나라가 가난하고 보잘것없는 자들의 것임을 '클로즈업'시키고 있다.

십 년 전 초등부 공과를 집필하기 위해 대한예수교장로회 총회 공과를 참고한 적이 있었다. 그 공과가 이 본문을 "예수님께서 자기의 슬픈 감정에만 사로잡혀 있는 여인들을 교정해주시는 것"이라고 해석한 것을 보고 마음이 언짢았다. 모든 인류의 죄를 대속하기 위해 십자가를 지러 가는 우주적이고 종말적인 순간에 주님께서 고작 여성들의 잘못된 감정을 바로잡고 계셨던 걸까? 주님의 말씀을 그 정도 수준으로 해석하는 게 어이없거니와, 남성 제자는 비겁하게 다 도망한 상황에서 십자가 고난의 증인으로서 슬퍼하며 주님을 따라가는 여성을 '자기의 슬픈 감정에만 사로잡힌 존재'로 본다는 게 참으로 어처구니없었다.

만일 그 여인들이 골고다로 향하시는 주님을 따라가지 않았더라면 우리는 예수님의 십자가 사건의 정황을 어떻게 알 수 있을까? 주님이 울지 말라고 말씀하신 의도를 왜 깊이 생각하지 않고, 주님을 여성들의 슬픈 감정이나 탓하며 교정하는 분으로 보는 걸까? 왜 주님의 말씀을 남성 중심으로 협소하게 해석하는 걸까?

학자들은 〈누가복음〉 23장 29절의 "보라 날이 이르면"을 이스라엘 백성이 그들의 메시아를 거절한 일로 말미암아 그 도시에 닥칠 끔찍한 운명의 날이라고 본다. 가깝게는 A.D. 70년에 일어닌 예루살렘의 함락이나 멀게는 악인에 대한 하나님의 징벌과 심판이 있는 마지막 날이라고 해석한다.

실제로 A.D. 70년에 로마 장군 디도(Titus)에 의해 예루살렘이 함락되었을 때 여자들과 아이들이 미처 도피하지 못해 많은 화를 입었다고 한다. 그날이 되면 오히려 수태하지 못하는 여인, 해산하지 못하는 여인의 배, 먹이지 못하는 여인의 젖이 복이 있다고 할 정도로 심판이 끔찍할 것을 전한다. 또한 산들이 자신들을 덮어주기를 원할 정도로 심판과 저주의 무서운 고통을 암시하고 있다.

그렇다면 "예루살렘의 딸들아 나를 위하여 울지 말고 너희와 너희 자녀를 위하여 울라"라는 말씀의 의미는 완전히 달라진다. 십자가를 지러 가는 극한의 상황에서도 예루살렘에 불어닥칠 사나운 운명을 미리 아신 주님이, 자신보다는 오히려 아무 죄 없는 여인들과 자녀들에게 미칠 고통스럽고 끔찍한 일을 염려하시며 긍휼히 여기시는 사랑의 표현이 아니고 무엇이겠는가!

나는 이렇게 말씀하시는 주님의 모습에서 겟세마네 동산에서 "내 마음이 매우 고민하여 죽게 되었으니"(마 26:38)라고 할 정도로 십자가를 지기 전부터 인간으로서 처절하게 고뇌하고 고통 속에 몸부림치셨던 주님의 모습이 '오버랩'되었다.

주님의 십자가는 어느 누구와도 나누거나 함께할 수 없고 철저히 홀로 감당해야 하는 고난이었다. 그런 극한의 순간에서도 슬피 울며 따라오는 여인과 순진무구한 자녀를 긍휼히 여기신 주님의 깊은 사랑에 울컥해진다.

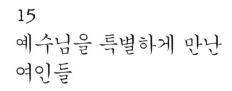

15
예수님을 특별하게 만난 여인들

예수님의 공생애 이후 남성 제자들이 부재
했던 상태에서 여성들에게 발생한 사건을
살펴보면 사마리아 여인과의 대화(요 4:3-26), 간음하다 붙잡힌 여인과
의 대화(요 8:1-11), 예수님의 십자가 사건과 첫 부활 사건(마 27-28장; 막
16장; 눅 24장; 요 20장)이 있다. 예수님이 사마리아 여인과 대화하실 때 제
자들은 양식을 사러 갔다. 다녀와서는 예수님이 사마리아 여인과 대화
하는 걸 이상히 여겼지만 감히 묻지 못했다고 요한은 전한다.

예수님이 사마리아 여인과 나눈 대화 내용은 제자들과도 나누지 않
았던 '영생', '예배', '메시아'와 같은 신학적으로 수준 높은 것이었다. 오
늘날 예배가 시작될 때, "하나님은 영이시니 예배하는 자가 영과 진리로
예배할지니라"(요 4:24)라는 말씀을 선포하곤 하는데, 이 말씀은 유대인
이 개 취급하는 사마리아인이자 남편을 다섯 번 이상 바꿔 살 정도로 기

구한 삶을 산 여인과 나눈 대화에서 나온 것이다. 남성 중심으로만 말씀을 본다면 어떻게 이를 설명할 수 있을까?

🍃 간음하다 붙잡힌 여인이 만난 예수님

간음하다 붙잡힌 여인과 대화(요 8:1-11)에서 남성 제자들이 없었다고 보는 이유는 "예수께서 일어나사 여자 외에 아무도 없는 것을 보시고"라는 말씀(요 8:10) 때문이다. 서기관과 바리새인은 '간음하다 붙잡힌 여인'을 데리고 와서 모세의 율법을 들먹이며 예수님을 궁지에 빠뜨리려고 했다. 하지만 예수님은 땅에 뭔가 쓰신 후 "너희 중에 죄 없는 자가 먼저 돌로 치라" 하시고 다시 몸을 굽혀 뭔가를 쓰셨다(요 8:6-8). 그런데 어찌된 일인지 어른부터 젊은이까지 모두 떠나가고 예수님과 간음한 여자만 남았다. 내가 이 사건을 중요하게 보는 이유는 주님께서 율법과의 관계에서 여성을 어떻게 보시는지, 그리고 죄인을 어떻게 다루시는지 알려주기 때문이다.

도대체 예수님은 땅에 뭐라고 쓰셨을까? 나는 간음하다 붙잡힌 여인을 빌미로 모세의 율법을 들이밀며 예수를 함정에 빠뜨리려는 서기관과 바리새인의 의도를 생각하면서 이런 상상을 해본다. 첫 번째 땅에 쓰신 내용(요 8:6)은 아마도 모세율법 중 〈신명기〉 22장의 간음에 대한 말씀이 아닐까 한다.

어떤 남자가 유부녀와 동침한 것이 드러나거든 그 동침한 남자와 그 여

자를 둘 다 죽여 이스라엘 중에 악을 제할지니라_신명기 22:22

예수님은 서기관과 바리새인이 모세의 율법을 들먹이면서 예수님을 함정에 빠뜨리려 했지만, 율법의 목적은 간음한 여자뿐 아니라 간음한 남자도 함께 죽여서 이스라엘 중에 악을 없애는 것임을 지적하셨으리라. 유대사회는 여성의 지위가 열등했고 이혼할 권리조차 없었기 때문에 여성이 대놓고 간음을 한다는 건 흔한 일이 아니었다. 어쨌든 예수님은 "너희 중에 죄 없는 자가 먼저 돌로 치라"라고 말씀하셨고 그 말을 들은 사람들은 자리를 떠났다. 그리고 10절에서 "여자여 너를 고발하던 그들이 어디 있느냐 너를 정죄한 자가 없느냐"라고 물으셨다. 그 말씀에서 나는 예수님이 땅에 두 번째로 쓰신(요 8:8) 어떤 글이 고소하는 자들의 양심에 큰 충격과 가책을 주었다는 단서를 얻게 된다.

사실 고발자들은 간음하다 붙잡힌 여인을 덫으로 사용하여 예수님을 고소하고 정죄하려 했다. 그런데 어른부터 젊은이까지 모두 성전을 빠져 나갔다면 쳐놓은 덫에 자신들이 걸려든 것이다. 간음하다가 서기관과 바리새인에게 붙잡혔으나 얼떨결에 끌려와 예수님을 만난 여인에게 예수님은 어떤 분으로 비쳐졌을까? 예수님은 모세 율법이 남자와 여자 모두에게 똑같이 적용되어야 함을 밝혀주심으로써 율법에 정통했던 서기관과 바리새인으로부터 자신을 구해주신 분이며, 자신의 죄를 용서하고 새로운 삶을 살도록 깨우쳐주신 분이었을 것이다.

기존의 설교는 이런 여성의 입장에서 보지 못하고 단지 죄인을 용서하신 주님만 강조하였다. 모세 율법은 강자와 남성이 약자와 여성에게 함부로 들이대라고 주신 법이 아니었다. 하나님의 백성 모두가 똑같이 지켜야 했던 율법이었다. 이 점을 헤아려본다면 본문을 통해 그리스도의 복음을 좀 더 실제적으로 깨달을 수 있을 것이다.

간혹 성범죄를 저지른 목사를 방어하기 위해 "너희 중에 죄 없는 자가 먼저 돌로 치라"는 말씀을 인용하는데, 이는 본문의 의도를 모르는 아전인수일 뿐이다. 이 말씀은 죄가 하나도 없으신 예수님만이 할 수 있는 말씀이다. 약자와 피해자를 가해자와 강자에게서 보호하기 위해 주님만이 하실 수 있는 말씀이란 걸 왜 모를까!

🍃 사마리아 여인과의 대화

주님께서 유대인이 개처럼 취급하는 사마리아 사람, 게다가 남편이 다섯 번 이상 바뀌었을 정도로 기구한 인생을 산 여인과 독대하여 대화하셨다(요 4:3-26). 단순한 대화가 아니라 신학적인 대화였다. 이는 유대사회에서 결코 용납될 수 없는 혁신적인 행동이었다. 유대 전통에서는 여성을 사악하다고 여겨 순진한 남성이 그 꼬임에 넘어가지 못하도록 여성을 만날 기회를 제한했고 집 밖에서는 아예 대화하지 못하도록 가르쳤기 때문이다. 탈무드가 "여자들과 많이 대화하지 말라. 그러면 결국엔 부정하게 될 것이다"라고 할 정도로 유대인 남성이 여성과 대화하는 일은 매우 부정한 일로 여겼다. 그렇기에 예수님이 사마리아 여인과 대화를 나누신 것은 당시 유대사회의 여성에 대한 고정관념을 깬 하나님의 현현사건이었다.

"이 때에 제자들이 돌아와서 예수께서 여자와 말씀하시는 것을 이상히 여겼으나 무엇을 구하시나이까 어찌하여 그와 말씀하시나이까 묻는 자가 없더라"(요 4:27)를 보면 당시 유대 남자가 집 밖에서 여자와 대화하는 게 얼마나 이상한 일이었는지 충분히 가늠할 수 있다. 이 말씀에서 '이상히 여겼다'의 헬라어 동사 원형인 '다우마조'는 '놀라다', '이상히 여기다'라는 뜻이다. '다우마조'가 어떨 때 사용되는지 바이블 웍스(Bible Works)로 살펴보면, 대부분 예수님의 이적과 기사를 통해 하나님의 현현을 드러내실 때 사용되었다(마 8:10, 27; 9:8, 33; 21:20; 27:14; 막 1:27; 5:20; 6:51; 10:32; 14:33; 15:5; 16:6, 14; 눅 1:21, 63; 7:9; 8:25; 11:14; 20:26; 24:12, 41; 요 5:20, 28; 7:15).

주님이 여인과 대화하는 걸 보고 깜짝 놀랐으나 감히 묻지 못했던 제자들의 반응은 주님께서 바람과 바다를 잔잔케 했던 기적과 말 못하는 귀신을 내쫓은 초자연적 역사를 보고 놀란 반응과 매우 흡사하다. 그러니 예수님이 집 밖에서 여인과 대화한 것은 유대 당시 고정관념과 편견을 초월하여 여성을 인격적인 존재로 본 복음이 아니고 무엇이겠는가!

어디 그뿐인가. 유대인이 상종하지 않던 사마리아인, 그중에서도 이웃과 소외된 삶을 살았던 여인과 더불어 제자들과도 나누지 않았던 '예배'에 대해 말씀하셨고 '영생', '생수', '메시아'로서 자신을 계시해주신 것은 하나님의 현현을 드러내신 복음이다. 예수님은 사마리아 여인에게 선지자이며 구주이기도 했지만, 그녀가 지금껏 만나본 적 없는 친절하고 따뜻한 인격적인 남자이기도 했을 것이다.

🍃 '좋은 편'을 택한 마리아

나는 40년 이상 신앙생활을 하면서 세 가지 큰 고민을 했다. 중고등학생 시절에는 핍박받으며 신앙을 갖는 과정 속에서 하나님에 대한 신앙적 의심이었고, 20대 때는 하나님 말씀과 학문 사이에서 갈등, 30대부터 지금까지는 교회의 여성으로서 "나는 누구이며 무엇을 해야 하는가"라는 고민이다.

〈누가복음〉 10장 38-42절의 마리아와 마르다 이야기를 보면 예수님이 여성을 어떻게 대우하셨는지를 알 수 있다. 유대사회의 여성은 토라(율법)를 배울 수 없었고 자신의 삶에 대한 선택권 없이 주어진 숙명에 따라 수동적으로 살아갈 수밖에 없었다. 《탈무드》에는 "토라의 말씀을 여자들에게 전할 바에는 차라리 불에 태워버려라"라고 기록되어 있다. 하지만 마리아와 마르다 이야기를 보면, 예수님은 유대사회의 통념을 깨고 여성과 교제하셨으며, 당시 랍비와 다르게 여성도 말씀을 들을 수 있는 권리를 확증하는 분으로 묘사되고 있다.

예수님을 집으로 초청하여 식사준비를 하느라 정신이 없었던 마르다는 동생 마리아가 자신을 도와주지 않고 주님 발아래 앉아 말씀을 듣고 있는 모습에 화가 났다. 그녀는 동생 마리아가 자신을 도와주도록 주님께 푸념 섞인 요청을 하였다. 그때 주님은 마르다에게 이렇게 말씀하셨다.

[41]마르다야 마르다야 네가 많은 일로 염려하고 근심하나 [42]몇 가지만 하든지 혹은 한 가지만이라도 족하니라 마리아는 이 좋은 편을 택하였으

마르다가 보기에는 마리아가 얄밉고 야속하게 느껴질 만하다. 가사와 교회 일에 분주했던 여성이라면 족히 이해되고도 남는다. 마리아보다 마르다에게 더 마음이 기우는 건 어쩌면 여성의 삶이 예나 지금이나 별반 달라지지 않았기 때문이리라.

이 말씀에서 주님이 마르다를 두 번 부르신 건 친근감의 표현이라고 봐도 좋을 듯하다. 주님은 머리 둘 곳 하나 없는 가난한 분이셨다. 그런 분에게 따뜻한 밥 한 끼 대접하려는 마르다의 마음을 우리 주님이 모르셨을 리 없다. 마르다는 유대사회가 요구하는 여성의 역할에 충실하면서 주님을 사랑한 여인이었던 것 같다. 하지만 마리아는 달랐다. 마리아는 언니의 분주함에는 개의치 않으면서 주님 발아래 앉아 말씀 듣기를 선택한 여인이었다. 그래서 학자들은 마리아를 '발아래 여인'이라고 부른다. 마리아는 오라비 나사로가 죽었을 때에도 주님 발 앞에 엎드렸고(요 11:32), 예수님이 십자가를 지시기 전에 지극히 비싼 향유를 주의 발에 붓기도 했다(요 12:3).

"마리아는 이 좋은 편을 택하였으니"(눅 10:42)라는 말씀 속에는 복음이 들어 있다. '좋은 편'(what is better)이란 무엇일까? 마르다의 행위가 '좋은'(good) 것이라면 마리아가 주님의 발아래 앉아 말씀을 듣기로 한 건 '더 좋은'(better) 행위다.

마리아는 주님의 발아래 앉아 무슨 말씀을 들었을까? 또 마리아는 무얼 빼앗기지 않는다는 것일까? 마리아가 주님으로부터 들은 말씀은 그녀가 비싼 향유를 예수의 발에 부어 장사를 준비한 행동과 깊은 관련이 있다(요 12:1-8). 마리아는 주님 발아래 앉아 유월절 어린양으로 오신 그리스도의 메시아 사역에 대한 말씀을 들었을 것이다. 그래서 유월절 엿새 전 장사할 날을 위해 귀한 향유 옥합을 예수의 발에 붓고 머리털로 발을 씻은 것이 아니겠는가.

마리아는 예수님의 메시아 직분의 진정한 성격을 이해한 제자였다. 비싼 향유를 가난한 자에게 주지 않는다고 책망하는 제자들을 향해, 주님께서는 "너희가 어찌하여 이 여자를 괴롭게 하느냐 그가 내게 좋은 일을 하였느니라"(마 26:10)라고 말씀하셨다. 또한 〈마태복음〉 26장 13절은 "내가 진실로 너희에게 이르노니 온 천하에 어디서든지 이 복음이 전파되는 곳에서는 이 여자가 행한 일도 말하여 그를 기억하리라"라고 말씀하셨다. 복음서에서 사람의 행위를 기념하라고 하신 건 '마리아의 향유 사건' 외에는 없는 것 같다. 이 얼마나 영광스러운 일인가!

유대사회의 여성에 대한 시대적 편견과 고정관념을 초월하여 여성을 자유롭고 주체성을 가진 존재로 보신 예수님의 여성관과 태도는 여성에게는 복음이다. 또한 이러한 주님의 말씀을 듣고 시대의 통념에 도전하면서, 주님을 인격적으로 믿고 사랑하여 주님의 장례를 위해 지극히 비싼 향유를 발에 부어 헌신한 마리아의 행위는 그리스도의 복음과 함께 전해질 '빼앗길 수 없는' 이야기다.

시대의 관습에 순응하기보다 저항하기란 얼마나 어려운가! 마리아는 친언니 마르다와 갈등을 겪어야 했고 예수님의 제자들로부터 책망을 들어야만 했다. 그러나 마리아가 보여준 모습은 시대의 편견과 통념의 물결에 그냥 쓸려가는 게 아니라, 거친 물결을 거슬러 오르는 살아 있는 물고기가 되라고 도전하는 듯하다.

🍃 한계에 도전한 가나안 여인

주님이 가나안 여인을 '개'로 취급하신 사건은 한계 없는 믿음을 보여주기 위한 '히든카드'였다(마 15:21-28).

세상을 살아가노라면 종종 한계에 부딪히게 된다. 때로는 부모가 없어서, 가정환경이 어려워서, 많이 못 배워서, 힘이 없어서, 머리가 좋지않아서, 여성이라서 등의 한계다. 나 역시 지금까지 무엇보다 여성이라는 한계 때문에 억울함과 서러움 속에서 좌절하고 절망한 적이 한두 번이 아니다. 그런데 한계에 도전한 가나안 여인의 믿음을 보고 큰 용기를 얻게 된다.

예수님은 페니키아 지역 끝에 위치한 두로와 시돈 지방으로 들어가셨다. 그런데 심하게 귀신들린 딸을 둔 가나안 여인이 예수님에게 나와서 자기 딸을 불쌍히 여겨달라고 소리 질렀다. 이상하게도 예수님은 대꾸조차 하지 않으셨다. 이에 제자들이 그 여인을 보내라고 하자, 예수님은 "이스라엘 집의 잃어버린 양 외에는 다른 데로 보내심을 받지 아니하였노라"(마 15:24)라고 냉정하게 말씀하셨다. 예수님의 이 말씀은 가나안 여인으로 하여금 자신이 유대인이 아닌 이방인이라는 한계를 충분히 느끼게 했을 것이다.

하지만 가나안 여인은 그 한계에 절망하지 않고 예수님께 절하며 "주여, 저를 도우소서"라고 간청한다. 이에 예수님은 "자녀의 떡을 취하여 개들에게 던짐이 마땅하지 아니하니라"(마 15:26)라고 다시 한 번 굴욕적인 말로 거절하신다. 이쯤 되면 '소문으로 들었던 예수님도 별다를 것 없는 유대 남자구나'라고 포기하지 않겠는가. 하지만 이 여인은 "주여

옳소이다마는 개들도 제 주인의 상에서 떨어지는 부스러기를 먹나이다"라고 말하면서, 자신을 개 취급한 예수님을 오히려 주인으로 여기며 부스러기라도 달라고 간청한다. 여기까지 보면 예수님은 참 몰인정한 유대 남자에 불과하고 가나안 여인은 포기할 줄 모르는 불굴의 여인으로 보인다.

그런데 지금까지 냉정해보였던 주님의 태도가 갑자기 바뀐다. 주님은 "여자여 네 믿음이 크도다 네 소원대로 되리라"(28절) 하며 가나안 여인의 믿음을 칭찬하신 것이다. 가나안 여인에게 믿음이 크다고 칭찬한 것이 주님의 본심이라면, 지금까지 보인 주님의 냉담한 모습은 우리에게 믿음이 무엇인지를 보여주는 '히든카드'가 아니었을까?

주님께서 칭찬하신 '큰 믿음'이라는 건 무엇일까? 이를 살펴보려면 예수님이 가나안 여인에게 보인 행동을 역으로 추적해볼 필요가 있다. 우선 예수님은 가나안 여인을 만나러 의도적으로 두로와 시돈 지방으로 가셨다. 그리고 예수님에 대한 강한 기대감에 대해 '이방여인 카드'라는 한계를 들이대며 시험하신 것 같다. 이방여인이 그래도 포기하지 않자 '개'로 취급하면서 '무시와 굴욕의 카드'로 다시 한 번 시험하셨다. 하지만 가나안 여인은 한계와 무시를 견디며 주님께 더욱더 간절히 청한다. 자신의 한계 때문에 경험하는 좌절과 절망, 그리고 원망을 뛰어넘어 전능하신 주님께 소원을 아뢰고 굳센 믿음으로 나아가는 것이야말로 진정 우리 주님이 기뻐하며 칭찬하시는 믿음임을 깨닫게 된다.

나는 40년 이상 신앙생활을 하고 총신대학원에서 신학학위를 마치고 교수 사역을 하는 동안 교회와 학교에서 들이대는 "여성이라서 안 된다"라는 고정관념과 차별에 말할 수 없는 억울함과 한계를 느껴왔다. 그러던 중 가나안 여인과 예수님의 대화를 깊이 묵상하면서 깨달았다.

'아! 여성이라고 무시하며 차별하는 교단과 신학교의 제재나 방침에 좌절하거나 포기할 필요가 없겠구나. 그건 남성이 여성을 보는 고정관념일 뿐이야'라고 말이다.

내가 믿는 주님은 남성이 나를 보는 고정관념과 편견, 교회조직과 신학, 정치와 행정을 동원하여 튼튼하게 쌓아올린 한계의 벽 뒤에 서계신 분이 아니다. 그 벽을 뛰어넘어 주님을 바라고 소원하는 믿음으로, 인격적인 도전으로 나아가기를 원하시는 분임을 나는 믿는다.

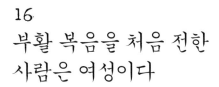

16
부활 복음을 처음 전한
사람은 여성이다

십자가와 부활을 빼놓고 그리스도의 복음을
말할 수 없다. 열두 제자는 주님의 공생애와
사역의 증인, 말씀의 전달자로 특별히 세움받았고, 무엇보다도 예수 그
리스도의 십자가와 부활의 증인이 되어야 했다.

🍃 부활의 첫 증인은 왜 여성이었나?

세계적 신약학자 도날드 거스리(Donald Guthrie)는 "그리스도의 부활
은 교회의 설립을 촉진시킨 결정적인 사건"이라고 했다. 그런데 예수의
부활을 처음으로 목격하여 부활의 소식을 제자에게 알리고 그 깊은 의
미를 깨우치게 하라고 위탁받은 사람은 여성인 막달라 마리아였다.

안식 후 첫날 일찍이 아직 어두울 때에 막달라 마리아가 무덤에 와서 돌이 무덤에서 옮겨진 것을 보고 _ 요한복음 20:1

당시 유대사회에서 여성은 오늘과 달리 증인이 될 수 없던 존재였다. 그렇다면 의문이 생긴다. 주님께서는 신적인 권위를 부여한 열두 제자 중 누군가에게 나타나 부활의 증인으로 세워야 했을 것이다. 그런데 어째서 증인으로서 아무 효력을 미치지 못하는 여성, 더구나 일곱 귀신 들렸을 정도로 비천한 삶을 살았던 막달라 마리아에게 나타나셨을까? 예수의 부활을 널리 알리기 위해서는 열두 제자에게 나타나시는 게 더 효과적일 텐데 말이다.

어떤 이들은 여성이 부활의 첫 증인이라는 사실에 동의하면서, 여성들이 주님께 보여준 사랑과 충성에 대한 주님의 보답이라고 해석한다. 그리스도의 복음에서 가장 중요한 절정의 사건이 십자가와 부활인데, 이 두 사건의 증인이 남성 제자가 아니라 여성이라는 사실을 인정하면 여성 안수의 길을 열어주게 될까봐 두려워서인지는 몰라도, 부활의 첫 증인이 여성이라는 사실을 '주님의 보답' 정도로 가볍게 해석하려는 인상이 짙다. 심지어 총신신대원의 S교수는 《기독론》이라는 책에서 "사복음서에는 부활의 첫 증인이 막달라 마리아로 되어 있지만, 기독교 전통으로 볼 때 수제자였던 베드로를 부활의 첫 증인으로서 간주한다"라고 썼다. 이는 성경에 분명히 기록된 사실을 수정하여 부활의 첫 증인을 남성으로 바꾸려는 억지이자 남성 중심의 무리한 해석이다.

부활의 첫 증인이 여성이냐 남성이냐, 여성에 대한 보답이냐 아니냐는 학자들의 논의를 떠나서 질문의 대상을 주님께로 돌려야 복음서가 말하려는 진정한 답을 얻을 수 있을 것이다. 왜 주님은 그 당시 하찮은 존재이며 증인도 될 수 없던 여성을 우주적이고 종말적인 그리스도의 부활의 첫 증인으로 삼으셨을까? 그리고 왜 막달라 마리아를 오히려 신적 권위를 지닌 열두 제자에게 부활을 전하는 전달자로 삼으셨을까? 유대사회에서 여성을 증인으로 세우면 부활 복음이 제대로 전해질 수 없으며, 3년 동안 주님을 따라다녔던 제자들이 증인도 될 수 없는 여성에게서 부활 소식을 듣는다면 믿지 않을 거라는 사실을 주님이 모르지 않으셨을 텐데 말이다.

끊임없이 질문하며 묵상한 끝에 "십자가의 증인이 되지 못한 자를 부활의 증인으로 세울 수 없다"는 답을 얻었다. 유대 가부장사회에서 예수님이 열두 사도를 모두 남성으로 세웠다 하더라도 십자가의 증인이 되지 못한 자를 부활의 첫 증인으로 세울 수는 없었을 게다. 주님 입장에서도 '아닌 것은 아닌 것'이었을 것이다.

부활의 첫 증인이 여성이라는 건 그리스도의 복음에서 남성 제자만 증인이 아니라는 사실을 보여준다고 생각한다. 이를 적용하면, 오늘날 일부 교단에서 여자라서 목사가 될 수 없다고 억지 부릴 게 아니다. 그리스도의 복음을 전하는 일에서도 이처럼 용납될 수 없는 게 무엇인지 살피는 게 더 급선무가 아니겠는가?

이 답을 얻고서 얼마나 기뻤는지 모른다. 성경을 보면서 끊임없이 고뇌했던 질문에 대한 답이었기에 더 그랬다. 강의할 때마다 학생들에게 "왜 부활의 증인을 여성으로 삼으셨을까?"라는 질문을 던지곤 하였는데 대답한 학생이 한 명도 없었다. 학생들이 내 답을 듣고서 고개를 끄떡일 때 뿌듯했다. 하나님은 성경을 읽으면서 끊임없이 묻고 탐구하며 문을 두드리는 자에게 깊은 영감과 지혜를 주시는 분임을 다시 한 번 깨달았다.

부활의 첫 증인을 여성으로 세우신 분은 온 세상의 구주이신 주님이다. 제자들은 모두 예수를 버리고 도망했지만(마 26:56), 여성들은 주님을 끝까지 따라가 십자가의 증인이 되었다. 열두 제자가 아무리 증인으로서 권위를 갖고 있다 해도, 부활한 주님은 십자가의 증인이 되지 못한 자를 부활의 첫 증인으로 삼으실 수 없었다. 그래서 막달라 마리아를 제자들에게 보내어 부활 소식을 전하는 전달자로 세우셨던 것이다.

🍃 제자들의 '믿음 없음'과 '완악함'을 꾸짖은 이유

부활하신 예수님이 안식 후 첫날 저녁에 제자들에게 나타나서 "너희에게 평강이 있을지어다"라고 말씀하시며 손과 옆구리를 보이실 때 제자들이 보고 기뻐했다는 말씀은 참 은혜롭다(요 20:19). 열두 제자 중 하나인 가룟 유다는 예수님을 팔아버렸고 제자들은 모두 도망치는 비겁한 모습을 보였음에도 불구하고 부활하신 주님은 여전히 제자들을 찾아와 평강을 주시는 분으로 자신을 계시하시니 말이다.

하지만 〈마가복음〉 16장을 보면 전혀 다른 장면이 나온다. 부활하신 주님은 막달라 마리아를 비롯한 여성들의 전한 말을 듣고도 믿지 않은 제자들을 향하여 '믿음 없음'(lack of faith)과 '마음이 완악함'(obstinacy)을 꾸짖으신다. '완악하다'라는 말은 구약성경에서 애굽 왕 바로에 대해 '마음이 강퍅하다'고 지적할 때 사용되어 하나님께 대한 거역과 불신앙을 표현하는 단어다(출 7:22; 삼상 6:6; 시 95:8). 예수님이 이혼에 관한 말씀에서 모세가 이혼을 허락한 까닭은 '남편 마음의 완악함' 때문이라고 할 때도 이 단어를 사용하셨다. 모세 당시는 이혼이 전적으로 남편의 의사에 좌우되던 시대였기에 예수님은 아내를 무시하며 함부로 취하고 버리는 남편의 완악함을 비판하신 것이다.

나는 제자들과 모세 시대 남편들의 완악함에 대한 말씀을 살펴보면서 부활하신 주님이 제자들에게 '믿음 없다'고 꾸짖으신 이유가 그들의 '마음의 완악함' 때문인 것을 깨닫게 되었다. 제자들이 예수의 부활을 믿지 못한 까닭은 부활 소식을 여성이 전했기 때문이며, 그것은 남성으로서 여성에 대한 관습적 우월감과 편견이 작동했기 때문이라고 보신 것이 아닐까. 그래서 주님께서 그 '완악함'을 질책하신 것 아닐까.

주님은 제자들에게 세 번에 걸쳐 직접 수난과 부활을 예고하셨다. 그리고 주님께서 이 대목에서 말씀하시는 '믿음'이란 직접 목격한 증인, 즉 여성의 말을 믿는 것이다. 그럼에도 불구하고 제자들은 부활을 목격한 증인이자 전달자가 '여성'이라는 이유 때문에 마음이 완악해져 주님의 부활을 믿지 못했던 것으로 보인다.

주님은 십자가와 부활의 첫 증인과 전달자로서 쓰임받은 여성들을 무시하는 사도들을 꾸짖으심으로 주님의 부활을 믿는 신앙에 남성적 우월감과 편견이 큰 장애가 된다는 것을 일깨우신 것이다. 특히 열한 사도에게 '마음이 완악하다'고 꾸짖으신 일이 주님의 부활 이후라는 점에 주목할 필요가 있다. 요컨대 부활하신 일의 증인이 여성이든 남성이든 성(性)을 불문하고, 주님의 부활을 목격한 자의 말을 믿지 않는 것이 불신앙이라는 걸 확정하신 것이다.

주님이 제자들을 꾸짖은 이 사건을 보면서 부활 이후에 세워질 교회 공동체에서 복음의 증인으로서 여성의 위치와 사명을 예견하게 된다. 하지만 오늘도 몇몇 교단에서는 여전히 복음의 증인으로서 여성의 위치와 역할을 축소시키고 있다. 대표적인 것이 '설교(강도)권'을 제한하는 것이다. 신학을 공부했다면 남녀 모두 복음을 설교할 수 있으며 하나님의 말씀을 전할 수 있어야 함에도 불구하고, 여성은 설교하면 안 되며 하더라도 아래 강대상에 세운다는 건 무슨 의미인가? 하나님 말씀의 권위가 여성이 전하면 떨어진다고 생각하는 것은 아닌가! 부활 소식을 전한 사람이 남자냐 여자냐가 중요한 것이 아니었듯, 설교하는 사람이 남성이나 여성이냐가 중요한 게 아니라 하나님 말씀의 권위가 중요한 게 아닌가.

여성의 부활 증언을 믿지 않은 제자에게 믿음 없고 완악하다고 꾸짖으신 주님께서, 오늘날 교회가 여성에게 설교를 못하게 하고 시키는 일이나 하라고 윽박지르는 모습을 보신다면 '믿음 없고 마음이 완악하다'고 꾸중하실 것만 같다.

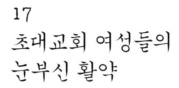

17
초대교회 여성들의
눈부신 활약

오늘날 사도 바울처럼 사랑받는 사도도 없
지만 동시에 교회에서 여성의 역할에 대해
수많은 오해와 논쟁을 불러일으킨 사도도 없을 것이다. 남학생에게 교
회에서 '여성' 하면 생각나는 성경구절을 들라고 하면 대부분 "여자는
교회에서 잠잠하라"(고전 14:34)를 꼽는다. 이 말을 때마다 암담했다. 이
정도가 목사 후보생이 갖고 있는 여성에 관한 성경말씀이라는 게 안타
까웠다.

사도 바울의 탓이라고 몰아붙이기에는 바울 입장에서 엄청 억울할
것 같다. 왜냐하면 바울의 선교사역에 동역했던 여성이 많았고 이들에
게 붙여진 칭호는 '여제자', '일꾼', '집사', '동역자', '예언자' 등으로서 이
들의 사역과 활약이 모두 리더십과 관련 있기 때문이다. 그랬던 바울이
"여자는 교회에서 잠잠하라"라고 말했다는 게 이상하지 않은가?

🌿 "여자는 교회에서 잠잠하라"는 말씀을 어떻게 해석해야 할까?

1934년 9월 평양에서 열린 장로회 총회 정치부는 "여자는 교회에서 잠잠하라"는 말씀을 근거 삼아 "여성은 교회에서 가르치지 말라"는 규정을 못 박았다. 이에 따라 오늘날 보수교단은 이를 '만고불변의 진리'로 삼아 여성이 설교하지 못하게 하고 있다.

인간을 창조하신 후 "정복하고 다스리라"(창 1:28) 하신 말씀의 의미는 만물을 '지배'(control) 또는 '정복'(conquer)하라는 뜻이 아니라 '돌봄'(caring)과 '문화'(culture)의 창의성을 가리킨다고 보는 게 칼빈의 입장이다. 하나님께서 남성보다 대화에 능하고 소통하는 존재인 여성이 교회에서 잠자코 말도 못하며 시키는 대로 하는 걸 기뻐하실까? 여성이 하나님을 찬양하며 하나님의 말씀을 마음껏 외쳐도 부족할 판에 왜 여성의 입을 막으려고 하는지 모르겠다.

나는 "여자는 교회에서 잠잠하라"가 무슨 뜻인지, 또 진리의 문제인지 아니면 문화의 문제인지를 가늠하기 위해 다음의 질문을 던져본다.

첫째, 여자도 언어를 지닌 존재로서 하나님을 찬양하기도 하고 기도도 해야 하며 대화하고 말씀도 전해야 하는데 "잠잠하라"고 하면 도대체 인간으로서 살지 말라는 말인가?

둘째, "교회에서는 잠잠하라"고 하면서 왜 여성이 교사, 교수, 성가대원, 선교사, 전도사를 하게 하는가? 설교와 목사만은 하지 말라는 뜻인가?

셋째, 이방인의 선교사로 부름받은 사도 바울이 유대인, 심지어 유대 기독인과 차별과 갈등을 겪은 후 복음과 율법을 논증하면서, 결국 유대인과 헬라인, 주인과 노예, 남성과 여성 모두가 주 안에서 하나임을 선포한 것(갈 3:28)은 어떻게 해석할 건가?

넷째, "잠잠하라"고 명하는 부류는 여자(고전 14:34)뿐 아니라 '방언으로 말하는 자'(고전 14:27-28)와 '예언하는 자'(고전 14:29-33)를 포함한다. 이들에게도 동일하게 말씀한 것인데 왜 여성에게만 잠잠하라고 하는 것인가?

다섯째, 바울 당시에 기록된 성경은 모세 율법이었고 신약성경은 아직 완성되지 않은 상태였는데, 성령충만을 입은 여성들도 예언과 방언에 가담하고 있었던 것에 대해서는 어떻게 말할 것인가?

여섯째, 바울은 "여자는 교회에서 잠잠하라"라고 명하고선 왜 여성 제자, 여성 사도, 여성 집사, 여성 선지자 등 여성 동역자들을 세웠는가?

'성경적'이라는 말처럼 다양한 의미를 내포한 단어도 없다. 모두 성경적이라고 말하지만 성경 해석은 정반대인 경우가 많기 때문이다. "여자는 교회에서 잠잠하라"는 말씀을 해석할 때는 문자 그대로 해석해서는 안 된다. 성경을 해석할 때는 성경에 기본적으로 흐르는 하나님의 뜻과 가치와 정신에 따라야 한다. 주님은 십일조에 대해 말씀하실 때 십일조의 유무보다 십일조에 담겨야 할 정의, 사랑, 신뢰의 정신을 더 중요하게 여기셨다(마 23:23).

바울이 "여자는 교회에서 잠잠하라"라고 말한 것은 오히려 그 당시 예배를 드릴 때 여성이 예언도 하고 방언도 했음을 입증하는 말이기도 하다. 고린도교회에는 예언과 방언하는 자 가운데 여성이 있었다(고전 11:5). 유니아, 뵈뵈, 브리스길라, 다비다 등이 사도, 집사, 동역자, 선지자, 교사로서의 역할을 감당했던 것으로 보인다. 그래서 바울이 "여자는 교회에서 잠잠하라"고 말한 의도가 "떠들지 말라"인지 "예언하지 말라"인지 또는 "교회에서 어떤 말도 하지 말라"는 뜻인지 성경 문맥상 정확히 밝힐 필요가 있다.

또한 바울 당시 오늘날과 같은 '목사' 직분은 없었다. 따라서 "교회에서 여자는 잠잠하라"는 말을 "설교하지 말라. 목사 하지 말라"고 해석한 것은 현대에 남성 목사 중심으로 직제가 이루어진 이후의 해석으로 보아야 한다. 바울은 여성에게 "설교하지 말라. 목사 하지 말라"고 말한 적이 없다.

나는 교회에서 여성의 입을 막기보다 오히려 여성의 입을 열어 마음껏 주의 은혜의 말씀과 사랑을 외치게 했으면 좋겠다. 여성이 말하지 못하게 하면 돌들이라도 소리칠지 모른다.

🍃 욥바의 여제자 다비다

바울과 동역했던 여성 중 다비다는 신약성경에서 유일하게 '여제자'로 거명된 여성이다(행 9:36). 다비다가 '여제자'라고 일컬어진 이유는 구체적으로 언급되지는 않았지만, 제자로서의 그녀의 행적을 유추하면 알 수 있다.

우선 다비다는 선행과 구제하는 일이 아주 많았다. 다비다가 병들어 죽었을 때 많은 과부가 베드로 곁에서 울며 다비다의 선행에 대한 고마운 마음을 표하였다. 이를 들은 베드로가 죽은 다비다를 하나님의 능력으로 살려 욥바의 많은 사람이 주님을 믿게 되었다. 다비다에 대한 일련의 기록에서 다비다가 어떤 성격의 제자인지 가늠할 수 있다. 다비다를 통해 두 가지의 추론이 가능하다.

첫째, 오순절 성령체험 이후 주님께서 말씀하신 대로(행 1:8) 남녀를 불문하고 복음을 위해 헌신하는 제자의 범위가 넓어졌다(행 6:7). 다비다가 '여제자'로 불린 것은 남성 제자의 범주를 넘어선 것이다.

둘째, 다비다는 제자도의 성격 가운데 하나인 섬김의 리더십을 실천해 많은 사람을 주께로 인도한 여제자였다. 제자 다비다가 보여준 섬김의 리더십은 바울의 선교사역에서 중요한 역할을 한 것이 분명하다.

오늘날은 설교와 목회를 우월한 리더십으로 보는 반면, 섬김과 봉사를 열등하고 종속적인 것으로 보는 경향이 있다. 남성은 설교와 목회를 하고 여성은 섬김과 봉사를 하는 게 성경적(?)이라고 보는 인식이 굳어져 있기 때문이다. 그러나 설교와 목회, 섬김과 봉사 모두 주님의 제자가 취해야 할 덕목이다. 현대 교회가 복음을 전하는 사명을 남녀 이분법적이며 우열을 가르는 역할로 구분하고 규정하다보니 오히려 더 경직되고 위계적이 되고 있다. 이를 깊이 성찰해야겠다.

🌿 유럽교회를 처음 설립한 루디아

최초로 유럽에 교회를 설립한 사람은 여성이었다. 사도 바울은 두 번째 선교여행 중 유럽 땅 빌립보에서 첫 제자를 얻는다. 사도 바울은 당시의 랍비처럼 여성을 멀리하지 않았으며 강가에 모여 있는 여성에게도 직접 전도하였다. 이때 전도를 받은 루디아는 온 가족을 바울에게 데리고 와서 복음을 듣고 세례를 받았다. 하나님은 바울을 통해 루디아를 회심시킨 후 유럽 최초의 교회를 세우셨다(행 16:15). 우리는 바울의 복음 선교를 통해 여성이 유럽지역의 교회 설립자가 된 일에 하나도 거리낌이 없음을 보게 된다. 이것은 초기 한국교회 전도부인의 역할과 흡사하다.

한국교회의 전도부인은 초기 외국 선교사들이 언어와 문화의 장벽으로 여성에게 직접 전도할 수 없는 어려움 때문에 등장하였다. 그리스도의 구원과 자유, 남녀평등을 외친 기독교 복음을 깨달은 전도부인들은 '남존여비', '남녀칠세부동석', '삼종지도' 등 유교 가부장 신분사회에서 남성 금지구역이던 '안방'에서 여성들을 만나 복음을 전하며 교회를 세웠다. 한국교회의 정착과 부흥을 일궈낸 복음전도의 일꾼이었던 것이다. 초대 기독교 역사나 한국교회 초기를 보면 어디서나 복음을 위한 여성의 순교와 헌신은 참으로 빛났다.

샤프(Rev. C. E. Sharp)는 초기 한국교회 태동기에 한국인이 회심하게 된 동기로 한국 사람들의 마음속에 있었던 '영적 갈급함'을 꼽았다. 선교 초기에 기독교 신앙에 끌린 사람 대부분이 천민과 여성이었고, 이들의 개종이 전도부인의 전도에 의한 것이었다는 점을 가장 두드러진 특징으로 꼽았다. 전도부인의 전도활동이 한국교회를 세우고 부흥시키는 데 주춧돌이었음을 입증하는 것이다. 한국교회가 성장하고 부흥한 과정에서 여성의 공헌을 모른 척해서는 안 될 일이다.

🍃 사도 바울의 여성 동역자 브리스길라

로마에서 쫓겨난 바울은 고린도에서 이탈리아 반도를 떠나온 아굴라와 그의 아내 브리스길라를 만난다(행 18:2). 바울과 함께 천막 만드는 일을 하는 동안 그들은 예수를 알게 되고 복음의 일꾼이 되어 고린도교회 설립에 관여하였다.

브리스길라와 아굴라는 바울과 함께 에베소로 갔고, 바울이 안디옥 교회로 돌아간 이후에도 계속 에베소에 머물며 교회의 지도자 역할을 감당하게 된다. 이때 성경에 능통한 아볼로를 데려다 하나님의 말씀을 가르치게 된다(행 18:24-26). 브리스길라와 아굴라 부부의 모든 행적을 빠짐없이 알 수는 없지만, 바울이 그들을 "그리스도 예수 안에서 나의 동역자들"이라고 부르며 "그들은 내 목숨을 위하여 자기들의 목까지도 내놓았나니 나뿐 아니라 이방인의 모든 교회도 그들에게 감사하느니라"(롬 16:4)라고 말한 것으로 볼 때 바울과 함께 복음에 헌신한 동역자임을 알 수 있다.

나는 성경에서 여자인 브리스길라의 이름이 남편 아굴라보다 먼저 언급된 것을(행 18:18; 롬 16:3) 신기하게 생각한다. 왜냐하면 현재 교회에서는 여자가 대통령이라면 몰라도 사회적 지위와 관계없이 남편 이름을 먼저 호명하기 때문이다. 하물며 바울 당시에는 여성이 지금보다 훨씬 열등하게 취급당했고 남편에게 종속된 위치였는데, 바울은 어떻게 여성인 브리스길라를 먼저 호명할 수 있었을까?

추측컨대 바울은 브리스길라를 자신과 버금가는 '동역자'로 보았으며, 남편인 아굴라보다 여러 면에서 재능이 많고 사람에게 인정받는 여성 지도자로 여겼을 것이다. 바울이 성(性)의 우열과 관계없이 지도력을 인정해주었다는 걸 오늘날 교회에도 적용하면 얼마나 좋을까?

🐟 겐그레아 교회 여집사 뵈뵈

사도 바울은 자신의 편지를 전달할 대변인으로 가장 적절한 일꾼 뵈뵈를 추천했다(롬 16:1). 또한 로마교회 성도가 적합한 예절로 그녀를 영접하여 필요한 모든 것을 공급하도록 권했다(롬 16:2). 바울은 로마교회가 뵈뵈를 소홀히 대접할까봐 세심한 주의를 기울인 것으로 보인다.

뵈뵈는 평범한 여성이라기보다 바울과 동역한 교회의 지도자였다. 1절에 나오는 '일꾼'(디아코노스)은 '종'(servant), '행정관'(administrator), '집사'(deacon)라는 뜻을 지니는데, 이는 〈사도행전〉 6장 1-7절에 나오는 스데반을 포함한 일곱 명이 나중에 공식적으로 '집사'로 불리게 된 것처럼 직분을 나타내는 단어다.

현재 개역한글 성경이나 개역개정 성경을 보면 뵈뵈를 교회의 일꾼이자 지도자격인 집사가 아니라 여전히 '자매'로 부르고 있는데 이는 매우 유감스런 번역이다.

유의해야 할 것은 바울 당시의 집사 호칭은 현재 교회에서 사용하는 집사 호칭과 전혀 다른 의미로 사용되었다는 점이다. 성경을 원어로 보면 바울서신에서 '일꾼'이나 '집사'로 거명된 사람은 바울 자신을 비롯해 디모데, 에바브라, 두기고, 아볼로 등 다양한데(행 18:27-28; 20:4; 엡 6:21; 골 1:7; 딤전 4:6), 이들은 복음과 교회를 위해 헌신적이며 적극적으로 사역했던 자들이었다. 스데반 집사의 경우만 봐도 그렇다. 그를 포함한 일곱 집사를 세울 때의 목적은 구제와 봉사였지만, 스데반이 설교한 것을 보면(행 7장), 아마도 사도나 장로에 버금가는 직책으로서 오늘날 목사와 같은 직분이었다고 볼 수 있기 때문이다.

뵈뵈 여집사를 생각하면 총신신대원에서 신약을 가르쳤던 고(故) 정훈택 교수가 생각난다. 그분은 내가 총신신대원을 다닐 무렵 '여성안수주의자'로 몰려 힘든 시절을 보낸 신약학 교수였는데, "우리가 '집사 뵈뵈'로 읽게 되면 여성이 교회의 지도자였다는 사실을 긍정하는 셈이 된다"라고 암묵적으로 말했다. 돌아가시기 한 달 전쯤 그분의 장모 장례식에서 나에게 힘내라고 말해주시던 모습이 문득문득 생각난다.

🍃 여성 사도 유니아

바울 사도가 〈로마서〉 16장에서 문안 인사를 하면서 언급한 인물 중에 가장 큰 의문이 제기되는 인물은 유니아다.

> 내 친척이요 나와 함께 갇혔던 안드로니고와 유니아에게 문안하라 그들은 사도들에게 존중히 여겨지고 또한 나보다 먼저 그리스도 안에 있는 자라 _로마서 16:7

이 말씀에서 유니아에 대해 두 가지 문제가 제기되는데 첫째, 유니아는 여성인가 남성인가? 둘째, "사도들에게 존중히 여겨지고"는 어떤 의

미인가 하는 것이다.

현재 사용 중인 헬라어 출판본은 성별에 대한 토론이 불가능하지만 대부분의 주석가는 〈로마서〉가 기록되었을 당시 유니아를 여성으로 알고 있었기에, 유니아가 여자냐 남자냐 하는 질문은 남성이 성직을 맡은 이후 제기된 신학적 문제로 보아야 한다고 말한다.

또 박윤선의 《로마서 주석》을 보면 유니아는 여성 사도로서 "사도들 중에 유명한 자다"라고 번역한 것을 지지하고 있다. '황금의 입'으로 알려진 크리소스톰은 유니아를 여성 사도로 보고 그녀를 높이 칭찬하였다. 이는 바울 사도가 비록 넓은 의미로 사용했지만 여성에게 사도란 명칭을 쓰고 있음을 놓쳐선 안 될 것이다.

이 구절의 헬라어 원문의 정확한 번역은 "그들은 사도들 가운데 뛰어난 사람들이었다"이다. 현대인 성경은 "그들은 사도들 가운데서도 뛰어난 사람들이며 나보다 먼저 그리스도인이 된 사람들입니다"라고 번역하였다.

〈사도행전〉에서 사도라는 칭호는 열한 사도와 가룟 유다 대신 선출된 맛디아, 누가와 바나바와 바울에게까지 사용되었다(행 14:1, 14). 바울 사도는 자신을 포함한 몇몇 사람을 '사도들'로 지칭하는 것(고전 4:9; 고후 8:23)으로 보아 좀 더 넓은 의미로 사용됨을 알 수 있다. 그러나 현재 개역한글 성경이나 개역개정 성경은 유니아가 여성 사도임을 밝히지 않는다. 사도 바울이 "여자는 교회에서 잠잠하라"고 말한 말씀만을 근거로 여성의 목사 직분을 제한하는 것은 아마도 그런 교회들이 한글로 번역된 성경만 보기 때문인지도 모른다.

하지만 바울의 선교사역에 동역한 유니아가 여성 사도였음을 제대로 가르친다면 교회는 여성의 소명과 은사를 통해 유익을 얻고 그 결과 복음이 더 진일보하리라 생각한다.

5부

기독 신앙과
성윤리

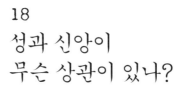

18
성과 신앙이
무슨 상관이 있나?

내가 보수교단에서 사역하고 강의하면서 내
린 결론은, 오늘날 보수 교회가 성에 대한 이
해가 부족하고 가부장적 사고가 지배적이어서 설교와 교육, 교리와 신
학, 교회법과 행정 가운데 바른 성윤리를 찾아보기 어렵게 되었다는 것
이다. 여성에 대한 최소한의 양심과 예의마저 사라진 지 오래다. 특히 하
나님의 부르심을 받아 양떼를 돌보아야 할 목사들이 여성을 차별하고
함부로 대하면서도 마치 '성경적으로 행동'을 하는 것처럼 으름장까지
놓는 모습을 쉽게 접할 수 있다.

요즘 들어 부쩍 내가 속한 교단과 학교에 대해 실망하는 일이 잦다.
성윤리 문제가 자주 불거지고 있기 때문이다. 사역의 최전방에서 남성
목사의 막강한 권력에 의한 교회 조직과 문화를 목격한 경험으로 볼 때,
그런 뉴스가 들려올 때마다 드러난 사건은 '빙산의 일각'일 거라고 생각

한다.

십여 년 전 제법 큰 교회에서 목사 비서와 초등부 사역을 감당할 당시, 담임목사가 여성도를 목양실로 은밀히 데리고 들어가도 누구 하나 말하지 못했다. 외부 손님이 오면 그 목사는 여전도사들을 불러들여 이렇게 말하곤 했다.

"우리 교회는 여전도사가 예쁘지 않으면 안 써요."

어느 날 용기내어 담임목사에게 말했다.

"목사님! 여전도사가 미모 자랑하려고 사역하나요? 그리고 여전도사가 접대부입니까?"

그날의 후유증은 만만치 않았다. 선임 여전도사들이 내게 혼자서 똑똑한 체하며 분위기 망쳤다고 한마디씩 했지만 나는 기죽지 않고 당당히 버텼다.

솔직히 말하자면 지금 교회에서 바른 성(性) 개념이 실종되어버렸다 해도 과언이 아닌 것 같다. 나는 우리가 믿고 있는 기독교 신앙의 범주 안에 성 의식이 부재한 것에 심각한 위기감을 느낀다. 어찌 보면 교회가 세상보다 더 성적 타락을 가속화시키는 '성의 사각지대'로 추락하고 있는지도 모른다.

🍃 성聖과 성性의 관계

성경을 보면 거룩과 관련하여 중요하게 언급되는 것이 성적(性的) 거룩이다(렘 3:2; 겔 16:15; 23:35; 43:9; 호 5:4; 롬 13:13; 고전 6:9, 13; 고후 12:21;

골 3:5; 살전 4:3; 벧후 2:7, 18). 십계명과 예수님의 산상수훈(마 5:28), 바울 서신에서 다루는 간음과 음란에 대한 경고, 〈요한계시록〉에 계시된 새 하늘과 새 땅에 들어갈 수 없는 자의 목록(계 22:15)에서 알 수 있는 것처럼, 성적 문란은 하나님의 성령이 거하시는 우리의 몸을 더럽히는 죄다. 그도 그럴 것이 성(sexuality)이란 생물학적·심리학적·사회문화적·영적으로 존재 전체에 깊숙이 관여하여 인간을 구성하는 차원의 것이기 때문이다. 성은 삶을 주기도 하지만 빼앗을 수도 있으며, 선물이기도 하지만 죄의 덫이 되어 타락으로 이끌 수도 있다.

특히 교회 지도자인 목사에게 성적 거룩함은 하나님을 섬기는 자로서 더할 나위 없이 중요한 요건이다. 그런데 개혁주의 전통을 계승한다는 합동교단의 평양노회와 총회는 성추행을 범한 J 목사를 공소시효 초과와 절차상의 이유를 들어 처벌하지 않았다. 이와 반대로 세계적으로 유명한 수학자로서 제자를 성추행한 서울대 K 교수는 교수직에서 파면되고 법에 의해 구속되었다. 성추행한 사람을 처리하는 방식을 보면 교회가 사회보다 얼마나 성윤리 수준이 현저히 낮은지 알 수 있다.

왜 목사들은 성직자라는 정체성에도 불구하고 성범죄자가 되고 있는가? 또한 교단은 성경에서 분명하게 단죄한 음행을 눈감아주는가? 이는 교회가 기독교 신앙의 정신과 거룩함에서 멀어졌으며, 성을 오용·남용·악용하는 데 용이한 권력구조와 체제를 갖춘 집단임을 시사한다고 말할 수 있다.

라인홀드 니버는 "집단적 성격은 양심과 윤리적이기보다는 정치적이고 권력의 비례에 의해 결정되며, 집단의 규모가 커질수록 공통된 정신과 목적을 유지하기가 어려워진다"라고 하였다. 또한 미셸 푸코는 "권력이란 쾌락을 생산하는 도구이며 성은 권력과 융합하여 사회 전반을 통제하는 핵심에너지로 이용된다"라고 하면서 권력과 성(性)의 관계에 대해 논하였다. 여성 신학자 리자 융(Lisa Jung)은 "남성의 죄책감을 '유혹하는 이브'에게로 돌려 여성에게 정신적으로 흡수시키고 있다"라는 성적 메커니즘에 대해 언급하였다.

현재 교회체제는 성이 인간성의 본질적 요소임을 간과한 채 남성 권력 중심의 왜곡된 성(性) 이데올로기가 교회 제도와 문화, 목회 행정과 활동 전반에 알게 모르게 작동하여 성적 타락을 방치하고 있다. 예를 들어 성범죄자인 담임목사가 인사권과 당회를 여전히 집행하는 제왕적 목회를 하는 경우가 있다. 또 교회 정치를 통해 성범죄를 저지른 남성 목사를 감싸며 담합하기도 한다. 노회는 성범죄자인 목사에게 축도권을 허용하여 면죄부를 주고 이로써 목사 집단의 도덕적 해이(moral hazard)를 초래하고 있다. 여성에게 성적 수치심과 혐오감을 주거나 침묵을 강조하는 성 차별적 설교, 성적 유혹에 무방비 상태로 행해지는 상담과 심방도 성적 타락을 방치하긴 마찬가지다.

🍃 성에 대한 신학적 연구가 필요하다

하나님께서 여성을 창조하신 이유가 고작 여성이 남성의 눈치나 보며 남성의 전유물이 되기 위해서일까? 기독교 신앙과 신학에서 성을 배제하면 힘을 갖고 있는 남성은 여성을 사유화하거나 객체화할 수 있다. 결과적으로 성 차별적이며 비윤리적 결과를 낳을 게 자명하다.

2천여 년의 교회사를 보면 성에 대한 신학적 연구와 기독교 신앙과 성의 관련성에 대한 논의가 없었던 것 같다. 하나님께서 왜 인간을 성적 존재로 만드셨는지 논의하지 않은 것이다. '남성은 성직, 여성은 하녀'로 이분화시켰으며, 영적 권위에 가탁(假託)하여 여성들을 꼼짝 못하게 하면서 침묵하며 복종하는 존재로 만든 것이다.

나는 현대 남성 목사의 타락은 하나님의 대리자로서 갖는 특권의식이 지나쳐 여성을 짓밟고 함부로 취한 결과라고 생각한다. 사복음서만 보아도 예수님은 바리새인과 사두개인이 특권을 누려 당시 여성을 포함한 사회적 약자를 함부로 대하는 모습을 가장 많이 비판하셨음을 알 수 있다. 예수님은 가장 낮은 데로 성육신하셨고, 머리 둘 곳 하나 없이 궁핍하고 가난하셨으며, 당시 특권층이 아닌 빈자·약자·여성·죄인의 친구셨음을 잊어서는 안 될 것이다.

한국교회가 성적 부패와 타락에서 벗어날 수 있는 길은 남성이 기득권을 버리고 하나님이 만드신 여성을 존중하며 인격적인 연합을 통해 주 안에서 하나 되는 길을 찾는 것이다. 주님의 양떼를 맡은 목사들은 예수님을 본받아 자기 욕심을 십자가에 못 박고 날마다 자기 십자가를 지고 주님을 따라가야 한다.

🍃 기독교 신앙과 성의 상관성

기독교 신앙과 성(性)이 상관이 있는 이유는 인간이 남성과 여성으로 창조된 존재이기 때문이다. 따라서 성을 종속의 개념으로 보거나 배제하는 신앙은 비윤리성과 비인간성을 양산할 뿐이다. 또한 기독교 신앙의 궁극적 목적은 하나님의 원형상이자 참 인간이신 예수님을 닮아 본래 하나님의 형상으로 회복되는 것, 즉 인간성 회복에 있기 때문이다.

기독교 신앙과 성의 상관성과 관련해 여성의 의견을 수렴하여 성경신학적·교회사적·실천신학적으로 재정립할 필요가 있다. 특히 실천신학의 제반 이론은 20세기 초에 만들어진 그대로 유지되고 있어 수정보완이 필요하다. 교회와 신학이 남녀평등이라는 시대 흐름과 성(性)의 필수적인 요소를 간과해왔다. 이제는 성과 관련한 교회헌법을 비롯해 기독교 교육, 교회교리, 성윤리, 신앙교육, 상담이론에 대한 수정과 보완 연구가 필요하다.

또한 교회에서 결혼과 이혼, 간통과 성추행, 성폭력과 동성애, 낙태와 관련된 성윤리의 주제를 여성 입장에서 재해석하여 교육하여야 한다. 성적 권력의 균형과 권력남용을 통제할 수 있는 제어장치를 마련하고, 교회 갱신 차원에서 목사의 성윤리 교육도 다시 이루어져야 한다. 지금은 목사의 성범죄를 목사의 개인윤리로 다루는 경향이 많으나, 앞으로는 성적 타락을 가속화시키는 교회 집단의 메커니즘 문제로 접근해야 한다. 이를 위해 교단 차원에서 성윤리위원회를 만들되, 반드시 여성을 위원장으로 세워 성추행, 성희롱, 성폭력 문제를 다루도록 해야 한다. 여성 스스로 성에 대한 자존감을 회복하고 성적 존재로서의 자긍심과 권리를 갖고 책임 있게 신앙생활을 할 수 있도록 도와야 할 것이다.

19
여성 신학자가 본
한국교회 성윤리

🍃 기독교 성윤리의 근거와 성격

기독교 성윤리는 인간이 성적 존재라는 전제에서 출발하는 인간 실존의 모든 차원에 대한 것이다. 성은 인간의 생명과 사랑이라는 가치와 밀접하게 연결된 육체적·정신적·영적 성격을 지니고 있다.

성적인 존재로서의 활동은 생명과 평화, 친교와 성령의 열매, 사회문화와 인류 발전에 기여하는 전인적 측면이 있다. 따라서 남녀로 이루어진 교회 공동체에서 성(性)을 바로 이해하고 성윤리를 지키는 일은 기본이자 필수적인 요소다.

기독교 성윤리의 범위는 결혼과 이혼, 가정폭력과 성폭력, 동성애, 임신, 동거, 낙태, 출산, 불륜 등 삶의 모든 국면을 포함한다. 그런데 안타깝게도 교회는 삶의 중요한 요소인 결혼과 이혼, 가정폭력, 성폭력, 임신,

낙태, 불륜 등의 문제를 공적으로 다루지 않고, 단순히 결혼제도를 통해 사적으로 이해하려는 경향을 보여왔다.

교회사를 보면 남성 교부와 신학자들은 하나님의 뜻과 형상으로 창조된 여성을 존중하고 이해하기보다는 남성 중심의 성 이해에 기초하여 여성을 차별적인 존재로 보면서 성윤리에 대해 침묵하거나 사적으로 다루어왔다.

나는 한국교회에서 특히 보수교단의 성윤리가 매우 빈약하고 심각한 상태라고 진단한다. 그 근거로 첫째, 교회에서 다루는 성윤리의 범주가 '동성애'에 불과할 정도로 성윤리에 대한 성경적 논의나 토론이 턱없이 부족한 실정이다. 교회헌법(특히 대한예수교장로회 합동총회 헌법)에도 성윤리에 대한 규범이나 성 문제에 대한 처벌조항이 없다.

둘째, 성경은 성추행이나 간통을 심각한 죄라고 지적하고 있음에도 교회의 성장과 유지를 위한다는 명목과 유능한 목사라는 이유로 성범죄를 저지른 목사를 감싸고 있다.

셋째, 성 비하, 성희롱, 성 역할 분업 등 설교에 성 차별적 내용이 많은 가운데 성 문제는 남성 목사와 남성 장로에 의해 처리되고 있다. 그 때문에 침묵을 요구받는 여성들은 보호받기는커녕 '성의 사각지대'로 내몰리고 있다.

성윤리에 대해 기독교 내 보수적이며 복음적 접근방식을 따르는 대표저자로 《성윤리학: 기독교적 관점》(살림, 2003)을 쓴 스탠리 그렌츠와 《성윤리학》The Ethics of Sex을 쓴 헬무트 틸리케가 있다. 하지만 이 두 학자 모두 오늘처럼 성 평등과 인권이 강조되는 시대의 중요한 의제(agenda)인 성희롱, 성추행, 강간과 같은 성폭력의 실제적이고 복잡한 문제는 다루지 않아 아쉬움이 남는다.

기독교 성윤리는 기독교 윤리의 근거가 예수님의 새 계명 "서로 사랑하라"를 지향하는 것과 마찬가지로(요 13:34), 다른 성(性)과의 관계에서 보여야 할 인격적인 예의 또는 규범이다. 남성과 여성은 서로에게 선, 사랑, 덕, 책임 등과 같은 인격적인 윤리를 따라 행동해야 한다.

나는 기독교인으로서 성윤리는 최소한 다음 네 가지의 성격을 지녀야 한다고 본다.

첫째, 기독교 성윤리는 파트너십을 지녀야 한다. 남성과 여성은 똑같은 동료로서 성적 자유와 권리와 책임을 공유해야 한다. "남성은 성적 욕구가 강하고 여성은 성적 욕구를 드러내면 안 된다"는 식의 이중 잣대는 남성의 편견일 뿐이다.

둘째, 기독교 성윤리는 종말론적 성격을 지녀야 한다. 교회는 예수 그리스도의 재림을 기다리는 종말론적 공동체로서 남녀 모두 하나님 나라의 가치인 정의, 평화, 사랑을 추구하는 삶의 윤리를 지녀야 한다. 남녀 친교 공동체인 교회는 하나님 나라를 이 땅에서 선취해 나가야 할 책임이 있기 때문이다.

셋째, 기독교 성윤리는 성령의 역동적 성격이 요구된다. 21세기의 성 문제를 해결하기 위해서는 남녀가 각각 자유로운 주체가 될 뿐 아니라 각자 육체의 소욕에 대한 치열한 싸움을 싸워 성령의 열매를 맺어야 한다(갈 5:22-23).

넷째, 기독교 성윤리는 상호 평등적 성격이 요구된다. 인간의 성은 상호보완과 동등성의 성격을 지니고 있으므로 차별이 아니라 평등한 규범이 필요하다(고전 11:11-12). 교회가 남성과 여성 서로 자유를 존중하면서 평등한 성적 권리와 책임 윤리를 정착시키도록 부단한 노력을 기울여야 하겠다.

🍃 성윤리에 대한 성경 해석의 중요성

여성의 입장에서 성경이 성윤리에 대해 어떻게 말씀하고 있는지 살펴보는 일은 대단히 중요한 작업이다. 왜냐하면 아브라함, 야곱과 같은 족장에게 나타나는 일부다처제, 〈레위기〉에 나타난 정결법(12장), 레위인의 첩에 관한 사건(삿 19장), 다윗의 밧세바와의 간통(삼하 11장), 암논이 다말을 강간하였음에도 다윗이 이를 무시한 사건(삼하 13장)을 보면 구약성경은 여성의 인권이나 성윤리에 그다지 관심이 없는 것처럼 보이기 때문이다.

성경에 나타난 성윤리를 해석할 때는 어떤 것을 규범으로 삼을지, 또는 당시 시대 상황 때문으로 이해할지, 그리고 여성을 부정적으로 보는 본문에 대한 해석과 오늘날 발생되는 성 문제를 어떻게 해석하고 적용할 것인지가 관건이다.

성경에는 하나님의 구원 섭리와 보편적 진리의 규범적 요소들이 있는 반면 가부장적 상황과 문화도 있음을 분별하여 현시대에 맞는 적실한 해석이 필요하다. 예를 들어 족장의 일부다처제는 하나님이 족장들에게 허용하신 게 아니라 가부장적 시대에 인간의 타락으로 인해 발생된 종교 문화적 상황 때문이라고 이해해야 한다. 만일 오늘날 "하나님은 남성 지도자에게 여러 명의 아내를 허락하셨다"라고 말한다면 얼마나 우스꽝스럽겠는가?

또한 다윗의 밧세바 간통사건(삼하 11장)과 암논의 다말 강간사건(삼하 13장)을 해석할 때는 성경이 성폭력에 대해 침묵한 것으로 보아서는 안 된다. 다윗과 암논이 저지른 일은 '하나님의 말씀을 업신여긴 악'이며, 이 때문에 다윗의 집에 칼과 재앙이 떠나지 않았다는 성경 저자의 의도를 간파할 수 있어야 한다(삼하 12:9-12; 삼하 13-19장). '여성혐오'의 기원이 된 〈레위기〉 12장을 많은 학자는 "여성이 남성보다 더 부정하다"는 식으로 해석하지만, 이는 정결이나 부정함에 대한 이스라엘의 제의적 문제로 보아야 한다. 왜냐하면 이스라엘의 제사법은 흘리는 피나 남자의 정액 등 병적인 배출과 몸에서 정상적으로 유출되는 모든 것을 부정한 것으로 여겼기 때문이다(레 15장). 여성의 생리에 대해서는 기독교뿐 아니라 유교, 불교, 이슬람교 등 거의 모든 종교가 부정하게 보고 있다. 여러 종교의 규범이 모두 남성의 관점으로 여성을 부정하게 보아 온 것이다.

나는 어릴 적에 엄마가 한숨을 내쉬며 "내가 무슨 죄가 많아 이 고생인가!"라고 한탄하는 모습을 종종 보았다. 엄마는 "여자는 태어날 때부터 죄인"이라는 생각으로 사셨던 것 같다. 보수교단의 총회장이던 L 목사가 "여자가 기저귀 차고 어딜 강단에 올라가?"라는 발언을 한 것도 이런 가부장적 사고에 매여 있기 때문 아닐까? 예수의 십자가 보혈을 믿는 자는 누구든지 정결함을 얻게 되는 복음을 믿는다면서도, 여성의 생리를 부정하게 보았던 이스라엘 시대의 제의적 규정을 오늘날 진리로 취해 여성을 부정하게 보는 건 남성의 잘못된 관점일 뿐이다. 만약 여성의 생리가 없다면 인류는 어떻게 번성할 수 있을까? 하나님은 "생육하고 번성하라"는 뜻을 이루고자 여성을 그분의 동역자로 세우신 게 아닌가!

　여성 신학자로서 성경에 나타난 성윤리의 성경적 근거와 관점은 이러하다. 하나님께서 자기의 형상대로 남성과 여성을 동등하게 창조하셨다(창 1:27; 2:21-24). 하나님은 인간이 타락한 이후 예수 그리스도를 통하여 인간을 실존의 모든 차원에서 구원하셨으며, 이는 성령의 은혜로운 활동을 통해서도 인간의 성적 측면을 포괄하고 계시는 것이라 믿는다. 성윤리는 종말론적 교회 공동체 실현을 위해 남녀 모두가 그리스도 안에서 창조, 다스림, 성령의 열매, 자유를 실천해 나갈 수 있다는 사실에 기초한다. 따라서 성윤리에 대한 성경적 근거는 단순한 문자적 해석보다 그리스도의 복음적 가치와 정신에 따라 해석되어야 한다.

　그리스도의 복음은 억압과 종속이 아니라 자유와 정의, 평화와 사랑과 교제다. 이러한 가치야말로 남성과 여성의 관계가 영적인 관계로 들어갈 수 있게 하는 인격적 가치다. 또한 십계명 중 제7계명(간음하지 말라), 예수님의 산상수훈(마 5:27-28), "서로 사랑하라"는 주님의 새 계명이 하나님의 형상으로서의 회복과 심판의 근거라는 점에서 볼 때(마 25:31-46) 성윤리는 남녀질서보다 우선하는 성경 해석의 원리가 되어야 한다. 또한 성경의 성윤리를 살필 때 여성의 입장과 경험과 통찰을 수렴하는 신학적 논의가 반드시 필요하다.

🪶 일부 목회자의 성 문제를 어떻게 보아야 할까?

　일부 목회자의 성 문제가 도를 넘어서고 있지만 남성이 결정권을 가진 교회 안에서 도무지 징계나 처벌이 이루어지지 않아 안타깝기만 하다. 2014년 국감 때 국회 안전행정위원회 박남춘 의원이 경찰청에서 제출받은 자료에 따르면, 최근 5년간(2010-2014) 강간과 성추행 범죄를 저지른 전문직 가운데 성직자가 1위를 기록했으며 그 가운데서도 목사가 1위를 차지했다는 보도가 있었다. 하나님의 부름을 받아 거룩한 직무를 수행해야 할 성직자(聖職者)가 어떻게 성범죄자가 되었을까?

나는 목회자의 성윤리 의식을 알아보기 위해 2011년 9월부터 2012년 4월까지 대한예수교장로회 합동교단 소속 목사와 총신대학교 대학원 과정(Th.M., Ph.D.)에 있는 목사 111명을 대상으로 설문조사를 했다. 첫 번째 설문은 목회자의 여성관이었다. 성경적 여성관, 성 정체성과 성 역할, 성 차별적 발언을 묻는 문항으로 구성하였다. 두 번째 설문은 목사에 의한 성 문제 처리과정을 보는 시각과 성윤리에 관한 설교의 빈도수를 묻는 것이었다. 세 번째 설문은 보수교단의 바람직한 성윤리를 위한 의견을 묻는 것이었다.

설문 결과, 연령과 학력과 관계없이 응답자의 97퍼센트가 남녀를 동등한 인격체로 보면서도 성 차별적 설교나 발언에 대한 문제의식이 다소 약함을 알게 되었다. 또한 목사의 성 문제가 빈번히 일어나는 이유를 묻는 질문에는 "남성이 성에 약하다"라고 답해 이중적 성윤리 잣대를 가진 것으로 나타났다. 대부분의 목사가 성윤리에 대해 거의 설교하지 않으며 성윤리 의식도 매우 낮은 것으로 조사되었다. 그나마 다행이었던 건 교회에 바람직한 성윤리의 정착을 바라고 있다는 점이었다.

목회자의 성 문제를 해결하려면 세 가지 측면에서 유의하여 살펴볼 필요가 있다.

첫째, '하나님의 종'이라는 권위를 갖고 있는 남성 목사에게 여성이 정신적·영적으로 의존하는 경향이 있으므로, 그런 여성이 남성 목사와 성적 종속관계에 빠질 가능성이 매우 높다는 것을 유의해야 한다. 여성 교인들이 리더인 목사 한 사람에게 쏟는 관심이 '목사 바라기'로 이어져, 여성 간에 시기와 질투를 유발하거나 심지어 목사를 성적 대상으로 유혹하는 여성이 생겨나기도 한다.

둘째, 목회자가 성 차별적 사고에 깊이 젖어 있거나 과거의 상처나 죄책감이 종교성으로 둔갑하여 자신을 포장하고 병리적 중독에 빠지지 않았는지 살펴야 한다. 그런 목회자일수록 성적으로 탈선하기 쉽기 때문이다. 남자로서 자존감이 낮거나 여성과의 관계, 특히 사모와 관계가 원만하지 않은 남성 목회자가 교인에게 추앙을 받으면 성적 문제가 발생할 수 있다. 감춰진 욕망에 대한 보상심리를 취하려고 주변 여성과 성적 타락에 빠질 수 있는 것이다. 또한 여성에 대한 보호막이 없는 교회 안에서 결정권을 상실한 여성들이 속수무책으로 병적 종교성에 빠진 목사에게 희생될 가능성이 높다.

셋째, 목회자의 성적 타락을 예방하거나 해결하려면 교회와 노회, 총회라는 교회 집단의 구조와 조직 권력의 측면에서 살펴보아야 한다. 개교회, 노회, 총회 조직의 수장과 정책 결정자는 모두 남성이다. 치부를 서로 봐주고 보호하는 일종의 '성범죄 은닉시스템'이 교회법, 정치, 행정, 설교, 교육, 상담과정 등을 통해 견고하게 작동할 수 있다.

성범죄를 저지른 목사가 교회나 교단을 옮기면서 자신의 성 문제를 교묘히 감추며 회피하는 일도 포착된다. 목사의 성 문제를 지적하면 "교회의 치부를 드러내서 뭐가 좋은가. 전도의 길도 막히고 가뜩이나 교인의 수가 줄어드는데 뭐가 좋다고 떠벌이느냐. 주의 종은 주님이 알아서 심판한다"라는 식으로 묵살한다. 하지만 일부라 하더라도 목사의 성 문제는 그냥 덮을 문제가 아니다. 덮으면 덮을수록 오히려 목사 당사자와 피해여성, 나아가 교회는 점점 헤어나올 수 없는 수렁으로 빠져버리게 된다.

🌿 악독한 누룩을 쫓아내라

그렇다면 목회자의 성 문제를 어떻게 해결해야 할까? 바울은 음행을 피하는 방편으로 결혼을 언급할 만큼 성 문제에 관심을 두었다. 간음한 자는 하나님 나라를 유업으로 받지 못한다고 하였다(고전 6:9). 또 음행한 자를 '악하고 악의에 찬 누룩'으로 여겨 쫓아내라고 하였다(고전 5:1-13). 〈히브리서〉에서는 "모든 사람은 결혼을 귀히 여기고 침소를 더럽히지 않게 하라 음행하는 자들과 간음하는 자들을 하나님이 심판하시리라"(히 13:4)라고 했다.

간통이 배우자 간의 문제일 뿐만 아니라 공동체를 더럽히는 '악독한 누룩'의 속성이 있음을 간과해선 안 되겠다. 목회자의 성윤리 의식은 단순히 목사 개인의 문제가 아니다. 목회자에 의해 발생되는 성 문제가 교회 공동체뿐 아니라 기독교 윤리에 얼마나 나쁜 영향을 미치는지, 거룩한 교회 공동체를 얼마나 타락시키고 피폐하게 만드는지를 반성하며 고민해야 할 것이다.

교회는 교회 안에서 간통이나 성추행, 성폭력을 저지른 성범죄자를 징계하여 하나님의 거룩하심을 드러내야 한다. 또 목사들이 권력을 이용해 성적인 죄에 빠지지 않도록 제재하며 견제할 수 있도록 교회와 노회와 총회 차원에서 관련 교회법을 제정하고 성 평등 문화가 조성되도록 변혁의 의지를 보여야 한다.

아울러 교회에서 사적 영역으로 치부하거나 무관심으로 일관했던 부부간의 성 문제뿐 아니라 성 차별, 성추행, 성희롱과 관련된 기독교 성윤리에 대해 설교나 세미나를 통해 교육해야 한다. 그렇게 함으로써 인간 안에 잠재된 성적 욕망의 숨겨진 정체를 인식시킴은 물론, 성적 욕망을 절제하기 위해 치열하게 싸워가는 일이 곧 성령을 좇아 믿음으로 살아가는 삶임을 공개적으로 가르칠 수 있다.

하나님이 만드신 성(性)은 인간에게 주신 선물이다. 성적 존재로 만드신 하나님의 선하신 뜻을 인간의 모든 삶 속에 적용할 수 있는 진리로서 펼쳐내어, 성적으로 건강한 개개인으로 세워주고 행복한 가정과 거룩한 교회 공동체를 이룰 뿐 아니라, 나아가 사회 속에서 빛과 소금이 되도록 힘써야 한다.

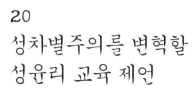

20
성차별주의를 변혁할
성윤리 교육 제언

오늘날 교회에서 가장 절실하고 시급한 건 성윤리다. 리처드 마우는 《무례한 기독교》 (IVP, 2014)에서 은혜, 친절, 인격, 대화를 통해 시민교양으로 성윤리에 접근해야 한다고 했다. 성에 대해 옳고 그름을 혼동하는 사회는 결코 건강한 공동체가 될 수 없다는 것이다. 실제로 교회 안의 기독인들이 교회 밖의 사람보다 성윤리 의식이 현저히 낮은 경우가 있다. 그 이유에는 기독교 교리가 남성성에 과도하게 치우치면서 왜곡된 탓이 없지 않다. 하나님께서 절대 권력자인 이스라엘 왕의 잘못된 행위를 견제하며 바로 잡기 위해 그분의 선지자를 보내신 것과 마찬가지로, 현대 교회에서 힘을 갖고 있으나 성에 대해 자유롭지 못한 지도자의 성에 대한 견제장치가 시급하다.

세상의 빛과 소금이 되는 교회를 추구하고 사랑과 거룩함, 정의와 평화, 인간됨과 연합이라는 하나님 나라의 가치를 추구한다면, 남성 중심의 권리나 조직과 남녀질서를 우선하기보다는 인간 존엄과 실존적 삶의 차원, 그리스도 복음의 실현을 위한 성윤리와 성 차별주의에 대해 그 어느 때보다 각성하고 변혁하려는 의지를 가져야겠다.

성 차별주의의 세 요소

성 차별주의에는 세 요소가 있다고 한다. 첫째, 여성에 대한 일반화된 적개심과 혐오감이다. 둘째, 여성은 남성보다 열등하다는 신념이다. 셋째, 여성과 거리를 두고 여성을 배제하는 차별적 행동이다.

성 차별주의를 양산한 직접적 원인은 뜻밖에도 종교와 철학이다. 동양의 공자는 여성의 가장 나쁜 다섯 가지 결점을 불순종, 불만족, 욕설, 질투, 어리석음이라 하였고, 인도의 《마누법전》은 여성의 삼종지도를 강조했다. 초대교부인 터툴리안은 여성 때문에 죽음의 형벌을 받는 것이며 여성은 악마의 출입구라고 말했다. 13세기의 아리스토텔레스와 토마스 아퀴나스는 여성은 남성보다 보잘것없는 능력을 지닌 질적으로 낮은 사생아라고 하였다. 성 제롬은 여성은 하수구 위에 세워진 성전이라고 말했다. 16세기 존 녹스는 최상의 완전한 여성은 남성에게 봉사하고 복종하는 여성이라고 강조했다. 17세기 청교도는 여성에게 '착한 여성'이라는 이데올로기를 주입함으로써 '나쁜 여성'을 탄압하였다.

얼마 전 강남역 공용화장실에서 신학생으로 알려진 남성이 화장실에 들어온 여성을 살해한 사건이 발생하면서 인터넷상에 그것이 '묻지마 살인'인지 아니면 '여성혐오 살인'인지에 대해 논란이 일었다. '여성혐오 살인'으로 보는 시선이 불편했는지 "일반화하지 말라"고 경고하는 남성이 있는가 하면, "남성으로서 젠더(성) 특권을 누리고 사는 강자가 생명과 성폭행의 위협을 느끼며 살아가는 약자인 여성을 이해하고 공감하자"는 남성도 있었다.

이에 대한 강남순 교수의 견해가 와 닿는다. 그녀는 이 사건을 경찰조사와 상관없이 '여성혐오 살인'이냐 '묻지마 살인'이냐 하는 양자택일로 보아서는 안 되며, 여성에 대한 적개심과 노골적인 비하, 배제, 증오는 단순히 살인과 폭력에 의해서만 아니라 은밀하고 부드러운 방식으로 내면화되어 나타난다고 지적했다. 또한 여성혐오는 남성뿐 아니라 가부장제 사회에서 교육받은 여성에게도 학습되어 다층적인 모습으로 표출된다고 했다.

여성혐오는 성 차별주의가 파생시킨 쌍생아다. 성 차별주의에 관한 교회는 사회보다 더 심각한 수준이다. 하나님 말씀의 권위에 가탁해 여성에 관련한 몇 군데 성경말씀을 들이대며 하나님의 딸들을 통제, 배제, 비하, 희롱하는 것은 물론 심지어 성추행이나 성폭력까지 저지르는 일부 기독인의 성윤리가 실종된 현실이 참으로 암담하기만 하다.

🍃 교회 성윤리를 바로 세울 실천법

교회의 공정하고 바람직한 성윤리를 위해서 몇 가지 실천적인 제언을 하고 싶다.

첫째, 성에 대한 인식 전환이 필요하다. 성을 인간의 본성과 전인성에 관련된 것이라는 인식 아래, 양성평등적인 사고전환을 위한 설교와 교육이 필요하다.

둘째, 기독교 진리와 현재의 상황을 연계할 수 있는 성윤리의 주제에 대한 성경 연구와 열린 논의가 있어야 한다. 성폭력, 성추행, 가정폭력, 낙태, 불륜, 동성애 등이 그 주제의 예다.

셋째, 신학교에서 여성 교수를 세워 양성평등 교육과 성윤리 교육을 필수과목으로 가르쳐야 하며, 목회자에게도 성윤리 교육을 다시 실시해야 한다.

넷째, 교회 내 성폭력 특별법 제정 및 윤리위원회를 설치하고, 교회헌법에 성윤리 규범과 성폭력 처벌규정을 구체적으로 마련해야 하며, 법제정과 윤리위원회에 반드시 여성이 함께해야 한다.

다섯째, 성 정체성과 성 역할을 강조하거나 성비하, 성희롱 내용을 담은 성 차별적 설교를 삼가야 한다.

여섯째, 여성의 신고정신이 필요하다. 지금까지 교회 여성에게 침묵과 순종을 강요해왔기에 피해를 당해도 개인의 문제로 여겨왔다. 하지만 그것이 오히려 목회자뿐 아니라 교회 공동체를 성적으로 타락시키는 결과를 낳았다. 교회 여성은 자신들의 성적 권리와 책임, 그리고 교회의 윤리적 순결을 위해서라도 수치심을 극복하고 신고하여 성 문제를 공적인 문제로 드러내야 한다.

일곱째, 교회 내 피해를 입은 교회 여성을 위한 쉼터와 상담소를 마련하여 치유와 회복을 지원해야 한다.

남녀 공동체인 교회가 성(性)과 성(聖)이 얼마나 밀접하게 연결되는

지 인식하여 목사와 교인 모두 성 이해와 성윤리에 대한 올바른 인식을 갖도록 노력했으면 하는 마음이 간절하다.

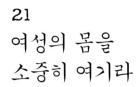

21
여성의 몸을
소중히 여기라

하나님은 인간을 남성과 여성이라는 성적인 존재로 만드셨다. 남성과 여성은 다른 육체를 갖고 있지만 각각의 성은 하나님의 형상을 반영하는 측면을 지니고 있다. 기독 심리학자 메리 스튜어트 반 르우벤(Mary Stewart van Leeuwen)은 "남녀 모두는 육체라는 틀 속에서 최소한 생식의 차이를 제외하곤 창조, 다스림, 사회성, 도덕적 선택, 성령의 열매 등 자유, 정의, 평화를 실천해 나갈 수 있다"고 말한 적 있는데 이에 동의한다.

그런데 여성을 지배해온 남성 중심의 인류 역사를 보면 여성의 몸을 폄하해 단지 자손을 낳아 번식하는 수단으로 취급해왔다. 여성을 창조하신 하나님을 믿는다면서 하나님의 섭리마저 외면한 셈이다. 영은 남성에 속한 신비한 영역으로, 육은 여성에 속한 열등하고 천한 것으로 보는 플라톤의 이원론과 영지주의의 영향이 가부장제와 연동되면서 교회에 자연스럽게 스며든 것 같다.

또한 현대에는 소비자본주의와 맞물려 여성의 몸매와 외모지상주의를 부추기는 '몸짱', '얼짱' 풍조 때문에 교회 안에서조차 여성의 몸이 남성 권력의 시선을 만족시켜주는 '기쁨조' 내지 '사물화'가 되어가는 인상이 강하다. "우리 교회 여전도사는 예뻐야 한다"라거나 "이 교회 성도가 내 성도인지 알아보려면 젊은 여집사에게 팬티를 내려보라고 해보라"라든지 "여자 몸매가 쭉쭉빵빵 해야지" 등 일부 목사의 성희롱 발언이 수위를 넘고 있음에도 교회 강단에서 여과 없이 남발되고 있다.

설교자가 남성인 교회에서 여성은 자신의 몸에 대해 존중받는 메시지나 몸으로 경험하는 성욕과 임신, 출산, 양육, 낙태, 갱년기 등과 관련해 복음적 위로나 소통을 거의 경험하지 못하고 있다. 여성이 몸으로 경험하는 실존적 삶과 경험은 교회가 말하는 신앙과 별개의 것처럼 치부되고 있다. 더구나 교회와 노회에서 이루어지는 각종 모임에서 여성이 남자 목사를 맞이하기 위한 접대에 동원되면서 마치 미인대회라도 참가하는 양 예쁘게 한복 차려입는 게 자연스러운 교회 풍경이 되어버렸다.

교회 여성도 세상의 영향을 받아 성형, 다이어트, 피부 관리, 화장, 미용, 헬스 등 몸 가꾸기와 외모에 집착함으로써 내적 아름다움을 놓치고 있는 건 아닌지 염려스럽다.

여성의 몸을 창조하신 하나님은 여성 스스로 몸을 소중히 여기길 원하신다고 믿는다. 간혹 자신의 욕구보다 남성의 욕구에 맞추어 사느라 엉망진창이 된 여성을 볼 때면 마음이 아프다. 또 하나님께 헌신한다는 명분으로 제 몸을 아끼지 않고 함부로 써서 나중에 병들어 고생하는 여성 사역자를 볼 때면 애잔해진다. 여성이 자신의 몸에 대한 권리를 갖고 소중히 다루는 일은 건강한 생활과 신앙, 그리고 몸의 부활을 믿는 신앙에도 아주 중요하다.

🌿 여성의 몸과 여성의 지혜

의학박사이자 심신의학자이며 자연치유자인 크리스티안 노스럽(Christian Northrup)은 《여성의 몸, 여성의 지혜》(한문화, 2000)라는 책을 통해 여성의 몸이 얼마나 소중한지와 몸의 지혜를 통해 육적·정신적·영적으로 건강하게 살 수 있음을 설파한다. 우리의 정신과 육체는 면역체계, 내분비체계, 신경체계를 통해 긴밀히 연결된 역동적인 에너지 시스템으로 이루어져 있으며, 식생활과 인간관계, 유전형질과 문화와 모든 요소의 상호작용에 영향을 받는다고 한다. 여성의 질병은 과거의 경험과 질병, 수치심과 억압, 죄책감과 섹스, 인간관계 등과 관련 있기 때문에, 여성 스스로 현재에 충실한 삶을 살아갈 때 몸이 최상의 치유효과를 거둔다고 하였다.

그러나 가부장 의식에 중독된 사회구조는 여성의 감정을 경멸하며 억제하도록 가르침으로써 여성의 의존성을 부추기고 있다. 감정을 쏟아내지 않으면 억압된 감정은 에너지를 고갈시켜 고통의 원인으로 발전된다. 여성들은 오랫동안 자신의 몸과 내면의 자아를 무시하며 살아왔기에 건강을 유지하려면 무엇보다도 진정한 정체성과 욕구를 드러내고 여성성을 회복하며, 여성 스스로 자신의 정체성을 규정할 수 있어야 한다고 노스럽은 조언한다. 나는 크리스티안 노스럽의 이와 같은 견해에 전적으로 동의한다.

여성의 몸은 남성 편이 아니라 여성의 편이라는 사실을 잊지 말자. 여성으로서 자신의 몸을 사랑하며 돌보지 않는 건 여성을 창조하신 하나님이 보시기에 직무유기다. 이 땅의 모든 여성이 가부장적 문화 속에서 무시되었던 여성의 감정과 직관, 그리고 몸의 소리에 귀 기울여 건강하고 행복한 여성이 되기를 바란다.

6부

기독 여성의
인생과 사랑

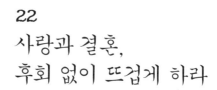

22

사랑과 결혼,
후회 없이 뜨겁게 하라

오늘날 사랑과 결혼에 대한 가치관은 다원적으로 변모하고 있다. 3포 시대, 5포 시대, 7포 시대(연애, 결혼, 출산, 인간관계, 내 집 마련, 희망, 꿈)라는 유행어는 녹록치 않는 세태를 반영하고 있다. 그럼에도 인간을 성적인 존재로 만드신 하나님의 의도는 선하다. 결혼을 통하지 않고선 남녀의 친밀감과 성적 쾌락, 부부의 대화와 낭만, 출산의 기쁨 같은 인생의 맛과 멋을 올바로 누릴 수 없다. 만일 인간에게 성과 사랑이 없다면 어떻게 되었을까?

🍃 사람 사랑과 하나님 사랑

사랑은 인간이 살아가기 위한 근본 에너지를 제공한다. 사랑은 육체적·정신적 교류를 통해 친밀한 인간관계를 이루며 인류역사 발전의 근본을 이루는 것이다. 에리히 프롬은 "사랑이란 기쁨, 흥미, 지식, 슬픔 등 자신 안에 살아 있는 모든 것을 상대방에게 표현하는 것은 물론 자기 생명까지 내어줌으로써 상대방의 감각을 강화하고 상대방의 생활을 풍요롭게 만든다. 그 속에서 자기가 살고 있음을 느끼는 것"이라고 정의했다.

보통 사랑의 유형을 남녀 간의 에로스, 부모의 사랑인 스톨게, 친구와의 우정을 상징하는 필레오, 하나님의 사랑인 아가페로 나눈다. 그런데 인간 사랑의 출발점이 에덴동산의 아담과 하와로부터 시작된 에로스였음을 외면하긴 어렵다. 차정식 교수는 "죽음과 소멸의 위협을 무릅쓰고서라도 헌신하려는 열정이 에로스의 밑자리에서 창조적 생명력을 공급하는 것처럼, 이를 하나님의 사랑에 대입해보면 그의 백성을 사랑하고자 한 치열한 열정이 다분히 에로스의 신학적 미학으로 수렴될 만하다"라고 말했다. 그는 에로스와 아가페가 어떻게 맞닿아 있는지를 간파한 것 같다. 에로스가 인간 사랑의 출발점이라면, 아가페는 인간 사랑의 목표이자 종착지다. 따라서 하나님이 우리를 사랑한 게 먼저이지만, 인간 입장에서는 남녀 간의 사랑의 체험을 통해 하나님의 사랑을 알아가고 받아들이게 된다.

통상 기독교의 핵심 계명을 말할 때 하나님 사랑이 먼저이고 인간 사랑이 다음이라고 한다. 그런데 내 경험상 하나님을 사랑한다고 말하는 독신의 기독 여성들이 나르시시즘에 빠져 이웃 사랑에 둔감한 걸 종종 본다. 내가 그들에게 누군가를 반드시 사랑해보라고 권면하는 이유도 여기에 있다. 사람을 사랑해보지 않으면 하나님을 사랑하기도 어려워 보이기 때문이다.

누구와 어떻게 결혼할 것인가?

　결혼에는 배우자 선택(who)의 문제, 결혼 시기(when)의 문제, 결혼하는 이유(why), 결혼의 방식(how) 등 많은 논의가 있을 수 있다. 그중 누구와 결혼하느냐의 문제는 단연코 핵심이겠다. 통상 남자는 자기가 좋아하는 여자와 결혼해야 행복하고, 여자는 자기를 좋아해주는 남자와 결혼해야 행복하다는 말이 있다. 남자와 여자의 이런 결혼 성향은 어느 정도 일리가 있어 보인다. 아마도 남성은 독립지향성과 성취지향성으로 인해 사랑을 쟁취한다고 생각하는 반면, 여성은 관계지향성으로 사랑을 갈구하여 사랑받는 게 행복하다고 생각하지 싶다.

　나는 짝을 찾는 기독 여성에게 신앙도 중요하지만 인간성을 먼저 볼 것을 권하고 싶다. 나쁜 신앙을 가진 사람이 좋은 인간성을 가질 확률은 낮지만 인간성이 좋은 사람이 좋은 신앙을 가질 확률은 높다. 얼마 전 한 남성이 어느 여성을 "하나님이 정해준 배우자"라면서 12년 동안 스토커처럼 따라다녔다는 기사를 보았다. 그 남성은 "같이 살든지 죽든지 선택해라. 너는 내 아내다"라는 문자 메시지를 보내는가 하면 집에 찾아가 초인종을 누르고 계단에 앉아 기다리기를 반복하다가 결국 법의 판결을 받았다고 한다. 교회 여성들이 이런 스토커 같은 남자의 협박에 휘둘릴 필요가 없다. 결혼은 자발적인 사랑으로 하는 것이지 한쪽의 일방적 강요에 의해 이루어지는 게 아니기 때문이다.

　성경을 보면 리브가는 신부감을 찾으러 왔다는 아브라함의 노종 엘리에셀의 말을 듣고 집으로 안내하여, 기꺼이 이삭의 아내가 될 것을 가족에게 알린다. 나는 리브가가 자신의 결혼에 대해 즐겁고 자발적으로 선택하는 모습이 하나님의 섭리와 어떻게 맞물려 있는지 깨달을 수 있었다(창 24장). 하나님의 결혼에 대한 섭리는 서로를 향한 불붙는 사랑의 마음을 통해 이루어지는 것이라 믿는다. 하지만 사람 마음대로 안 되는 게 연애다. 내가 누군가를 아무리 좋아한다 한들 상대방이 나를 좋아하지 않으면 사랑이 이루어질 수 없으니 말이다.

인류의 반인 남성 가운데 오직 한 남자만을 사랑하고, 인류의 반인 여성 중에서 오직 한 여자만을 사랑한다는 건 기적 중 기적이 아닐 수 없다. 그래서 누군가와 사랑에 빠졌다면 후회 없이 뜨겁게 사랑하라고 조언하고 싶다. 사랑은 선험적인 것이라기보다는 경험과 학습에 의한 것이라고 한다. 완벽한 상대를 원하거나 완벽한 사랑을 추구하는 사람은 오히려 사랑하기 어렵다. 실연의 상처가 마음에 남아 평생 누군가를 다시 사랑하지 못하는 사람도 있다. 완벽을 추구하거나 자신의 경험을 지나치게 일반화시키는 사랑은 자신뿐 아니라 타인에게도 씻을 수 없는 상처를 입힌다.

어떤 이는 사랑의 본질은 사랑하는 대상에게 있는 게 아니라 사랑의 주체인 나 자신의 능력에 달려 있다고 충고하기도 한다. 그래서 진정한 사랑은 자신부터 사랑할 줄 아는 사람이 아닌가 한다. 결혼이란 서로의 결핍을 메워주고 장단점을 조화시켜 나가는 하나됨의 과정 속에서 인간의 성숙을 경험하는 것으로서, 하나님이 주신 놀라운 선물이다. 사랑의 위대함은 상대방의 단점도 장점으로 바꾸는 게 아닐까.

코메니우스가 "인간은 잘 태어나고, 잘 살고, 잘 죽어야 한다"라고 한 말에서 결혼에 대한 소중한 지혜를 얻을 수 있다. 잘 살고 잘 죽는 건 내 책임이라고 할 수 있겠지만, 인간이 잘 태어나는 건 내 책임이 아니라 부모의 책임이라는 엄숙한 선언으로 다가온다. 인간이라면 누구나 잘 태어나고 싶어한다. 나도 딸을 귀하게 여기는 부모에게서 태어났더라면 얼마나 좋았을까 하는 생각을 많이 했다. 인간이 잘 태어나려면 결혼하여 아기를 낳기 전에 좋은 부모로서 잘 준비되어야 한다는 인격적 책임이 선행되어야 한다.

오늘날 결혼의 의미를 상실한 젊은이들이 동거하는 경우가 날로 증가하고 있어 안타깝다. 결혼해서 살 집을 마련하기도 힘들고 아기 낳기도 힘드니 쿨하게 만나서 살다가 싫으면 헤어지는 게 부담도 덜 되고 상처도 덜 받을 수 있다는 사고다. 특히 여성은 결혼하면 임신과 출산, 양육의 부담과 이에 따른 직장과 가사에 대한 부담도 만만치 않고, 고부간의 갈등 속에서 자신의 정체성이 상실되는 박탈감도 상당한 편이다. 아직 우리 사회는 가부장적 사고가 팽배해서 여전히 결혼한 여성을 '주부'라고 생각하는 경향이 강해 여성들이 결혼을 꺼리는 것도 무리는 아니다.

그럼에도 여성에게 동거보다 결혼을 권하고 싶다. 왜냐하면 성 관계는 생명의 탄생과 더불어 인간성과 결부되는 중대한 문제이기 때문이다. 여성 스스로 자신의 몸을 존중하고 귀하게 여겨, 아무리 사랑에 의한 성적 행위라 할지라도 자신의 몸 안에 생명이 잉태될 수 있다는 성적 권리와 책임을 지녀야 할 것이다.

성은 하나님이 주신 선물이다. 성이 아니면 인간이 어디서 사랑을 알고 경험할 수 있으며 하나님을 사랑할 수 있을까. 에덴동산에서 아담이 하와를 보자마자 "이는 내 뼈 중의 뼈요 살 중의 살이라"(창 2:23)라고 탄성을 지른 데서 남녀의 사랑을 가르쳐준 하나님의 의도를 간파할 수 있다.

🍃 뜨겁게 후회 없이 사랑하라

결혼의 방식으로 연애결혼이 좋은지 중매결혼이 좋은지 물으면 학생들은 저마다 자신이 경험해보지 않은 방식을 갈망하고 있음을 알 수 있다. 나 역시도 20대 때 혼자 바쁘게 사느라 연애 한번 제대로 못하고 중매로 결혼해서인지 연애결혼한 사람이 무척 부러웠다. 그래서 나는 학생들에게 20대 때 공부만 하지 말고 연애도 많이 하라는 충고를 아끼지 않는다. 누군가를 열정적으로 사랑한다는 건 축복이다. 스턴버그(Sternberg)가 말한 사랑의 3요소인 친밀감(intimacy), 열정(passion), 헌신(commitment)은 사랑과 결혼생활에 귀한 가르침을 준다.

내 결혼생활에 비추어볼 때 뜨거운 열정과 친밀함은 결혼 후 1년, 길어야 3년이면 소진된다. 하지만 "부부가 사랑으로 사는 게 아니라 정(情)으로 산다"라는 말처럼, 서로에 대한 헌신이야말로 어쩌면 부부의 사랑을 가장 오랫동안 지탱해주는 요소인지 모른다.

두 해 전 첫딸이 결혼할 남자라고 하면서 현재의 사위를 소개시켜 주었다. 당시에는 사위가 신앙이 없었던 터라 잠시 주춤했지만, 사위가 내 딸을 많이 사랑하고 있음을 알아차렸고 사위의 얼굴이 선하고 책임감이 있어 보여 기꺼이 허락하였다. 이제 장모의 입장에서 딸네 부부가 하나님이 세우신 가정으로서 서로 사랑하며 아껴주고 친구처럼 의지하면서 인생을 즐겁고 행복하게 살기를 기도하고 있다. 어떨 땐 가끔 뜨겁게 연애하여 결혼에 골인한 딸이 부럽기도 하다.

누군가는 결혼이 '사랑의 무덤'이라고 말한다지만, 나는 결혼은 '사랑의 완성'이요 '인생의 완성'이라고 생각한다. 어느 정도 살다보니 이제는 남편과 서로 주도권 싸움하느라 쓸모없는 논쟁으로 시간을 낭비하기보다 서로 후회 없이 뜨겁게 사랑하며 서로를 배려하며 사는 게 하나님이 진정 원하시는 결혼생활이라는 생각이 든다.

내가 비록 중매로 결혼했어도 감사하며 살고 있는 건 고등학생 때부터 배우자를 위해 기도한 덕분이라고 스스로 위로한다. 나는 불신가정에다 부모의 황혼 이혼으로 매우 의기소침해진 상태에서 배우자를 위해 하나님께 구체적으로 간절히 기도했다. 힘들게 핍박받으며 신앙생활을 해서인지 신앙 좋은 남자를 만나게 해달라고 기도했는데 하나님께서 그 기도를 들어주셨다.

지금도 배우자를 선택하기 위해 고민하는 여성이 있다면 배우자를 위해 구체적으로 기도하라고 충고해주고 싶다. 하지만 배우자를 선택하는 것보다 더 중요한 건 선택 이후의 노력이다. 하나님이 결혼을 제정하신 목적은 인격적인 관계 속에서 신뢰와 존경을 바탕으로 친밀함을 경험하며 서로를 사랑하면서 행복하게 사는 것이라고 믿는다. 행복한 결혼을 위해 고정된 역할에 매이지 말며, 상대방을 인정하고, 개방된 소통과 사교활동을 하고, 평등의 원칙 아래서 계속 성장하는 부부가 되어야 한다는 조언도 새겨들어야겠다.

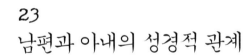

23
남편과 아내의 성경적 관계

"아내가 남편에게 복종하는 게 성경적이다"
라고 페이스북에 댓글을 다는 사람이 종종
있다. 그들의 논리는 "사회 유지에 질서가 필요하듯 가정에서도 의견이
다를 때 결정권자가 필요하지 않겠는가?"이다. 나는 목사들이 결혼 주
례를 할 때 "남편이 아내의 머리이므로 무조건 복종해야 한다"라는 가부
장적 주례사를 듣노라면 못마땅해진다. 왜 남편과 아내의 관계를 위계
질서로만 보려는 것일까? 함께 의논해서 결정하면 안 되는 걸까?

🍃 연합과 사랑의 질서

하나님이 인간을 성적인 존재로 만드셨을 때, '문자주의자'들이 말하

는 것처럼 '남녀 위계질서'의 문제만 있는 것일까? 나는 그렇게 보지 않는다. 인간됨의 기본은 남성과 여성으로 이루어지는 것이며, 남자 없이 여자 없고 여자 없이 남자 없는 것이다. 하나님이 인간을 성적인 존재로 만드셨다는 건 남녀질서를 세우기 위한 목적만 있는 것이 아니다. 성적인 존재란 생육과 대화, 친밀과 교제, 문화와 신앙 그리고 궁극적으론 하나님의 형상을 반영하는 것이다.

남성이 말하는 남녀질서는 남성의 질서다. 여성이 말하는 질서도 함께 존중되고 고려되어야 하나님이 성적인 존재로 만드신 온전한 뜻이 이루어지리라. 남편과 아내의 질서는 '위아래'만 있는 것이 아니라 조화, 균형, 평등, 견제, 연합, 사랑의 질서도 있다. 남편도 반쪽, 아내도 반쪽이다. 둘이 동등한 하나가 되어야 온전한 연합이 이루어진다. 반쪽인 남편이 전체이자 대표라고 생각하는 발상은 너무 독단적이고 교만한 것이 아닌가?

남성이 모든 걸 다 결정해야 한다는 강박관념과 주제넘은 생각에서 벗어났으면 좋겠다. 그런데 요즘 교회 여성조차 남성화되어 가는 모습을 보면 갑갑하다. 남편과 아내는 서로의 다름을 존중하며 서로의 자유를 지켜주면서, 서로에게서 반영되는 하나님의 형상을 바라보며 친교를 나누고 연합해가야 할 파트너이자 동료다. 누군가 이 땅에서 남편과 아내가 서로 사랑하며 연합하는 것이 하나님 나라에서 주님과 영원히 살기 위한 훈련이요 연습이라고 말했다. 결혼에 대한 좋은 유비(類比)라고 생각한다.

우리 모두는 신랑이신 주님을 기다리는 신부다. 남편들도 하나님 나라에서는 신랑으로 사는 게 아니라 신부로서 살아가야 한다. 〈에베소서〉 5장의 부부관계에 대한 해석에서 중요한 것은 '남편의 머리됨'보다 '교회의 머리되신 그리스도' 안에서 회복되고 연합하는 복음이다. 그 복음의 은혜와 성령 안에서 피차 복종하는 역동적인 관계를 강조하고 있음을 놓쳐서는 안 될 것이다. 또한 남편과 아내의 질서는 단순히 '남성의 머리됨'만 있는 게 아니다. 그 머리됨이 어떤 머리됨인지가 중요하다. 주님께서 교회의 머리되심이 군림과 지배가 아니라 희생과 사랑이었음을 기독론적으로 성찰해야 한다.

🍂 책임지고 헌신하는 '머리'

남녀관계를 성경적으로 고민하는 어떤 목사가 나에게 이런 질문을 했다.

"하나님은 내게 교회를 개척하라고 마음에 강한 욕구를 주시는데, 아내는 반대하고 있습니다. 그럼 이럴 때는 '남성의 머리됨'이 필요한 거 아닌가요?"

나는 이렇게 답해주었다.

"교회를 개척하는 것보다 아내와 한마음이 되는 것을 하나님이 더 기뻐하지 않으실까요?"

목사이기 전에 남편으로서 아내의 의견을 무시하고 교회를 개척한다 한들 그 가정에 어떤 평안과 기쁨이 있을까? 좀 더 기도하고 아내와 대화를 나누면서 한마음이 되었을 때 개척하는 것을 하나님도 기뻐하시리라.

가정의 중대사를 결정하기 위해 남성의 머리됨이 필요한 것이 아니다. 아내와 마음을 함께 나누기 위해 참고 기다려주는 헌신이 남편에게 더 절실하다. 그리고 그렇게 하는 것이 진정한 '남성의 머리됨'이라고 생각한다.

오늘날 교회는 남성의 머리됨을 어떤 일을 결정하거나 군림하는 권리를 주장할 때 인용하는데, 이는 주님의 머리됨과 거리가 멀다. 주님의 머리됨은 강요와 지배와 군림이 아니라 우리를 위해 십자가를 지시기까지 자신을 내어주신 희생하고 섬기며 대속하는 머리됨이었다. 이제부터라도 '권리와 지배의 머리됨'이 아니라 '책임과 헌신의 머리됨'으로 바뀌어야 한다. 남성과 여성은 주님을 경외함으로 피차 복종하고 섬겨야 할 동등한 파트너이자 친구이기 때문이다(엡 5:21).

메리 에반스는 남성과 여성은 서로 독특하고 다르게 창조되었다는 점에서 다양성이 존재하며, 그리스도 안에서 하나로서 함께 하나님의 유업을 받을 자라고 말한다. 그리고 하나님의 의도하신 목적을 이루기 위해 상호보완적인 존재로서 역할을 감당하는 것이 공정한 신학적 근거라고 말한다. 따라서 남편과 아내 역시 서로의 독특함을 존중하면서 상호보완하여 하나됨을 이루어가는 관계가 되어야 한다.

〈베드로전서〉를 보면 "남편들아 이와 같이 지식을 따라 너희 아내와 동거하고 그를 더 연약한 그릇이요 또 생명의 은혜를 함께 이어받을 자로 알아 귀히 여기라 이는 너희 기도가 막히지 아니하게 하려 함이라"(벧전 3:7)라고 말씀한다. 이 말씀에서 '지식을 따라'는 '깊은 이해심을 갖고' 또는 '총명하게'로 해석된다. 아내를 '더 연약한 그릇이요'라고 표현한 건 그 당시 사회문화 상황에서 이해될 부분이지 오늘날 무턱대고 문자대로 적용할 말은 아니라고 생각한다. 학자들은 〈베드로전서〉가 주후 96년에 쓰인 것이라고 추정하는데, 가부장 의식이 심했던 시대에도 남편과 아내의 관계를 이렇게 말씀했다면 성 평등과 인권이 중요한 오늘날은 남편과 아내의 관계가 어떠해야 할까?

"그녀가 가져오는 세상 때문에"

인터넷상에 떠도는 '세상의 절반은 여성'이라는 글 중에서 한 부분을 인용하면서 남편과 아내의 관계를 정리하고 싶다.

> 요컨대 한 여자는 한 남자에게 세상의 새로운 절반을 가져온다. 한 사람의 인간은 어쩔 수 없이 편협하기 때문에 세상의 아주 일부분밖에는 볼 수 없다. 인간은 두 가지 종교적 신념을 동시에 믿거나 일곱 가지 장르의 음악에 동시에 매혹될 수 없는 것이다. 친구와 동료도 세상의 다른 조각들을 건네주지만, 연인과 배우자가 가져오는 건 온전한 세계의 반쪽에 가깝다. 그건 너무 커다랗고 완결되어 있어서 완전하게 이해하기는 불가능하다. 그러나 그녀가 가져오는 세상 때문에 나는 조금 더 다양하고 조금 덜 편협한 인간이 된다.

아내를 향해 이렇게 멋지게 고백하는 남편이 많아질수록 교회와 세상은 더 살 만하고 윤택하며 평화로워지지 않을까 꿈꿔본다.

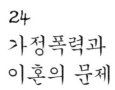

24
가정폭력과
이혼의 문제

가정폭력은 "가족구성원 중 한 사람이 타인에게 의도적으로 물리적 힘을 사용하거나 정신적 학대를 통해 고통을 주는 행위"라고 정의된다. 가정폭력에는 아내학대, 남편학대, 노인학대, 아동학대 같은 유형이 있다. 가정폭력은 배우자, 부모, 자녀, 형제뿐 아니라 현재 동거하는 친족까지 범위가 확대되고 있다. 그런데 가정폭력을 경험한 사람의 98.2퍼센트가 도움을 요청하지 않는다고 한다.

가정폭력은 교회 안에서도 더 이상 '강 건너 불구경'할 일이 아니다. 최근 외국에서 박사학위를 받아 신학교에서 강의하고 교회를 담임하는 목사가 자기 딸을 때려 죽인 뒤 무려 10개월 이상을 방치해놓은 사건이 보도되었다. 사람들은 경악을 금하지 못했다. 높은 학위와 성직자라는 지위를 가진 자가 딸에게 폭력을 가해 살인까지 저질렀다는 건 참담하기 그지없는 일이었다. 그 목사는 딸이 말을 듣지 않아 훈육하기 위해 그랬다는 변명을 늘어놓았다. 이쯤 되면 자녀를 훈육하는 것과 자녀학대의 차이가 무엇인지 짚고 넘어가야 할 것 같다.

🍃 자녀 훈육과 학대의 차이

〈잠언〉을 보면 아이를 채찍으로 훈계하라는 말씀이 나온다(잠 23:13-14). 부끄럽지만 나도 딸들을 키울 때 손부터 올라간 적이 있었다. 이에 고민하다가 〈에베소서〉 6장 말씀에서 답을 찾게 되었다.

> 또 아비들아 너희 자녀를 노엽게 하지 말고 오직 주의 교훈과 훈계로 양육하라 _ 에베소서 6:4

자녀를 노엽게 하지 말라는 건 자녀 스스로 훈육 또는 체벌이 합당하다고 여기는 한에서 허용된다는 뜻으로 해석할 수 있겠다. 자녀를 가르친다는 명분으로 자녀에게 가하는 폭력이나 학대를 합리화시킬 수는 없다. 주의 교양과 훈계로 양육하라는 건 내 자녀라고 해서 내가 함부로 할 수 있는 게 아니라 하나님의 형상을 입은 존귀한 존재로 여겨 양육하라는 것으로 받아들여야 한다.

나는 엄마로서 자녀를 훈육하고 양육하는 게 얼마나 힘든 일인지, 얼마나 인내와 절제를 요하는 것인지 뼈저리게 경험했다. 자식을 키운다는 건 사실상 나를 죽여 헌신하는 일이다. 이것이 바로 사랑하는 독생자 예수 그리스도를 우리를 위해 내어주신 하나님의 사랑과 긍휼이 간과되는 지점인 듯하다.

자녀를 키우는 일은 부모 입장에서는 기쁘게 짊어져야 할 십자가다. 그리고 자기 자신과의 끝없는 절제와 신앙적 훈련이다. 요즘 목사를 포함한 교인들의 자녀양육이 허방 치는 듯 신앙에 천착하지 못하는 걸 보면 한국교회의 미래가 암담하게 느껴지기도 한다.

남편이 아내를 구타하는 경우도 여전히 많다. 어떤 남성은 "여자가 맞을 짓을 했다", "마누라와 북어는 두들겨 팰수록 좋다"라는 말로 둘러댄다. 가정폭력은 가부장제와 깊은 관련이 있다. 남편이 아내에게 신체적·정신적·영적 폭력을 가하는 건 자기 자신에게 폭력을 가하는 것이며 가족 모두를 파멸시키는 행위다. 심각한 건 목사가 아내를 구타한다는 말까지 심심치 않게 들린다는 거다. 목회 스트레스를 가정에서 아내와 자녀에게 퍼붓는 목사들이 제법 많은가 보다. 어디 이뿐인가! 남편에게 매 맞는 여집사가 목사에게 상담을 요청했는데 "주님께 기도하세요", "참으세요"라는 뻔한 종교적 훈수로 충고한 다음 날 그 집사가 남편에게 매맞아 죽었다는 얘기도 들었다.

남성 목사가 남편에게 폭력을 당하고 사는 여성의 두려움과 수치심, 절망감을 알 리 없다. 이게 바로 교회에서 여성 리더십이 필요한 이유다. 교회에서 아무런 위로와 보호를 받지 못하는 여성의 처지를 생각하면 억장이 무너진다. 교회는 주님께서 "내 양을 먹이라"고 명하신 대로 '요람에서 무덤까지' 인간을 돌보고 섬겨야 한다. 나는 교회가 여성에게 일만 시키려 안달하지 말고, 가정에서 혹여 남편으로부터 폭력을 당하고 살진 않는지 자상하게 살펴주어야 할 책임이 있다고 본다.

우리나라는 '가정폭력 특별방지법'이 제정되어 있다. 가정폭력을 방지하기 위해서는 조기발견이 중요하며, 피해당사자는 부끄러워하지 말고 주변에 알려 초기대응을 잘 해야 한다. 여성의 전화, 성폭력 상담소 등 여성을 위한 기관에서도 도움을 받아야 할 것이다.

🍃 이혼에 대처하는 교회의 자세

2009년 통계자료에 따르면 우리나라 이혼율은 OECD 국가 중 1위라고 한다. 이혼은 혼인한 남녀가 살아 있는 동안 그들의 결합관계를 소멸시키는 일이라고 정의하고 있다. 이혼의 주요 원인은 가정불화와 배우자의 외도인데, 그중 1위가 가정폭력이다. 이혼의 원인에는 자본주의 사회의 영향과 여성의 사회참여도, 핵가족화, 사회윤리의 과도기적 성격 등이 포함된다.

남성이 이혼을 요구하는 이유는 아내의 자녀교육 방기, 성격 부조화, 애정결핍, 성생활 불만 등이다. 여성이 이혼을 요구하는 이유는 생활비 부족, 남편의 외도, 주벽, 의처증, 성격파탄, 폭력이라고 한다. 요즘 황혼 이혼이 증가추세고 이혼을 요구하는 측이 주로 여성이라는 점을 보면, 아직도 우리 사회는 가부장제에서 벗어나지 못한 것 같다. 가부장적 관계에 눌려왔던 아내가 황혼 이혼을 요구하는 것으로 볼 수 있기 때문이다. 정부가 '이혼숙려제도'를 만든 후 이혼율이 줄어들었다는 말도 있지만, 나는 왠지 정부가 여성에게 이혼의 자유까지 제한하면서 오히려 이중, 삼중의 고통을 주는 건 아닌지 되묻게 된다. 정부는 이혼율을 줄이는 데만 신경 쓸 게 아니라, 이혼을 결심하기까지 숱한 고뇌와 갈등과 주저함을 겪은 여성의 입장을 고려해야 할 것이다. 혹시라도 만의 하나 남편에게 폭력을 당하거나 빈번하게 외도하는 남편과 살아가는 여성이 이혼을 결심한 것이라면, 이혼숙려제도는 도리어 히나의 억압과 폭력의 계기가 될 수 있다.

기독 여성 가운데서도 이혼이 늘고 있다. 문제는 이혼 후에도 같은 교회에 다니면서 갈등과 감정의 골이 점점 깊어져 급기야 동료 교인들까지 난감해지는 경우다. 교회는 더 이상 "가정사에 끼어들면 골치 아프다"라는 핑계로 방관만 할 게 아니라, 가정폭력과 이혼에 대해 관심을 갖고 도울 수 있는 방법이 무엇인지 고민해야 할 것이다.

교회가 건강하려면 건강하고 행복한 가정이 필수다. 교회도 이혼에 대해 방관하는 자세에서 벗어나 적극적으로 대처하여 보살필 필요가 있다. 이혼은 우선 자녀와 친족에게 상처를 입히며, 경제적 어려움은 물론 사회적 관계에서 많은 문제를 파생시킨다. 이혼한 여성이 교인들의 따가운 시선이 힘들어 교회를 나가지 못한다는 말도 들었다.

요즘 여성 목사가 있는 교회에서는 이혼녀가 겪는 정신적·신체적·영적인 문제를 다루는 치유목회를 한다고 한다. 앞으로 여성 목사와 여성 전도사는 교회에서 상처받거나 소외된 여성을 찾아가는 틈새 목회를 하라고 권하고 싶다. 교회 공동체나 집단에서 잘 어울리지 못해 외톨이가 된 사람들이 꽤 많다. 이런 이들을 유심히 살펴 특수 목회를 한다면 상처받고 소외된 사람들에게 복음의 위로와 소망을 줄 수 있으리라 본다.

아울러 교회는 성경에서 이혼을 금하고 있다는 피상적이고 율법적인 논리로 가정폭력과 이혼위기에 놓인 교회 여성을 함부로 정죄하거나 외면하는 무정하고 상투적인 행동은 하지 말았으면 좋겠다.

남편과 아내가 서로 이해하면서 좀 더 행복하게 사는 비결은 없는 것일까? 존 그레이가 쓴 《화성에서 온 남자, 금성에서 온 여자》(동녘라이프)를 보면 여성은 관심, 이해, 존중, 공감, 헌신을 바라고 남성은 신뢰, 인정, 감사, 찬성, 격려를 바란다고 한다. 남편에게 부탁할 때는 'I' 메시지로 명료하게 청유형으로 부탁하는 게 부부싸움을 막을 수 있는 비결이라고 한다.

가정폭력과 이혼을 줄이고 건강하고 행복한 가정을 만들기 위해서는 남편이 자존심을 조금 양보하고 아내들은 남편의 자존심을 많이 건드리지 않았으면 좋겠다. 남편들은 남자의 자존심을 지킬 것인지, 아니면 가정을 지킬 것인지를 스스로 자문해보았으면 한다. 아내들에게는 자신을 아끼고 사랑하는 게 행복한 가정을 이루는 첫걸음이라고 말해주고 싶다. 여성들이여, 먼저 자신을 존중하고 사랑하라!

25
고부갈등을 푸는 열쇠

외국에서의 고부갈등은 심각한 문제 같지 않은데, 한국에서 고부갈등은 그 뿌리가 깊어 좀처럼 '해결되지 않는 문제'인 듯하다. 남편이 중재자 역할을 제대로 못할 경우 이혼사유로까지 이어진다니 말이다. 고부갈등을 심하게 경험한 나로선 되도록 이 문제를 다루고 싶지 않았다. 남편에게는 미안한 말이지만, 오히려 예수를 안 믿는 시어머니를 만났으면 덜 힘들었을 거라고 종종 생각한다.

아담은 없는 부모를 어떻게 떠나나?

나는 불신 가정에서 핍박받으며 예수를 믿어서인지 믿는 가정에서 자란 사람을 무척 부러워했다. 그런데 교회에서 장로, 권사 직분을 갖고 있는 시부모에게 직분자로서의 특권의식을 발견했다. 게다가 교회 안에서 영향력 있는 시부모로 인해 교인들까지 색안경을 끼고 보는 통에, 단순히 고부갈등을 넘어 교회 공동체로부터 '몹쓸 며느리'라는 눈총을 받는 일에 마음이 많이 무너졌었다.

강의시간에 한 남학생이 어머니와 아내가 싸우면 어떻게 해야 하는지 질문했다. 다른 학생들에게 되물었더니 어떤 학생은 아내 편을 들어야 한다고 하고, 다른 학생은 어머니 편을 들어야 한다고 대꾸했다. 나는 〈창세기〉 2장 24절 말씀을 꺼내들었다.

이러므로 남자가 부모를 떠나 그의 아내와 합하여 둘이 한 몸을 이룰지로다_창세기 2:24

하나님이 창조한 아담에게는 '부모'가 없는데 왜 부모라는 단어가 나왔는지 모세 당시 사회문화적 배경을 들어 설명해준 후, 왜 남자더러 부모를 떠나라고 하셨는지 말해주었다.

나는 유교문화가 잔존하는 한국사회의 문화와 남자에게 부모를 떠나라고 가르치지 않는 교회가 고부갈등의 원인이라고 진단한다. 남자에게 부모를 떠나라고 하는 건 서로 다른 환경에 처했던 아내와 연합하여 둘이 한 몸을 이루기 위해서다. 남편이 부모를 떠나지 않으면 어떻게 새로 맞이한 아내와 하나가 될 수 있을까?

아내를 맞이한 남편이 부모를 떠나지 않으면 자연히 고부갈등이 수반될 수밖에 없다. 시어머니는 며느리의 모습에서 예전 자신의 모습을 떠올려볼 필요가 있다. 그리고 진정 아들이 행복하게 잘 살기 원한다면 둘이 하나가 되도록 뒤로 물러나주는 배려가 필요하다.

시모 입장에서는 효도를 강요하며 아들을 키운 대가를 며느리에게서 보상받으려는 심리가 있고, 자부 입장에서는 자신도 귀하게 자란 딸로서 새로운 환경과 인간관계에 적응하며 부부관계와 가사, 자신의 일까지 모두를 감당하기 버거운 상황에서 시모의 요구가 큰 스트레스로 다가와 고부갈등이 폭발하는 것 같다.

남편 입장에서는 어머니와 아내 모두 사랑하는 사람들이다. 비록 다이해할 수는 없다 해도 엄마와 아내 사이에서 고뇌하는 남편의 심정이 어떠할지 짐작된다.

그 남학생의 질문에 나는 고부갈등을 풀 수 있는 열쇠를 남편이 쥐고있다고 말해주었다. 남편이 아내 편을 들어주는 게 고부갈등을 더 이상악화시키지 않는 방법이 아닐까 한다. 그런 후에 단 둘이 있을 때 아내에게 자신의 솔직한 마음과 고민을 들려주면 더 좋을 것 같다. 시어머니는 그 당시 무척 서운하더라도 아들을 사랑하는 마음까지 버리지는 않을 것이다. 당장은 싫겠지만 아들이 아끼고 사랑하는 며느리에게 예전처럼 야단치거나 함부로 대하지는 않을 거라는 생각은 너무 순진한 걸까? 자부의 입장에서도 남편이 자신의 편을 들어준 것이 고맙지만 미안하기도 하여 시모와 남편에게 좀 더 신중하고 예의를 갖추게 되지 않을까 싶다.

먼저 대접하라

개인적으로 고부갈등을 경험했고 현재 사위를 본 장모로서 고부갈등을 풀 수 있는 열쇠를 말하자면, 대접을 받고자 하는 쪽에 있는 사람이 먼저 대접하라는 것이다. 즉 시모가 대접받으려 하지 말고 먼저 아낌없이 대접하고, 대접한 후에는 자신이 보여준 친절을 잊어버리는 것이다. 그게 시모 본인에게도 좋다.

아브라함이 기득권을 행사하지 않고 조카 롯에게 먼저 좋은 땅을 선택하도록 배려한 후에 하나님이 찾아오셔서 아브라함에게 땅과 후손을 약속하신 것을 보면, 인간관계에 있어서 친절과 관용이 얼마나 하나님을 기쁘게 하는 일인지 깨닫게 된다. 또한 모압여인 룻이 예수님의 족보에 오르기까지 나오미가 얼마나 아량 있고 신앙적인 시모였는지도 헤아려볼 필요가 있겠다.

남편들은 우선 부모의 지나친 간섭과 요구에 거리를 둘 필요가 있다. 결혼을 한다는 건 부모에게 효도하기 위함이 아니다. 아내와 연합하여 한 몸이 되기 위함이다. 둘이 한 몸이 되려면 상대방을 파악하고 서로 다른 생각과 문화를 절충하여 연합하는 데 많은 시간과 노력이 필요하다. 자녀들이 하나가 되기 위해 시간과 에너지를 쏟을 수 있도록 부모가 먼저 배려해주고 기다려준다면, 시간이 흘러 한 몸이 된 아들과 자부가 시부모의 사랑에 감사하면서 자발적으로 사랑하게 되지 않을까? 요즘에는 아들이 이혼하여 손자, 손녀까지 떠맡아 기르느라 골병이 드는 부모가 많다고 한다. 그들이 바라는 건 결혼한 아들이 자부와 함께 행복하게 잘 사는 것일 게다.

시어머니가 며느리에게 아들에 대한 주장을 하기보다 오히려 자부를 아낌없이 사랑해주는 것이 결국 당신의 아들을 사랑하는 일임을 깨달았으면 좋겠다. 가정천국이 별것인가? 힘 있는 어른이 조금만 역지사지하여 양보하고 배려해주면 되는 것이다.

미래 교회를 위한 여성 리더십

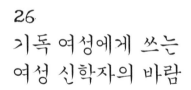

26
기독 여성에게 쓰는
여성 신학자의 바람

40여 년 동안 신앙생활을 하면서 기독 여성이자 여성 사역자로서, 또한 여성 신학자로서 고뇌도 많았고 갈등과 두려움도 많았다. 무엇 하나 쉬운 게 없었다. 꿈도 방황도 많던 고등학생 시절, 아버지는 다짜고짜 이렇게 물었다. "내 말 들을래, 하나님 아버지 말 들을래?" 아무 대답도 못하자 아버지는 나를 밖으로 집어던지곤 현관문을 잠가버렸다. 그때가 밤 10시경이었는데, 나는 그날 밤 교회에 가서 울다 잠이 들었다.

한참 뒤 깨어보니 어두컴컴한 교회당에 한기가 느껴지면서 두려움이 몰려왔다. 통금이 있던 시절이라 교회에서 가까운 친구 집에 가서 하룻밤 머물렀다. 다음날 친구는 학교에 갔고, 나는 교회에 있다가 저녁 무렵 집으로 들어갔다. 나를 본 아버지는 내 손을 끌고 목사에게 데리고 가더니 "이제 내 딸 아니니 당신이 키우시오"라면서 나를 넘겨주고 집으로 가버리셨다. 그때 황당했던 건 담임목사의 행동이었다. 목사님은 당분간 교회 나오지 말라면서 나를 집으로 돌려보낸 것이었다.

🌿 신앙 핍박보다 힘들었던 것

주일이 되어 교회 종소리가 울리면 마음이 타는 듯했다. 성경을 읽으며 찬송을 불렀더니 집안 식구들이 "미쳤다"고 한마디씩 했다. 하나님이 믿어지지 않아 의심의 물결로 괴롭던 시절이었는데 도대체 어떻게 아버지의 모진 핍박과 가족의 냉대를 견뎌냈을까? 지금도 잘 이해되지 않는다.

그런데 몇 주 뒤 이상한 일이 벌어졌다. 아버지가 교회 종소리를 듣곤 은근슬쩍 나가시는 거다. 이때구나 싶어 집을 나섰다. 남동생이 신발을 감춘 터라 실내화를 신고 부리나케 교회로 달려가 예배를 드렸다. 목사님은 설교 중에 나를 보곤 "우리 교회에 신앙 좋은 학생이 있다"며 자랑스러운 듯 얘기를 했다. 하지만 그순간 목사님에 대한 배신감과 서운한 마음이 들었다. 지금 생각해보면 그 심정이 이해되지 않는 건 아니다. 아버지가 덜컹 나를 맡겼으니 목사 입장에서는 크게 당황했을 것이다. 하지만 아무리 그래도 그렇지 어떻게 다른 말도 없이 교회 나오지 말라고 했을까? 당시 나로선 섭섭한 일이 아닐 수 없었다.

그때의 핍박은 크나큰 시련이었지만 이 사건은 내 신앙에 하나님 은혜의 징표로서 깊이 남아 있다. 하나님의 강권적인 은혜가 아니었다면 의심 많던 내가 신앙을 갖지 못했을 것이다. 아울러 목사의 말이라고 다

순종하는 게 아니라는 신앙적 맷집을 키우게 된 계기가 아니었을까 하는 생각도 해본다.

하지만 이런 핍박보다 나를 더욱 좌절시키며 절망에 빠뜨렸던 건 교회가 여성을 대하는 태도였다. 가부장 의식이 심한 아버지 밑에서 자란 탓인지 유난히 교회의 성 차별에 예민했고 크게 상처받았다.

내게는 교회에서 칭찬받기 좋은 달란트가 있다. 소프라노와 알토 독창은 물론 남성파트인 테너와 베이스 화음도 소화할 만큼 찬양을 곧잘했다. 또 하나님의 은혜와 독학의 열정으로 쌓은 찬송가 반주 실력도 꽤 쓸 만했다. 그냥 교회가 시키는 대로 했다면 칭찬받으면서 쉽게 신앙생활을 했을지도 모를 일이다. 그러나 여성 사역자를 못마땅하게 바라보는 교회의 부당함을 많이 경험한 나로선 교회의 가부장적 문화와 성 차별을 그냥 잠자코 참기 힘들었다.

신학대학원에서 한참 후배인 사역자가 내가 자기보다 잘하면 대놓고 묵살하곤 했다. 심지어 여자라고 무시하면서 윽박질렀다. 여성 사역자에 대한 시선은 그저 목사 옆에 있는 존재일 뿐이었다. 어디 그뿐이랴! 여성 사역자를 힘들게 하는 건 바로 자신에게 부과된 삶의 무거운 짐과 사역에 대한 막중한 책임감이다. 자녀 키우랴, 가사 하랴, 며느리 역할 하랴, 석박사 공부하랴… 정신없이 바쁜 와중 사역에 매진해야 한다. 특히 예배참석과 심방, 전도 등 교회에서 요구하는 사역 모두 최선을 다하는 것까지 내 몫이었다. 자처한 길이니 힘들다고 내색하지도 못하고 생색낼 수도 없었다. 누구와도 고충을 털어놓을 수 없었고 철저하게 고립된 환경 속에서 이 모든 일을 감당하였다.

어느 날 초등부 설교를 집중해서 준비하는데 딸아이가 울기 시작했다. 간신히 달랜 다음 다시 설교 준비를 하려니 얼마나 낙심되던지… 여성 사역자로서 쉴 틈 없이 밀려오는 고된 일과 속에서 하나님과 조용한 시간을 갖는 것조차 사치라는 생각이 들었다.

남성 사역자는 여성 사역자의 이런 고뇌를 잘 모른다. 남성 사역자는 설교를 준비하고 사역할 때 아내가 도와주지만, 여성 사역자는 남편과 다른 교회를 다녀야 할 때도 있고, 자녀양육은 물론 자녀의 신앙을 돌보면서 처음부터 끝까지 모든 걸 혼자 감당해야만 한다. 여기에 더하여 교회는 여성 사역자에 대한 편견과 무시와 차별을 마치 성경에서 승인하는 것처럼 확신한다. 그렇기에 여성 사역자는 냉대로 인한 영적인 짓누름까지 겪게 된다.

노력해도 소용없고 갈등은 증폭되며, 끝도 없는 상처와 번민이 밀려와 도저히 억울하고 납득할 수 없어 하나님께 따져 묻기를 반복하다가도 꾸역꾸역 참아내며 사역했다. 주일학교 아이 한 명 한 명 내가 쏟을 수 있는 힘을 다하면 하나님은 알아주실 거라 믿었다.

그러면서도 "내가 왜 이렇게 여성이라는 정체성 문제에서 손을 떼지 못하는 걸까?"라는 물음을 계속 품고 지냈다. 그 시간은 하나님 앞에서 나의 정체성을 찾는 고뇌의 시간이기도 했지만 하나님을 늘 신뢰하도록 신앙적 내공을 갖추게 한 값진 시간이기도 했다. 또한 예수 믿는 것도 힘들지만 여성 교인, 여성 사역자, 여성 신학자로서 살기는 더 힘들다는 걸 느낀 시간이기도 했다.

오랜 갈등과 회의 끝에 마침내 나의 하나님을 만나게 되었다. 기독교가 성육신의 종교요 은혜의 종교라는 것이 정말 좋다. 예수 그리스도가 성육신하지 않으셨다면 인간의 구원은 이루어지지 않았을 테니 말이다. 기독교의 진리와 복음은 남성만이 독점하는 것이 아니라 여성과 공유해야 하는 것이다. 복음을 복음으로 되돌려놓는 건 여성과 함께하신 하나님을 말할 수 있을 때 실현되는 것이라고 본다.

이런 경험과 고민을 바탕으로, 이제 여성 교인과 여성 사역자, 그리고 목회자들에게 내가 하고 싶은 말을 들려주려 한다.

🍃 여성 교인에게 하고 싶은 이야기

여성 교인과 여성 사역자조차 하나님을 남성의 하나님으로 믿고 있는 것 같다. 거의 대부분의 여성이 남성 목사의 말을 하나님 말씀처럼 곧이곧대로 믿고 순종한다. 남성 목사에게 칭찬받거나 인정받고 싶어할 뿐 아니라 심지어 목사를 향한 흠모까지 가세된 모습을 보인다.

내가 여성 교인과 여성 사역자에게 하고 싶은 이야기는 두 가지다.

첫 번째, 예수를 믿는 여성은 도전해야 한다는 것이다. 복음서를 보면 예수님을 만난 여성은 고분고분하지 않고 하나같이 적극적이며 심지어 드세고 과격한 여성이었다. 예수님 당시 유대사회에서 여자가 말씀을 배우는 일, 바깥에서 여자와 남자가 대화하는 일, 어떤 사건의 증인이 되는 일은 금기였다. 혈루증을 앓는 여인이 예수님 같은 랍비에게 접촉하는 일은 더더욱 허용되지 않았다. 아울러 로마군병에 둘러싸인 무시무시한 골고다 언덕으로 예수님을 따라간 일, 처녀의 몸으로 아기를 낳은 마리아, 예수님 앞에 나아가 귀신 들린 딸을 고쳐달라고 간청한 이방여인, 제자들이 꾸짖는 상황에서도 귀한 옥합을 깨뜨려 주의 발에 부은 마리아, 오순절 성령강림 자리에 남성 제자와 동참한 일 등은 유대사회의 가부장적 편견과 통념을 깬 도전적이며 용기 있는 행동이었다.

예수님을 만난 여성들은 유대사회 속에서도 이방인이거나 열등하게 취급받는 존재였다. 일곱 귀신 들릴 정도로 비루하게 살거나 이웃에게 따돌림당하며 사회적으로 천대받는 삶을 살고 있었다. 그럼에도 예수님을 적극적으로 따른 여성들이었다. 예수님은 바로 이런 여성들을 만나 대화하면서 자신을 계시하셨고 말씀을 가르치셨으며 부활의 첫 증인으로 삼으셨다. 예수님의 발에 향유를 부은 여성의 행위가 기념되어 주님의 복음과 함께 전해질 것이라고 천명하셨다.

오늘날 여성 교인과 여성 사역자들이 사복음서에 나오는 여성들만 자세히 살펴보아도 당시의 여성이 얼마나 그 시대에 도전하며 복음을 위해 헌신했으며 사랑으로 주님을 따랐는지 알 수 있을 것이다. 또한 주님께서는 이러한 여성을 인격적으로 대우하고 제자로 여겨주셨다. 이러한 주님의 태도야말로 그 당시 예수님을 따랐던 여성이나 오늘의 여성에게 복음이 아닐 수 없다.

이렇게 멋진 하나님을 믿는다면 더 이상 두려워하며 구석에서 숨지 말고 나와서 온전한 신앙을 향해 나아갔으면 좋겠다. 자칭 신적 권위를 지녔다고 목에 힘주는 목사를 겁내지 말기 바란다. 그들이 아무리 저주의 말을 퍼붓는다 해도 우리가 믿는 하나님은 당신의 백성을 저주하는 사람을 세우는 분이 아님을 믿고 기죽지 말자. 여성으로서 행복을 추구할 권리를 주장하면서 당당히 나아갔으면 좋겠다. 우리 주님의 성육신 탄생, 즉 말구유에서 비천하게 나심은 하나님의 사랑과 관심이 부자나 특권층보다 가난한 사람, 약자, 죄인, 이방인 그리고 여성에게 주어진다는 것을 드러내고 있기 때문이다(눅 1:48, 51-53; 5:29-32; 6:20-26; 10:21; 15장; 18:9-14; 고전 1:26-31).

나는 그리스도의 복음이 여성에게 주는 은혜를 다음과 같이 살펴보았다.

첫째, 그리스도 복음은 하나님과 인간 사이에 화해를 이루어 차별과 한계와 벽을 허문 복음이므로(롬 5:1, 11; 갈 3:28) 주님을 믿는 여성은 누구든지 "새로운 피조물"(고후 5:17)이 된다.

둘째, 예수 그리스도의 십자가 보혈로 죄를 용서받고 의롭다 함을 얻는다.

셋째, 하나님의 딸로서 권세를 누린다(요 1:12).

넷째, 성령의 충만함을 입어 모든 족속으로 제자를 삼아 아버지와 아들과 성령의 이름으로 세례를 준다(마 28:18-20).

다섯째, 하나님의 뜻에 따라 사도로, 선지자로, 교사로, 병 고치는 은사를 받는다(고전 12장).

여섯째, 진리의 말씀을 배우고 모든 지혜로 가르치며 그리스도 안에서 완전한 자로 서나간다(골 1:28).

그러므로 복음의 은혜를 입은 여성이 감당할 사명은 다음과 같다.

첫째, 여성을 향하신 하나님의 뜻과 여성들에게 베푸신 독특한 능력과 은사, 지혜를 발견하여 살아가야 한다.

둘째,   복음의 증인으로서 땅 끝까지 복음을 전할 사명이 있다(행 1:8).

셋째,   주님의 제자로서 이웃 사랑을 실천해야 한다(요 15:12).

넷째,   진리의 말씀을 옳게 분별해야 한다(딤후 2:15).

다섯째,   세상의 빛과 소금이 되어 하나님께 영광을 돌려야 한다(마 5:13-16; 엡 5:8-9).

여섯째,   복음을 위해 고난을 감내해야 한다(빌 1:29).

일곱째,   화목하게 하는 직책을 감당해야 한다(고후 5:18-19).

여덟째,   받은 달란트로 충성하는 청지기가 되어야 한다(마 25:14-30).

아홉째,   그리스도의 재림을 준비하고 깨어 있어야 한다(마 25:1-13).

열째,   마지막 날 하나님의 심판대 앞에 설 때, 자신의 행위에 대해 책임을 져야 한다(롬 14:10-13; 고후 5:10).

내가 기독 여성에게 두 번째로 하고 싶은 말은 여성의 하나님을 드러내어 교회를 되살릴 사명이 우리에게 있다는 것이다. 남성이 가르쳐 준 하나님이 아니라 여성인 우리가 부딪혀 만난 그 하나님을 소리쳐 불렀으면 좋겠다.

세계 어디를 둘러보아도 여성을 혐오하며 차별하는 나라와 종교치고 인격적이며 윤리적인 곳이 없다. 여성을 하대하고 함부로 여기는 곳에는 전쟁과 성폭력과 성차별과 무질서와 비인간성이 끊이질 않는다. 반면 여성을 인정하고 여성을 존중하는 나라와 민족일수록 부강하고 자유와 정의, 인권과 평화의 가치들이 존중되고 있음을 볼 수 있다.

한국교회가 남성의 하나님을 외쳐온 사이에, 남성 목사에게 신적인 특권을 부여하여 절대화시키는 사이에, 여성이 차별받고 인권이 유린

되었으며, 성적 권리와 자유를 억압당하면서 분열과 권력다툼과 거짓과 부패 그리고 성적 타락이라는 엄청난 위기에 직면하게 된 것 아닌가!

지금 한국교회의 문제를 꼽는다면 첫째 개교회주의, 성장주의, 물질만능주의에 빠진 것이다. 한국교회와 기독교인은 기독교의 정체성을 잃어버리고 경쟁하는 사회환경에 맞추어, 물량주의와 교회성장주의에 편승하면서 부정직하며 불의한 모습을 드러내고 있다.

둘째, 한국교회는 약자와 눌린 자, 가난한 자에 대한 하나님의 공의를 잃어버렸다. 원래 하나님의 공의와 정의는 사랑과 관계되는 것이다. 하지만 한국교회는 더 이상 약하고 눌린 자, 소외된 자, 힘없는 자, 가난한 자의 편에 있지 않고 돈과 권력이 있는 강자의 편이 되어 "서로 사랑하라"는 기독교의 정체성을 잃어버렸다.

셋째, 한국교회는 비윤리적이며 비인격적인 모습이 위험단계에 와 있다. 개교회의 성장을 위해서라면 수단방법을 가리지 않는 목회자의 세속주의와 실용주의적 목회경영, 교회 내에서 간혹 일어나는 남성 목회자의 성적 타락이 그 대표적인 모습이다.

한국교회에는 남성 중심의 성 성향이 표출되는 구조로 인해, 교회 안에서 여성의 역할을 가정의 관점으로 규정하며 종속을 강요함으로써 성 차별이 심하게 나타나고 있다. 더 큰 문제는 교회 내 여성 차별이나 남성 위주의 구조가 제도적인 면에서만 아니라 오랜 학습을 통해 여성 스스로 부차적인 존재라는 인식을 갖게 만든 것이다. 그리하여 교회 여성으로 하여금 그리스도의 복음에 따른 정체감과 비판의식을 갖지 못하게 만들었다.

현재 한국교회의 이런 모습은 교회의 본질인 믿음, 사랑, 소망의 가치를 비본질적인 것으로 만들고, 오히려 힘과 지배로 상징되는 목사의 직위를 본질적 가치로 삼으면서 기독교적 가치를 소유한 여성 리더십을 배제하고 남성 중심의 리더십으로 일관해와서다.

오늘날 한국교회는 남성 중심의 리더십으로 여성이 갖고 있는 공감 능력, 섬김과 평화 등의 수평 관계적이며 인격적인 덕목을 침잠시킴으로써 많은 왜곡과 불평등, 부자유, 분열이라는 비인격적인 장애를 발생시켰고 이 때문에 사회적으로도 지탄을 받고 있다.

여성 리더십을 장려하라

한편 교회가 여성 리더십을 인정했을 때 그리스도의 복음으로 교회뿐만 아니라 사회개혁도 성공시킨 실례가 있다. 18세기 웨슬리를 통해 일어난 복음주의 운동과 찰스 피니에 의해 일어난 사회참여운동이 그것이다. 존 스토트는 웨슬리 복음주의 운동이 일반 대중의 도덕적 성품을 변모시키는 데 영국 역사상 다른 어떤 운동보다 많이 기여했다고 평가했다. 또한 찰스 피니에 의한 사회참여는 교회의 중대한 임무인 세상을 개혁한 것이라고 평가함으로써 교회의 부흥뿐 아니라 노예제도 반대운동 같은 사회개혁에도 많은 관심을 갖고 실천한 운동이라고 하였다.

교회가 이처럼 사회를 개혁시킬 수 있었던 근본적인 힘은 바로 '그리스도의 복음 실천'이었으며, 그 가운데 가장 두드러지는 특징은 여성의 권익을 존중하며 여성 리더십을 장려한 것이다.

에드위나 게이틀리는 《따뜻하고 촉촉하고 짭쪼름한 하느님》(분도, 1998)에서 다음과 같이 말한다.

> 여성이 일어서서 온전성과 정의, 존엄성을 위해 노력할 때 엄청난 일이 일어난다. 배가 흔들리기 시작한다. 강력한 여성의 힘이 일어나서 새로운 존재방식에 몸 바칠 때 체제가 움직이고 변화하기 시작한다. 우리 아이들이 유린당하고 자매들이 감옥에 갇히고 딸들이 뚜쟁이질하는 것을 보고서 우리 여성들이 부엌에, 뒷줄에, 침실에 머물기를 거부하면 세상은 서서히 변하기 시작한다.

거룩한 여성이 남성의 하나님에게 기죽지 말고 당당히 진리와 복음의 횃불을 들고 일어났으면 좋겠다. 한국교회의 복음전파와 갱신, 더 나아가 하나님 나라의 실현을 위해서 인격과 영성, 공감과 감성의 미래 변혁적인 여성이 일어나야 하리라.

아무쪼록 잠자고 있는 하나님의 딸들이 드보라와 훌다처럼, 막달라 마리아와 유니아 사도처럼 일어나 주님께서 부탁하신 복음전파를 위해 각자의 소명과 은사대로 멋지고 당당하게 도전하며 준비하는 날이 오기를 바란다.

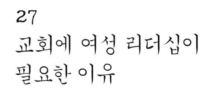

27
교회에 여성 리더십이
필요한 이유

기독교 전래 초기에 한국교회가 부흥한 데
는 전도부인의 역할이 컸다. 19세기 구한말
의 여성은 유교 가부장제에서 남성의 예속물에 불과했고 '삼종지도'와
'칠거지악' 같은 유교 가치관 속에 유폐되어 인간답게 살지 못하고 있었
다. 이렇게 여성이 차별받는 신분사회 속에서 전도부인은 이른바 '남녀
칠세부동석'에 따라 남성 금지구역이던 '안방'에서 여성들을 만나 복음
을 전하였다.

또한 일제의 신사참배 강요에 불복하여 수난과 순교를 당한 지도자
가운데 절반 이상이 기독교 여성이었다. 1939년 9월 총회에서 신사참
배를 가결함으로써 교회가 일제에 굴복했을 때도 경남 여전도회 회장
최덕지는 신사참배에 불참할 것을 선언한 후, 일본 교회에 통합되지 않
고 장로교의 원형을 보존시켰다. 최덕지는 훗날 재건교회 목사가 된 인

물이다.

이외에도 한국교회 여성은 의료선교와 교육계몽 및 사회봉사를 통해 한국사회에 만연된 질병, 무지, 가난에서 백성을 구원하는 일에 앞장서 선교와 사회개혁에 큰 역할을 감당하였다.

🍃 남성 중심 교회의 한계

초기 한국교회의 여성은 성령의 능력과 은혜로 주체적이고 역동적으로 활동하였으며, 기독교 복음과 부흥을 위해 순교까지 마다않는 헌신적인 리더십을 발휘하였다. 하지만 안타깝게도 해방 및 전쟁 이후의 한국교회가 남성 리더십을 중심으로 조직화되면서 여성의 역할을 남성 아래에 종속하는 위치로 제한하여 교회의 어머니 같은 여성성인 포용성과 평등성, 사랑과 성령의 역동성까지 모두 잃어버리고 말았다.

남성 중심의 교회는 현재 한국교회가 당면한 각종 심각한 문제를 해결하는 데 한계가 있다. 교회는 신랑 되신 주님을 기다리는 신부 공동체다. 교회의 신부성은 순결과 기다림의 영성에 있다. 또한 독특하고 고유한 여성 이미지가 반영되어야 하는 것이다. 그러자면 남성 리더십만으로는 불가능하다. 이제라도 교회 안에서 여성 목회자, 여성 사역자를 세워야 한다. 주님의 복음사역과 교회의 사회적 책임에 헌신할 전문성과 열정을 갖춘 여성 목회자를 활성화해야 할 것이다.

더구나 21세기는 여성 리더십이 필요한 시대다. 권위적이고 수직적인 기존의 남성 리더십과 다르게, 탈권위적이고 수평적인 여성적 가치를 내포하는 여성 리더십을 요구하는 시대다.

한국교회에 여성이 과반수 이상을 차지하고 있음에도 여성을 대변할 여성 리더의 비율이 매우 저조하다. 특히 몇몇 보수교단은 여성이 목사로서 안수받는 것을 아예 인정하지 않는다. 그 오래된 '전통'의 기저에는 성경신학, 조직신학, 역사신학, 실천신학에서 여성의 입장과 경험과 신학적 논의를 무시하고, 성경에 분명히 나타난 여성의 권리와 은사와 복음적 역할에 관한 연구와 논의마저 배제한 교단과 신학교의 가부장적 의식이 자리잡고 있다.

여성 리더십이 없는 교회

교회가 여성 리더십을 인정하지 않을 때 네 가지 문제점이 제기된다.

첫째, 교회에 여성 리더가 없으면 여성의 실존적인 삶의 필요와 경험을 반영하지 못하고 임신, 출산, 육아 등 여성이 몸으로 경험하는 일과 여성성을 축소하거나 왜곡함으로써 그리스도의 온전한 복음과 소통하기 어렵게 된다.

둘째, 남성 중심의 교회 조직과 행정은 여성 사역자로 하여금 불공정한 지위와 처우를 받게 할 수 있다.

셋째, 교회에서 여성이 종속되면 인간으로서 마땅히 누려야 할 자유와 선택, 성적 권리를 제한당하여 자칫 성윤리에 심각한 훼손을 입힐 수 있다.

넷째, 교회 구성원의 대다수를 차지하는 여성의 고유한 가치와 통찰과 은사를 활용하지 못할 때 교회가 침체되는 것은 물론 인권과 성윤리, 환경과 경제침체, 이혼과 낙태, 노령화 사회 같은 공동체의 문제에 적극적으로 대처하지 못하게 된다.

결국 교회에 여성 리더십이 필요한 이유는 여성만의 문제가 아니다. 남녀 모두가 행복한 인간성을 지향하자는 것이며, 남녀평등과 정의에 대한 문제다. 나아가 21세기 문제인 성폭력과 성윤리, 가정파탄, 인간공학, 환경, 남북통일, 전쟁과 평등 같은 다양한 과제를 감당하기 위함이다.

신학대학원을 졸업한 후 고등부 전도사를 초빙한다는 어느 교회의 광고를 보고 이력서를 보냈다. 하지만 반환되어 그 연유를 물었더니 답이 이러했다.

"여자라서 수련회에 가면 무거운 짐을 들지 못하기 때문입니다."

고등부 전도사가 힘으로 하는 사역이라는 걸 그때 알았다. 풍채도 없고 흠모할 만한 외모를 갖추지 않은 예수님의 모습을 상상하면서, '주님의 교회가 언제부터 힘을 필요로 하는 곳이 되었나' 의아해했다.

남자와 여자의 차이는 무얼까? 파슨과 베일즈(Parson & Bales)는 1955년 연구를 통해 성 고정관념에 대한 전통적인 견해를 지지하였다. 한편 맥코비와 잭클린(Maccoby & Jacklin)은 공격성, 정서성, 사회관계 지향성, 언어능력, 자아개념, 시공간 능력에서 남녀의 성차를 살펴본 결과, 남성과 여성에 대한 고정관념 몇 가지를 제외하고는 성차가 아닌 개인차가 있을 뿐이라는 결론을 내렸다.

지금까지 남녀의 성차를 규정짓고 성 정체성과 성 역할을 특정지어온 건 모두 남성 철학자와 심리학자, 남성 종교인이었다.

우선 남성성과 여성성이라는 성차(性差)에 대한 잘못된 신념과 편견을 살펴보자.

"남성은 공적이고(다스림) 여성은 사적이다(순종과 침묵)."
"남성은 변함없고 여성은 변덕스럽다."
"남성은 강하고 여성은 약하다."
"남성은 정결하고 여성은 부정하다."

이런 편견은 남성 중심의 성차에서 나온 것이다. 성차에 대한 이런 편견은 객관적 사실이라기보다 남성의 우월적 관점을 강화하기 위한 정치적 수단일 때가 더 많다.

남성성으로 취급되는 독립성, 합리성, 용기 그리고 여성성으로 취급되는 공감능력, 부드러움, 보살핌 등은 남녀 모두에게 바람직한 덕목이다. 실제로 심리학자들은 남녀 누구나 잠재적으로 양성적인 능력을 갖고 있는 것으로 보고 있다. 양성성에 관한 심리학 연구에 따르면, 성이 한쪽으로 유형화된 사람은 여성성 또는 남성성의 기대에 각각 부응하지만, 이와 달리 양성적인 사람은 더 융통성이 있고 적절하며 효율적으로 반응할 수 있다고 한다.

문제는 교회가 남성 중심의 성차에 대한 신념을 가지고 여성의 독립적인 사고나 리더십을 인정하지 않으며, 여성이 지도력을 발휘하려 하면 여성적이지 못하다거나 순종적이지 못하다고 폄하하는 것이다. 심지어 여성의 리더십을 정죄하고 직분의 제도화와 권력을 통해 잠잠하기를 강요하거나 규제를 행사하기도 한다. 그렇다면 여성 리더십의 특징과 장점은 무엇인가?

🍃 여성 리더십의 특징과 장점

여성 리더십의 특징을 말하려면 여성은 남성과 함께 인간됨을 구성하는 파트너로서 남성과 똑같이 창조된 독특한 권리를 지닌 존재라는 사실이 전제되어야 한다.

성 정체성에 대한 인식은 하나님 앞에서 각 개인이 규정할 자유가 있으므로 조심스럽게 접근할 필요가 있다. 그럼에도 학자들은 남성에 비해 여성에게서 많이 나타나는 특징으로서 첫째 수평 관계성, 둘째 공감능력과 유연성, 돌봄과 배려 셋째, 권력에 연루되지 않은 깨끗함을 꼽는다.

여성의 공감능력과 관련해 3살 정도의 남자아이와 여자아이를 대상으로 우는 엄마를 보고 어떻게 반응하는지 관찰한 연구 결과, 남자아이보다 여자아이의 공감능력이 뛰어난 것이 입증되었다고 한다. 낸시 초도로우가 '대상관계이론'에서 언급했듯이, 자녀를 양육하는 역할을 대부분 여성이 담당하면서 여성이 대체로 관계지향적 성향과 공감하고 돌보는 성향을 지니게 된 것으로 분석한다. 독립개체적 성향과 성취지향성을 지닌 남성과 다른 성향인 것이다.

따라서 한국교회에 여성 리더십이 필요한 이유는 분명하다.

첫째, 여성성의 장점 때문이다. 현대사회는 열림과 소통, 다양성과 전문성의 시대다. 직관적 감수성과 정신적 역량에 기초한 여성적 권위가 부상하는 시대다. 존 나이스비트(John Naisbitt)는 《메가트랜드》*Megatrends*에서 21세기를 '3F의 시대'로 전망하였는데, 3F는 Female(여성성), Feeling(감성), Fiction(상상성)이라고 하였다. 남성 중심의 교회가 여성의 자상함, 섬세함, 돌봄을 낮게 평가해온 것과 반대로, 앞으로 여성의 공감과 배려와 돌봄의 성향이 전인적 교회 공동체를 이루는 데 큰 장점이 될 것이라 전망한다.

둘째, 여성의 소명과 은사가 중요하기 때문이다. 교회가 여성이 하나님께 받은 소명과 은사를 환영하고, 여성의 탁월한 정신세계와 전문성, 공감능력과 돌봄의 리더십을 활용할 때, 교회와 사회, 세계 속에서 하나님의 통치가 확장될 것이다.

셋째, 여성 리더십이 목회에 큰 장점이 되기 때문이다. 남성 목회자가 여성의 삶의 문제를 이해하고 해결하는 데는 한계가 있다. 목회는 '영혼을 돌보는 일'로서 여성의 모성(母性)과 깊은 관련이 있다. 여성 리더십은 임신, 출산, 양육을 경험한 여성의 몸에 대한 이해를 비롯하여 결혼, 이혼, 부부문제, 낙태, 자녀탈선, 갱년기 문제, 우울증 등을 다룸으로써 좀 더 원활하고 세심하게 소통할 수 있다. 아울러 여성 사역자에게 사역의 기회를 넓혀주어 은사에 따라 전문직과 특수사역에서 리더십을 발휘하게 한다면 한국교회를 더 풍성하고 역동적인 공동체로 살리는 데 기여할 수 있을 것이다.

넷째, 여성 리더십이 교회 갱신 차원에서 큰 역할을 하리라 기대하기 때문이다. 자크 엘룰은 기독교가 왜곡된 이유 중 하나가 여성을 배제했기 때문이라고 지적했다. 그는 교회가 여성이 주로 관심을 갖는 기독교의 탁월한 혁신, 은총, 사랑, 박애, 생명체에 대한 염려, 비폭력, 사소한 것에 대한 배려, 새로운 시작을 향한 소망 같은 것을 남성의 성공과 영광을 위해 모두 외면해왔다고 꼬집었다. 따라서 오늘날 교회 갱신을 위해 가장 시급한 일 중 하나는 여성 리더를 세우는 것이다. 성에 대해 자유롭지 못한 남성을 견제하는 동시에, 성경 해석에서도 여성 입장에서 목소리를 낼 수 있도록 해야 한다.

초기 한국교회의 여성은 유교의 신분사회에서도 복음을 전했으며, 남녀평등 사상을 배워 가부장제의 엄격하고 종속적인 체제에서도 굴하지 않고 교회 설립과 부흥 전도활동을 통해 한국교회의 정착과 부흥을 일궈낸 훌륭한 복음의 일꾼들이었다. 1920년대에는 무지, 가난, 질병으로부터 한국사회를 구원해야 한다는 사명감으로 기독교적 봉사정신을 발휘해 교육선교, 공창폐지, 물산장려운동 등으로 사람들의 생활을 개선하고 미신타파에 힘썼다. 그때와 같이 교회가 여성 리더십을 인정하고 활용한다면 교회 갱신은 물론 사회개혁도 이룰 수 있을 것이다. 나는 여성이 건강해야 가정이 건강하며, 여성이 존중받을 때 교회는 하나가 되고, 여성이 행동할 때 교회와 사회가 밝아지리라 믿는다.

여성 리더십 회복을 위한 결론적 제언

교회가 갱신되고 교회의 본질과 사명을 되찾기 위해서라도 교회 안에 여성 리더십을 되살려야 한다. 구체적으로 다음과 같이 제언한다.

첫째, 교단 차원에서 여성 목사 안수를 명문화하여 여성 설교자들이 당당하게 설교할 수 있도록 세워주어야 한다.

둘째, 여성 설교자가 기존 교육부 예배 설교뿐 아니라 청장년 예배 등 모든 예배에서 은사에 따라 마음껏 하나님의 말씀을 설교할 수 있도록 해야 한다.

셋째, 교육부서 전체를 총괄·관리하는 여성 교육 전문가를 세워 통합적이고 일관성 있는 다음세대 교회교육을 준비해야 한다.

넷째, 교인의 약 70퍼센트 이상을 차지하는 여성의 지위를 향상하고 개선하는 것은 물론 공정하고 바람직한 교회 행정과 정치문화를 이루고, 다원적이고 전문적이며 총체적인 미래교회를 이끌어 나가기 위해, 여성의 인적·영적 자원에서 나오는 경험적 통찰과 전문적인 리더십을 모든 교회 행정과 정치에 활용해야 한다.

다섯째, 노인과 장애인 돌보기, 소년소녀가장 돕기, 교도소 선교, 무료급식, 호스피스 같은 사회봉사 분야에서 교회 여성이 리더십을 발휘하여 선교에 활용되도록 해야 한다.

오늘날 예배, 교육, 봉사, 행정 등에서 표출되는 한국교회의 복음사역은 그리스도의 주 되심을 개인뿐 아니라 교회 공동체에 드러내는 것이다. 그 복음사역이 더 나아가 사회와 국가와 세계까지 포괄하는 역동적이며 열린 실천적인 해석자로서의 시대적 사명과 과제를 요청받고 있다. 따라서 하나님의 형상으로 지음 받은 여성 본래의 존재적 가치와 개개인의 은사와 능력에 맞게 여성 리더를 세워야 한다. 여성 리더십이 설교, 교육, 상담, 행정과 정치, 사회봉사 등으로 확대되어 복음사역뿐 아니라 한국교회의 갱신, 더 나아가 사회적 책임을 위해 활성화되어야 할 것이다.

28
여성 배려한
심방과 상담을 되살려야

중고등부 시절에 본 여자 심방전도사님은 그야말로 슈퍼우먼이었다. 밤늦게까지 심방하다가도 누군가 도움을 요청하면 마다치 않고 산꼭대기 달동네라도 찾아가 상담하고 함께 기도해주었다. 평생 결혼도 하지 않고 주님을 남편 삼아 새벽이든 철야든 가리지 않고 눈물 흘리며 간절히 기도하던 한복 차림의 여전도사님이 불현듯 생각나는 건 여전도사가 심방하는 모습을 오늘날에는 쉽게 찾아볼 수 없기 때문이다.

옛날 여전도사님은 아프고 병든 여성을 심방하면서 여성의 고민을 들어주는 상담사 역할까지 감당했다. 그런데 요즘 교회가 인건비를 줄이기 위해 제일 먼저 심방전도사를 해고하고 있다는 말을 들으니 걱정이 앞선다. 교구 담당자는 모두 남성 목사로 대체되었다. 무상 봉사가 가능한 권사들이 심방대원으로 합류되면서 여전도사가 담당하던 상담과

7부 미래 교회를 위한 여성 리더십

심방의 기능과 역할이 점점 사라지고 있다. 이러한 교회운영 방식이 당장에는 효율적이라고 생각될지 몰라도 교회에 엄청난 위기와 손실을 초래할 것이다.

🍃 여성을 배려하는 여성 사역자의 심방과 상담

나를 포함하여 여성 교인과 여성 사역자는 가부장적 교회와 가정 안에서 남편과 자녀와의 갈등, 고부갈등, 자녀교육, 교우관계, 신앙 고민, 대인관계, 금전관계, 가정폭력과 이혼, 노후문제 같은 많은 갈등을 마주하면서 살아가고 있다. 하지만 교회에서 어떠한 도움도 받지 못한 채 스스로 버티며 살아간다는 것을, 남성 목사와 장로와 남성 교인은 잘 모르는 것 같다. 왜 교회는 여성에게 이리도 불친절한 곳이 되었을까? 왜 교회는 여성에게 남성보다 훨씬 많은 양의 일을 시키면서도 여성의 필요를 채우거나 도움 주는 일에 인색한 것일까? 이처럼 여성을 무정하게 대할 때, 조만간 젊은 여성들이 더 이상 교회에 머무르지 않을지도 모른다는 것은 생각하지 못하는 걸까?

교회가 여성의 심리적 고민과 영적인 필요를 채울 수 있는 대안은 과거처럼 심방을 전문으로 하는 여전도사 사역을 다시 살리는 것이라고 생각한다. 그 이유는 이렇다. 너나 할 것 없이 바쁘게 살아가는 마당에 여성이 남성 목사의 심방을 받기란 사실 여간 어려운 게 아니다. 심방을 받으려면 여성이 얼마나 분주하고 힘드는지 남성 목회자들은 잘 헤아리지 못한다.

대심방이니 교구심방이니 하는 전통적인 심방은 목사와 심방대원 여럿이 방문하는 것이다. 그러자면 식사 준비하랴 집안 청소하랴 신경 쓸 일이 한두 가지가 아니다. 하지만 심방하러 온 목사는 자신이 무슨 큰 복을 안겨주는 양 거들먹거리면서 짧게 예배드린 후에 밥만 먹고 휙 가버리는 경우를 많이 보았다. 오늘날 교회의 심방 문화 역시 결국 가부장 문화에서 나온 접대문화 이상도 이하도 아닌 것 같다. 삶에 지치고 교회 일까지 하느라 힘든 여성에게 부가되는 또 다른 짐이라는 생각이 든다. 하지만 만약 심방 전문 여전도사가 여성을 심방한다면 상황은 많이 달라질 것이다.

그렇다면 상담은 어떠한가? 목회상담이란 영적·정신적·육체적으로 고통, 두려움, 질병 등에 빠져 있는 사람에게 하나님의 은혜와 신실하신 임재를 인식하도록 하여 마음을 위로하고 치유하여 회복하고 더욱 풍성한 삶을 누릴 수 있도록 돕는 것이다. 따라서 목회상담자에게는 인간관계에서 오는 상처와 상실감, 낮은 자존감, 삶의 좌절에서 느끼는 우울증 같은 고뇌와 절망을 이해할 수 있는 공감능력이 필요하다. 아울러 상담자 자신의 약점과 열등감을 인정하고 오픈할 수 있는 개방성이 요구된다. 하지만 현재 목회상담자 대부분이 남성이어서 여성과 대화할 때 느끼는 부담감과 관계의 위험성이 있다. 그뿐만 아니라 남자 사역자가 여성의 육체적이고 감정적인 깊이와 심층적인 영적 문제까지 상담하기에는 역부족이다. 남성 목회자는 여성을 깊이 이해하려고 하지 않으며 오히려 여성에게서 위안과 위로를 받는 데 더 관심이 쏠린 듯하다.

여성 사역자에게는 남성 사역자가 갖지 못한 장점이 있다. 여성은 대체로 남성보다 공감능력과 자기 개방성이라는 소통능력을 더 많이 지니고 있다. 여성의 '공감능력'은 인간관계에서 상대방의 입장과 내면을 함께 느끼고 생각해주는 것이다. '공감'은 고통과 기쁨을 함께 나눌 뿐 아니라 사람에게 잠재된 하나님이 주시는 가능성을 해방시키는 일이다. 남성이 하기 어려운 이러한 일을 여성의 특별한 능력으로 교회에 공헌할 수 있도록 교회 안에서 여성에게 적합한 역할과 위치를 세워주어야 한다.

남성 중심의 목회에서 심방과 상담이 그 의미를 상실하여 표류하고 있는 사이에 여성 사역자가 지닌 공감능력과 개방성은 사장되고 있다. 아울러 여성 교인은 삶의 문제를 해결 받지 못하거나 위로 받지 못해 어쩔 줄 몰라 하는 형국이 되어버렸다. 나는 교회에서 여성을 대상으로 한 여성의 심방과 상담이 교회 여성을 살릴 대안 중 하나라고 생각한다. 그 것은 예수님이 보이신 모범이기도 하다.

복음서에서 예수님은 개개인에게 관심을 갖고 직접 찾아가 고쳐주시는 것과, 문제를 지닌 사람들이 예수님을 찾아와 해결받고 돌아가는 장면을 볼 수 있다. 예수님은 낮고 천한 자, 병들고 고통당하는 자, 약한 자, 가난한 자, 귀신들린 자, 소외된 자들에게 더 많은 관심과 애정을 쏟으셨다. 죄를 지은 마리아와 38년 된 병자, 거라사의 귀신들린 자를 찾으신 예수님은 이른바 '심층상담'을 하셨다.

예수님의 심방은 고통받는 자를 찾아가 위로하고 권면하며 치유하고 구원하는 일이었다. 예수님의 상담은 고난과 위기 가운데 있는 자를 만나, 주님이 약속하신 풍성한 삶을 발견하게 하며 전인적으로 회복할 수 있도록 돕는 일이었다.

🍂 변화할 미래를 위한 여성 사역

반면 한국교회가 괄목할 만한 성장을 하는 데 큰 요인으로 작용하였던 심방이 미래에는 쇠퇴할 것이라는 예측도 있다. 교통과 통신의 발달, 핵가족화, 빨라진 사회 변화의 속도 때문에 성도들의 삶이 점점 더 복잡해지고 있기 때문이다. 하지만 목회정신의학자 민병근 교수가 한 말을 새겨들을 필요가 있다.

> 개인이 고통과 질병을 이겨내며 건강을 유지하고 질병을 예방하는 데 종교가 많은 도움을 주어야 하며 규범, 가치관, 소속감, 공동체의식, 살고 있다는 느낌이나 보살핌을 받고 싶어하는 마음도 인간 생활에서 빼놓을 수 없다.

21세기 목회구조에서는 심방과 상담이 반드시 공존해야 한다. 심방과 상담은 모두 대화방식을 통해 인격적인 도움을 주며 그리스도 안에서 온전한 자로 세우기 위한 목적에 부응하는 것이다. 상담과 심방이야말로 인간의 돌봄과 섬김을 통해 드러나는 하나님 은혜의 방편이다.

특히 교회의 대다수를 차지하는 여성을 위해 여성 사역자를 심방과 상담 전문 교역자로 세우자는 것이다. 교인의 대다수를 차지하고 있는 여성들의 복잡하고도 미묘한 감정과 정신적 문제, 삶의 문제와 신앙적 위기의 문제 등을 이해하며 사랑과 말씀으로 치유할 뿐만 아니라, 나아가 전인적(wholeness) 회복을 이루기 위해 이제는 교회뿐 아니라 총회 차원에서도 공감능력과 개방성을 갖춘 여성 전문 상담가를 활성화해야겠다.

물론 교회 형편에 따라 전문적인 상담교역자를 세우기가 어려울 수 있다. 하지만 사라져가는 젊은 여성세대를 껴안고 미래 목회를 준비하기 위해 여성 전문 사역자를 반드시 세워야 한다. 교회에서 사라지는 심방과 상담이 여성으로 하여금 교회를 떠나거나 신앙적으로 실족하게 만들 수 있다는 위기의식을 가져야 한다. 여성의 삶의 무게와 짐, 고뇌와 아픔, 상처와 우울과 절망이 얼마나 큰지, 그리고 얼마나 간절히 위로와 보살핌을 받고 싶어하는지 교회는 귀를 기울여야 한다.

공감능력과 개방성을 소유한 여성 상담사와 여성 심방사역자를 세워 성령의 임재 안에서 교회 여성을 위로하고 치유하는 일이 곧 교회를 살리는 일이 될 것이다. 예수님의 사역이 어떤 것이었는지 연구하고, 오늘날 교회에 어떤 사역을 기대하시는지 고민해야 할 것이다.

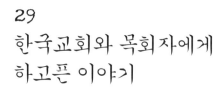

29
한국교회와 목회자에게
하고픈 이야기

　　기독교를 '개독'라고 부르는 요즈음 진실하
게 목회하기도 참 어렵다. 그러나 내가 알고
있는 목사 가운데는 불의와 타협하지 않고 겸손히 교인을 돌보는 진실
한 이들이 많다. 그런 분을 보며 한국교회의 미래에 대해 그나마 희망을
품는다.

　　합동교단과 총신대에서 부대끼며 살아온 세월이 40여 년이라 어느
정도 이 조직의 생리와 문화를 가히 짐작하고도 남는다. 특히 남성 목사
들은 노회와 총회라는 촘촘하게 얽히고설킨 사슬구조 속에 있다 보니
목사 개인의 소신과 신앙에 따라 단독 행위를 하기 힘들다는 것도 파악
하고 있다.

　　막말로 "목구멍이 포도청이다", "처자식 먹여 살리려니 어쩔 수 없다"
라는 말이 나올 정도로 목사들 역시 가족의 생계를 책임져야 한다. 외국에서 박사학위를 받은 목사들은 국내에 들어와 어찌되었든 학문적 업적과 가족 부양의 책임을 다하고자 안간힘 쓰는 것도 이해할 수 있다.

하지만 아무리 그래도 하나님께 소명을 받아 세움받은 목사라면 먹고사는 데 혈안이 되거나 권력 욕심에 좌지우지되어 교회나 학교 조직에 빌붙어 불의하고 추한 행동을 해서는 안 될 터이다. 적어도 목사라면 하나님 앞에서 최소한의 신앙 양심과 정직함은 갖추어야 할 것이다. '비굴'과 '무모함' 사이에서 어느 한 가지를 택하라고 한다면, 나는 그리스도인으로서 '무모함'을 택하는 게 더 옳다고 본다.

🍃 목사에게 하고 싶은 말

내가 목사에게 하고 싶은 말이 몇 가지 있다.

첫째, 주님이 주신 목사는 누리는 자리가 아니라 책임지라고 주신 십자가의 자리다. 이를 명심했으면 한다.

요즘 한국교회를 일컬어 '목사교'라고 하면서 중세 로마가톨릭보다 더 부패했다고 말하기도 한다. 중세 교황의 권력이 결국 '교황무오주의'로 귀착하여 사람과 사람 사이에도 차별과 구분을 지으며 특권을 누린 결과 몰락하지 않았던가. 이에 종교개혁이 일어났음을 교회사를 통해 충분히 배웠음에도 불구하고 대형교회, 중형교회, 개척교회 모두 목사라는 타이틀 아래 목에 힘을 주는 걸 보면 우리 주님께서 얼마나 슬퍼하실까 싶다. 그러면서 더 큰 교회로 가기 위해 이력서를 수십 장씩 작성해 놓고 기독 언론에 교회 청빙광고가 뜨면 철새처럼 기웃거리는 목사가 오늘날 너무나 많다.

나는 오늘날 목회 리더십이란 슬로브핫의 다섯 딸이 상속권을 달라고 모세에게 당돌하게 요청했을 때 모세가 보여준 것처럼 유연하고 온유하며 겸손한 리더십이어야 한다고 생각한다. 슬로브핫의 딸들은 당시 남성만 취했던 상속권을 모세에게 당당하게 요구했다. 모세는 자신도 남성인지라 가부장적 신관과 여성관에 매일 수 있었지만, 이 사건을 하나님께로 가져가는 겸손하고 열린 모습을 보여주었다. 그런 모세에게서 온유하고 겸손하셨던 우리 주님의 모습을 떠올릴 수 있다. 하나님으로부터 나오는 진정한 권위는 모세처럼 하나님 앞에 있는 모든 사람을 존중하여 그들의 목소리를 듣고자 열려 있는 자에게서 나오는 것이리라.

둘째, 여성 교인과 여성 사역자를 인간으로서 존중하고 이웃으로 친절히 대했으면 좋겠다.

교회에서 행해지는 봉사, 심방, 예배, 헌금, 전도, 각종 행사에서 여성이 빠지면 아무것도 할 수 없음을 목사들도 다 알고 있다. 교인의 약 70퍼센트가 여성이라면 설교와 교육, 인재양성, 정책결정 등에서 여성의 견해와 입장이 수렴되어야 비로소 정의롭고 온전한 교회 공동체가 될 수 있지 않을까! 하지만 아이러니하게 여성에게 많은 헌신과 순종을 요구하면서도 여성을 인정해주기는커녕 도리어 함부로 대하고 있다.

기독교 신앙과 신학이 모두 남성적 하나님으로 점철되어 있어 교회에서 인권과 성 평등은 생소한 의제가 될 수밖에 없는 현실이다. 이에 대한 대안 중 하나로, 목사들이 성경에 나오는 여성에 대해 설교를 많이 했으면 한다. 성경의 신앙적 여성 인물들을 설교하여 여성에게 신앙적 도전과 복음적 사명을 잘 감당하도록 할 책임이 목회자에게 있다. 성경에는 가부장 이스라엘과 유대사회에서도 하나님의 능력을 의지하여 민족을 구하고 주님 편에서 행동한 여성 지혜자, 여성 선지자, 여성 증인과 여성 제자들로 가득하다. 이런 믿음의 여성들의 역할을 말하지 않거나 축소시키면 차세대 여성에게 성경의 신앙적 모델을 어떻게 보여줄 수 있을까? 이것은 교회의 성차별 의식을 해소할 뿐 아니라 여성을 평등하게 대하는 일이 되기도 할 것이다. 여성을 평등하게 대하는 일은 남성 목회자도 평등하게 대우받는 일이며, 여성을 존중하는 일은 남성을 존중하는 것으로써 남녀 모두 인간성을 실현하는 길이라고 믿는다.

셋째, 목사는 자신뿐 아니라 교인 모두가 먼저 가정을 세워가도록 전력할 것을 부탁하고 싶다.

한국교회의 미래는 가정의 복음화와 신앙적 삶의 실천에 달려 있다고 해도 과언이 아니다. 지금까지 설교는 전도, 헌금, 봉사, 건축, 성경공부, 제자훈련 등 교회 일과 교회생활에 대한 것이 대부분이었다. 그래서 성도들이 교회 안에서는 신앙이 좋아보이지만 교회 밖에서는 기본 교양이나 상식, 예의를 갖추지 못한 모습을 보여 사회에서 오히려 질타를 받는 경우가 많았다. 사실, 사회에 나가기 전에 그 문제가 가장 먼저 나타나는 곳이 가정이었다.

이제는 교회 중심 신앙에서 벗어나기 위해 직분과 성에 따라 사람을 구분하며 차별하는 목회와 설교는 사라지기를 바란다. 대신 가정을 먼저 행복하고 든든하게 세우는 목회를 부탁하고 싶다. 남녀 모두를 존중하고 귀히 여겨 믿음의 말과 지식, 그리스도의 풍성한 은혜를 깨닫게 하는 설교와 목회를 해줄 것을 부탁하고 싶다.

한국교회가 사회적으로 지탄받고 교인 수가 급감하면서 '가나안 성도'가 대거 출현하는 이때에, 기존의 교회 중심의 목회방향에서 가정을 돌보며 세우는 일로 전환한다면 한국교회의 기초가 탄탄해질 뿐 아니라 교회도 갱신되리라. 이제부터라도 가정에서 부모로서 어떻게 신앙생활을 해야 할지, 남편과 아내가 행복하게 살아가는 비결은 무엇인지, 고부간의 갈등을 어떻게 해소해야 하는지, 자녀의 신앙교육은 어떻게 할 것인지 가르치면 좋겠다. 나아가 사회정의와 사회적 책임을 어떻게 감당해야 할지, 사회에서 정직과 이웃 사랑을 어떻게 실천할지, 직장생활은 어떻게 할지 등 성도들의 실존적 삶의 문제를 필히 다루어야겠다.

비록 당장은 교회성장이 더디더라도 목회자들이 이렇게 좀 더 멀리 보고서 가정사역에 전념하는 것이 개교회는 물론 한국교회와 사회와 나아가 나라를 위해서도 중요하다고 확신한다.

이처럼 가정을 위한 목회적 돌봄이 필요한 것이 교회에서 여성 사역자와 여성 목사가 필요한 이유이기도 하다. 목사가 가정 사역과 성도의 삶에 관심을 갖게 되면 부부가 신앙으로 바로 세워짐으로써 이혼을 줄일 수 있다. 부모가 자녀의 신앙교육에 힘쓰게 되면 자녀의 탈선과 과도한 학교생활의 경쟁 스트레스를 줄일 수 있으며, 신앙교육으로 자라난 자녀들이 다음세대 한국교회의 주역이 될 것이다.

교회는 한 지체가 고통받으면 모든 지체도 함께 고통을 받고 한 지체가 영광을 얻으면 모든 지체도 함께 즐거워하는 유기체다(고전 12:26). 한국교회 목사들이 주님 안에서 남녀 한 사람 한 사람을 소중히 여기며, 각자가 하나님으로부터 부여받은 독특함과 멋스러움과 지혜를 인정하며 연합함으로써 정의와 평화를 이루는 교회 공동체가 되도록 헌신해 주기를 간절히 바란다.

아울러 교회의 정책을 결정하고 의견을 수렴할 때도 소수 남성만 참여하는 것이 아니라 여성들이 자신의 입장과 실존적 문제에 대해 소리를 낼 수 있도록 참여권과 발언권을 주어야겠다.

여성이라서 할 수 있는 일

은퇴한 남녀 직분자들이 은퇴 장로실이나 권사실에서 신세타령이나 넋두리를 늘어놓거나 과거의 공치사를 하는 것이 요즘 교회에서 보는 흔한 풍경이다. 교회가 점점 노령화되면서 교회는 장례나 병든 자를 심방하는 일에 거의 모든 에너지를 사용하는 것 같다. 직분 위주의 목회운영을 해온 교회가 성도의 노령화와 영적 침체에 대비하지 않으면 유럽교회처럼 언제 몰락하게 될지 모를 일이다.

현대 교회는 이처럼 노령화되는 성도를 비롯해 독거노인, 장애인, 이혼자, 소년소녀 가장, 암환자, 중독자, 탈북여성, 은퇴한 남녀 사역자에 이르기까지 세분화되고 다양한 목회 대상을 위해 하나하나 신경 써야 할 일이 매우 많아졌다. 이밖에도 사회적 책임과 관련하여 여성 리더의 역량이 발휘되어야 할 일이 산적해 있다.

이러한 이유 때문에 향후 한국교회는 기존의 일 중심에서 사람 중심의 목회와 사역으로 급선회해야 한다고 전망한다. 그래서 수많은 예배와 구역예배의 틀에서 벗어나서 도움을 필요로 하는 사람들을 찾아가는 방식의 '섬김 목회' 또는 '틈새 목회'로 전환해야 할 것이다. 따라서 기존의 단순한 직분과 남성 중심의 교회 운영보다는 여성의 은사를 수용하여 다양한 사역에 대비할 필요가 있다. 여성에게 은사와 전문성에 따른 직위를 부여하여 여성이 은사를 적극적으로 발휘하도록 교회 사역에 동참시키는 일은 미래 목회를 위한 실질적인 대안이다. 여성의 영적 통찰과 전문적 경험과 아이디어를 수렴하고 공유함으로써 전세대를 아우르는 목회 인프라를 구축할 필요가 있다.

그런데 요즘 신학을 전공한 여전도사들이 사역지가 사라진 후 교회에 소속되기 위해 '권사'로 취임하는 일이 상당히 많아졌다고 한다. 이는 교회가 여성 사역자의 인력을 사장시키는 일이다. 사람을 돌보는 일에 사명감을 갖고 사역할 수 있도록 여성 리더를 활용해야 할 것이다.

🍃 북한 선교와 여성 사역자

여성 리더십은 북한 선교와 남북통일의 과제를 위해서도 중요하다. 총신에서 강의할 때 신학과 학생 가운데 탈북 여성이 꽤 많았다. 이들을 신앙과 신학으로 잘 교육하여 평화통일 이후 북한여성에게 복음을 전하는 전도자가 되도록 준비시켜야겠다.

특히 남북 문제에서 볼 때, 이제까지는 남성 중심의 군사문화와 가부장적인 질서 때문에 성경이 말하는 '정의가 깃든 진정한 평화'를 이룩하지 못한 점도 지적하고 싶다.

여성학자 김윤옥은 "남북여성교류의 역사와 그 과제"에서 여성들의 남북관계에 대한 역할에 대해 이렇게 말했다.

여성주의자들은 오랫동안 남북의 적대와 분단을 종식시키기 위해 군축운동, 반전반핵운동, 남북여성교류, 정신대 문제 대책활동, 북한 식량 지원 등 화해와 평화를 만드는 일에 힘을 기울여왔다. 1991년도에는 역사상 처음으로 민간여성 남북교류의 물꼬를 터서 분단선을 넘어 평양과 서울에서 개최되었던 '아시아의 평화와 여성의 역할' 토론회를 연 공적도 갖고 있다. 앞으로 북측 여성관련 연구에 대한 정보, 여성단체의 연대나 교류를 통해 남과 북의 사회통합 과정을 평화롭게 이루며, 남북의 모든 여성이 지금까지 투쟁하여 얻은 사회적 평등이나 지위가 통일 후에도 후퇴하는 일이 없도록 할 책임도 아울러 주어졌다.

현재 대한민국은 북한에게 확실한 '비핵화'를 요구하면서 남북관계가 또다시 긴장관계로 대립되는 국면을 보이고 있다. 이러한 때에 초기 한국교회 전도부인이 신분의 높낮이와 가부장제의 장벽을 뛰어넘어 활발한 복음사역으로 교회부흥을 이룬 것처럼, 얼어붙은 북한 선교를 위해서도 여성 사역자의 역할이 기대된다.

🍃 사회봉사와 여성 리더십

여성 리더십은 기독교 윤리와 관련된 교회의 사회적 책임을 위해서도 중요하다. 한국여성개발원에 따르면 우리나라의 경우 지역사회 봉사에 참여하는 여성이 남성에 비해 2-4배에 이른다고 한다. 직장이나 학교에서 단체로 실시하는 봉사를 제외하면, 기혼의 여성이 사회봉사 실천분야에서 봉사활동에 가장 많이 참여한다는 것이다. 그들은 연령과 교육수준·사회경제적 지위가 높고, 적극적으로 종교 활동을 하며, 사회에 대한 사회적 책임의식이 강하고, 자아정체감과 복지의식이 높은 것으로 조사되었다(한국여성개발원, 1996).

따라서 교회는 인적 자원으로서 여성을 잘 관찰하고 상담하여 그들이 각자 받은 하나님의 은사를 바람직하게 계발하여 사회와 이웃을 위한 나눔과 섬김의 영성 길잡이가 되어야 할 것이다.

하나님 나라는 가만히 앉아서 얻는 나라가 아니다. 믿음으로 도전하며 용기를 내서 적극적으로 구현하는 나라다. 수동적인 자세에서 벗어나 하나님의 딸로서 주체성을 갖고 세상의 빛과 소금의 사명을 감당하는 능력 있고 신실한 여성들이 많이 일어나기를 바란다.

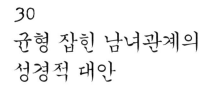

30
균형 잡힌 남녀관계의
성경적 대안

예수님은 모든 사람을 존중받기에 마땅한
존재로 대하셨다. 주님은 이 땅에 자유와 구
원, 평화를 주러 오신 분이다. 그러므로 사람을 성에 따라 차별하거나 억
압하는 건 주님을 믿는 자의 자세가 아니다. 바울이 상황에 따라 여성에
대해 말한 몇몇 구절이 예수 그리스도의 복음보다 우선될 수는 없다.

🍃 "누가 여성의 이웃이 되겠느냐?"

균형 잡힌 남녀관계에 대한 성경신학적 대안으로서 〈누가복음〉 10장
25-37절의 '선한 사마리아인의 비유'를 들고 싶다.
한 율법교사가 예수님을 시험하고자 어떻게 하여야 영생을 얻는지

묻자, 예수님은 "네가 [율법을] 어떻게 읽느냐"(26절)라고 되물으셨다. 나는 이 물음을 "너는 성경을 어떻게 해석하느냐"로 바꿔 읽으려 한다. 또한 율법교사의 질문, "내 이웃이 누구니이까"(29절)에 대한 답으로 예수님이 반문하신 36절의 질문 "네 생각에는 이 세 사람 중에 누가 강도 만난 자의 이웃이 되겠느냐"를 "네 생각에는 누가 차별을 당해온 여성의 이웃이 되겠느냐?"라는 질문으로 바꿔 생각해보고자 한다.

율법교사는 율법에서 영생을 얻는 길이 하나님 사랑과 이웃 사랑에 있다고 정확히 알고 있었다. 이는 예수님이 "네 대답이 옳도다"라고 인정하심에서 확인된다. 하지만 '이웃'이 누구인지에 대해서는 관점이 달랐다. 그가 생각했던 이웃이란 아마도 레위인과 제사장이 보여준 것처럼 자신의 수준에 맞는 자였을 게다. 차별하고 무시하며 혐오의 대상이었던 사마리아 사람이 아니었다. 반면 예수님이 생각하는 이웃은 차별이나 혐오 없이 자비를 베푸는 사람이었다. 이 세상에 존재하는 모든 인간은 차별과 무시와 혐오의 대상이 되어서는 안 된다는 뜻이었다.

나는 예수님의 이 비유가 남성과 여성의 관계에도 통찰을 준다고 본다. 왜냐하면 하나님의 뜻에 따라 창조된 남성과 여성은 인간실존과 전인차원에서 상호보완적 의미를 지니며, 하나님 나라를 위한 동료이자 이웃이기 때문이다. 사도 바울도 "그러나 주 안에는 남자 없이 여자만 있지 않고 여자 없이 남자만 있지 아니하니라 이는 여자가 남자에게서 난 것 같이 남자도 여자로 말미암아 났음이라 그리고 모든 것은 하나님에게서 났느니라"(고전 11:11-12)라고 말씀하지 않았던가.

때문에 나는 율법교사의 물음 "내가 무엇을 하여야 영생을 얻으리이까"에 대해 이웃에게 자비를 실천하라고 답하신 예수님의 말씀을 "여성에게 자비를 베풀라"라는 말로 바꿔 적용하고 싶다.

현대 신학자 한스 큉은 이렇게 말했다.

> 그리스도의 복음은 여성 자신의 위엄을 확신시켜줄 뿐만 아니라 교회
> 와 사회 모든 영역에서 남성처럼 동등한 권리로 참여하기에 충분한 존
> 재를 내포하고 있다. 미래교회는 더 이상 민주주의에 반하는 요새가 되
> 어선 안 되며, 오히려 교회를 세우신 주님의 뜻에 따라 '자유와 평등, 형
> 제애와 자매애'로서의 친교 공동체가 되어야 한다. 초대교회와 같은 공
> 동체로서 자유로운 친교가 있어야 한다. 교회는 그렇게 형제자매의 친
> 교 공동체가 되어야 한다. 형제자매의 친교 공동체는 가부장제와 인물
> 중심이서는 안 되며, 직무와 대표직에서 여성이 무시되어서는 안 된다.
> 교회는 그 자체로만 아니라 모든 세상을 위해 형제애와 자매애를 향상
> 시키는 영역이 되어야 하기 때문이다.

한국교회가 여성을 "너 없이는 내가 없고, 나 없이는 너도 없다"라는
자세로 대해야겠다. 그래야 남녀 모두가 인간성을 회복하며 사랑과 정
의와 평화의 공동체를 실현할 수 있지 않을까.

🌿 성경적 남녀관계를 위한 제언

나는 그리스도의 복음에 부합하는 남녀관계의 원리를, 주님의 탄생
목적에 대한 말씀인 "지극히 높은 곳에서는 하나님께 영광이요 땅에서

는 하나님이 기뻐하신 사람들 중에 평화로다"(눅 2:14)와 새 계명인 "서로 사랑하라"에서 찾고 싶다(요 15:12). 또한 주님을 따르는 제자도의 원리 즉 '자기부인과 자기 십자가를 지는 삶'(막 8:34)과 지상위임 명령인 '복음전파 사명'(마 28:18-20)에서 찾고 싶다.

이러한 성경적 근거를 바탕으로 균형 잡힌 남녀관계에 대해 몇 가지를 제안하고자 한다.

첫째, "서로 사랑하라"는 말씀은 '남녀질서'보다 우선하는 복음 원리다. '남녀 평화'는 '남녀차별'보다 우선하고, '여성의 복음전파 사명'은 "여자는 교회에서 잠잠하라"(고전 14:34)는 말씀보다 기본이 되는 제자도다.

둘째, 성 정체성과 성 역할에 대한 인식전환을 위해 열린 논의와 토론을 제안한다. 교회가 모든 사람을 위한 공동체라면 남성만 아니라 여성도 리더가 되어야 한다. 여성은 객체나 종이 아니다. 자유와 권리를 책임을 소유한 인격체이며 하나님의 딸이고 하나님 나라를 위한 동역자이며 동반자라는 인식이 선행되어야 한다.

이렇게 인식이 변화하기 위해 우선해야 할 일은 여성을 비하하거나 배제하는 단어들을 찾아내어, 하나님 나라의 백성으로서 남녀 모두를 아우르는 인격적이고 포괄적인 용어(inclusive languages)로 바꾸는 것이다.

또한 남편과 아내가 하나라는 말의 의미는 남성과 여성이 동등한 조화와 연합으로서 생명을 잉태하며 함께 명령을 완수하는 것이며, 상호존중의 가족공동체를 이루는 것이라고 가르쳐야 한다. 이를 위해 여성신학자와 함께 성경적·신학적·교회사적·실천적인 열린 논의와 토론의 장이 필요하다.

셋째, 여성의 신학적 확신의 초점은 하나님이며, 하나님은 성을 초월하는 인격적이신 분이다. 따라서 남성적 이미지뿐만 아니라 여성적 하나님 이미지도 설교와 교육을 통해 말할 수 있어야 한다. 그래야 비로소 온전한 하나님을 인식할 수 있기 때문이다.

넷째, 교회는 남성과 여성이 모두 하나님의 형상을 입은 존재라는 말의 의미를 제대로 가르쳐야 한다. 여성은 하나님과 직접 교제할 수 있는 인격적인 존재이며, 모든 인간관계에서 동등하게 살아가는 자유롭고 주체적인 존재이며, 피조세계를 하나님의 뜻대로 다스리고 관리해야 할 책임 있는 존재로서 이와 상응하는 역할이 남성과 동일하게 주어졌음을 가르쳐야 한다.

다섯째, 남성과 여성은 남녀질서라는 종속관계가 아니라 상호보완적인 관계에서 각자의 역할을 감당하도록 해야 한다. 서로의 다름을 인정하면서 인격적인 관계 속에서 신뢰와 존경을 바탕으로 하나님의 사랑과 예수 그리스도의 구원과 성령의 충만함 가운데 다양성, 연합, 조화를 인정해야 한다.

여섯째, 남성의 '머리론'은 그리스도가 교회의 머리되심에 근거한 기독론적인 관점에서 출발해야 한다. 그리스도가 교회의 머리되심이 군림하고 다스리는 위계적인 권위로서가 아니라, 성육신과 고난의 삶과 인격적인 '책임'과 '섬김'으로써 되셨기 때문이다. 따라서 남성의 '머리론'은 섬김과 보살핌과 희생과 책임의 의미로서 복음 안에서 여성을 자유롭게 해주어야 한다.

일곱째, 한국교회의 미래를 위해 교육과 예배, 전도, 선교, 봉사, 행정과 정치영역에서 여성 리더십을 활성화하고 신학대학원에서 교수 채용 뿐 아니라 여성 리더십과 관련된 과목을 개설할 것을 제안한다.

　내가 이해하는 그리스도의 복음은 타락의 형벌로 인해 남성에게 종속되고 차별받아온 여성을 하나님의 형상으로 회복시켜 본래의 존귀함과 독특함을 지닌 인격적인 존재로서 세워주는 복음이다. 주님의 교회는 남성만을 위한 공동체가 아니라 여성을 위한 그리고 여성과 함께하는 공동체로서, 한 분 성령으로부터 가르침을 받아 친밀함과 개방과 거룩한 교제가 있는 공동체다. 이제는 어떠한 강요나 억압과 차별이 없는 자유와 상호존중 그리고 조화와 균형을 통해 인간성을 이루어 나가는 교회 공동체가 되기를 간절히 바란다.

하나님의 딸들이여, 당당하라! 행복하라!

기독교는 사람을 귀히 여기는 종교다. 주님의 십자가는 바로 나/우리 각자 한 사람을 무엇보다 귀히 여기셨음을 보여준 하나님 사랑의 사건이다. 또한 주님의 십자가는 모든 믿는 자가 차별이 없음을 드러내신 '하나님의 의'의 사건이기도 하다(롬 3:22). 따라서 주님의 십자가 사랑 앞에서는 무수한 교리와 규범, 조직의 권력이나 전통에 의한 족쇄나 남녀 질서의 사슬이 용납되지 않는다. 주님의 사랑 안에서는 사망과 생명, 천사와 권세자, 현재 일이나 장래 일이나 능력이나 높음이나 깊음이나 다른 아무 피조물도 우리를 끊을 수 없기 때문이다(롬 8:38-39).

성경에 나오는 여성은 시대의 한계에 머물지 않고 당당히 도전한 용기 있고 담대한 하나님의 사람들이었다. 여성에게 닫혀 있던 시대였음에도 시대의 통념과 편견에 매이지 않았던 여성들이 믿음의 길을 따라오라고 우리를 부르는 소리가 들리지 않는가!

나는 신앙인으로 사는 것보다 교회 여성으로서 사는 게 더 힘들었다. 교회가 "여자는 잠잠하라"는 말을 인정할 수 없어서 왕따를 자처하면서 신앙생활을 해왔다. 내 속에서 일어나는 질문과 반항이 나를 얼마나 외롭고 위태롭게 만들었는지 모른다. 합동 총신에서 용기를 내어 최초로 〈교회 여성 리더십〉이라는 주제로 박사학위 논문을 썼건만 교회에서는 내 존재를 매우 부담스러워했고, 그저 장로부인이나 성가대원으로 있어주기를 원했다. 아닌 게 아니라 그러고 싶기도 했다. 잠시나마 '그래, 학교에서 강의하면 됐지'라고 생각했다. 하지만 저 밑바닥 깊은 곳에서 소리가 들렸다. "너 지금 뭐하고 있니?", "지금까지 내가 너와 함께했는데 뭘 두려워하니?" 생각해보면 나의 신앙과 인생, 학문의 관심은 기존 남성이 말하는 진리와 신학 그리고 신앙담론에 대한 회의와 저항의 몸부림이었던 것 같다.

내가 속한 교단에서는 '페미니즘'을 무조건 배격했기에 여성 교인으로서, 여성 사역자로서, 여성 신학자로서 신앙적 삶에 대해 어떠한 학문적 연구나 논의를 하기가 쉽지 않았다. 하지만 남성이 말하는 복음, 남성이 말하는 질서, 남성이 말하는 성경은 전능하신 하나님을 다 담아내지 못한다. 우리 모두 부분적인 진리만 알고 있지 않은가! 남성의 하나님만 아니라 여성의 하나님도 진리임을 인정해야 한다. 진리를 찾는 자 그리고 그 진리에 담긴 자유와 사랑, 정의와 평화를 추구하는 자들은 단편적이고 독단적인 확신이 얼마나 상대방을 억압하며 실족하게 만드는지 성찰해야 한다.

내가 체험하고 믿어온 하나님을 학문과 신앙에 담아 외치는 일이 거절된다는 건 참 서러운 일이었다. 하지만 교단의 벽에 부딪혀 낙심하지 말고 도전하리라 결심하여, 한국연구재단을 통해 '개혁교회의 성윤리', '개혁교회 내 남녀 파트너십의 필요성', '보수교단의 성 차별적 설교', '교회 지도자의 성(聖)과 성(性)의 관계에 대한 여성 신학적 연구'를 하면서, 신학과 기독교 신앙의 관계 속에서 여성의 입장과 정체성, 성적 권리와 정체성, 성윤리와 복음적 사명이 무엇인지 소리를 내고자 부단히 노력해왔다고 자부한다.

언제부턴가 여성으로서 신앙적 삶과 신학을 담아 기독교 여성을 위해 책을 쓰고 싶다는 간절한 소원이 있었는데 마침 기회가 주어져 이렇게 글을 쓸 수 있게 되어 얼마나 감사한지 모른다. 기독 여성으로서 여성에게 향하신 하나님의 뜻과 사랑을 나누고 싶다. 교회에 다니면서 아무 말도 못하고 주저하거나 절망하는 여성이 있다면, 이 책을 통해 위로와 도전과 용기를 얻을 수 있기를 바란다. 지금도 남모르게 아파하고 홀로 힘들어하는 여성이 있다면, 이 책을 통해 "그래도 하나님은 여성의 편"이라는 은혜와 진리 앞에 마주설 수 있는 계기가 됐으면 좋겠다. 하나님이 여성으로 만드신 이유를 남성의 하나님에서 찾는 것이 아니라, 여성 스스로 하나님 앞에서 찾으려는 치열한 몸부림과 도전이 있기를 바란다.

한국교회는 여전히 여성에게 자신의 권리를 포기해야 진정한 여성이라는 가부장적 이데올로기가 팽배해 여성으로 하여금 자신의 정체성을 침묵과 순종에서 찾게끔 만들었다. 어쩌면 나를 포함한 대부분의 여성은 자신의 권리를 포기함으로써 가정과 교회가 평안할 수 있다면 기꺼이 희생하는 게 마음 편하다고 생각하며 살아왔을 것이다. 그러나 이제 주님의 십자가 복음을 깨달은 이상, 또 하나님의 은혜와 사명을 깨달은 이상, 더는 기존의 교회의 가르침과 가부장적 믿음에 순종만 하며 살아갈 순 없다. 왜냐하면 그건 나/우리를 여성으로 만드셔서 이 세상에 당당하고 행복하게 살기를 바라시는 하나님의 뜻을 저버리는 불신앙이 될 것이기 때문이다.

예수 그리스도의 진리는 남성의 독점물이 아니다. 여성과 함께 공유되어야 하는 것이다. 또한 여성에게 강요하는 게 아니라 여성 스스로 찾고 인정하는 방식이어야 한다. 그렇기에 여성 스스로 성경 읽기와 연구를 통해 비판하고 질문하며 대화해야 한다. 여성의 하나님에 대한 믿음과 진리의 경험이 교회 안에 수용되도록 노력해야 하나님에 대한 신앙이 비로소 온전해질 것이다.

나는 여성이 남성에게 진심이 우러나서 고개를 숙일 수는 있어도, 무엇을 부탁하려고 남성한테 함부로 머리 숙이지 않았으면 한다. 아닌 건 아니라고 소신 있고 당당하게 할 말을 하고 살았으면 좋겠다. 지금껏 살아오면서 때론 남이 인정해주지 않아 서럽고 섭섭한 적도 많았지만, 하나님께 인정받는 걸 사모하여 마음을 접고 또 접었던 것 같다. 그 당시엔 어두운 터널로 들어가는 것처럼 불안정하고 불확실한 시간이었으나, 돌이켜보면 오히려 여성의 하나님을 찾은 시간이었다. 그리고 나를 하나님 앞에 세우는 시간이었다.

하나님 없으면 나도 없다는 생각을 갖고 살아가고 있다. 모든 게 다 갖춰진 듯해도 하나님 없는 강자의 허망한 삶보다는, 아무것도 가진 것 없어도 하나님의 사랑과 은혜를 다른 무엇과도 바꾸지 않으려는 뚝심 있는 삶을 택하며 살아가려 한다. 나는 여성들이 전능하신 하나님의 날개 아래서 움츠리지 말고 당당했으면 좋겠고, 꿈을 이루고 행복했으면 좋겠다.

나/우리의 아버지는 여성의 하나님이시다. 나/우리의 하나님은 여성의 하나님으로 드러나길 학수고대하신다고 믿는다. 하나님이 주신 여성으로서의 권리와 자유를 누리며 주님을 사랑하는 길을 찾아 복음과 진리를 위해 당당하게 도전하는 여성이 되었으면 한다. 우리의 실존에 개입하시는 하나님의 뜻과 섭리 그리고 은혜와 사랑을 깨달은 믿음의 여성이 일어날 때 한국교회는 생기가 넘치며 꿈과 희망이 있고 평화와 안식이 있으리라 믿는다.

여성이 행복해야 남성이 행복해질 수 있다. 내가 꿈꾸는 교회의 미래는 우리 안에 거하시는 성령으로 말미암아 서로 교제하면서 함께 손을 잡고 기쁘게 나아가는 모습이며, 서로의 얼굴을 통해 하나님의 형상을 볼 수 있는 공동체다. 내가 꿈꾸는 교회의 미래는 남성과 여성이 하나가 되어 자유와 정의, 평화와 사랑을 이루어 나가는 하나님 나라다. 교회에서 남녀 모두 하나님의 아름다움과 선하심을 맛보며, 상대방을 풍요롭게 하는 동역자로서 그리스도의 법을 성취하는 날이 속히 오기를 희망한다.

이스라엘이여 너는 행복한 사람이로다 여호와의 구원을 너같이 얻은 백성이 누구냐 그는 너를 돕는 방패시요 네 영광의 칼이시로다 네 대적이 네게 복종하리니 네가 그들의 높은 곳을 밟으리로다 _ 신명기 33:29

아멘!